河南省教育科学规划重点课题（2025JKZD26）

河南省高等教育教学改革研究与实践项目（研究生教育类）（

全国医药学研究生在线课程建设与教学研究课题（BYXC2024-02-0176）

预防医学专业课程思政教学研究与案例精选

主编◎曹　珊

郑州大学出版社

图书在版编目(CIP)数据

预防医学专业课程思政教学研究与案例精选／曹珊主编. -- 郑州：郑州大学出版社，2025.4. -- ISBN 978-7-5773-1027-5

Ⅰ. R1;G641

中国国家版本馆 CIP 数据核字第 2025MS3061 号

预防医学专业课程思政教学研究与案例精选

YUFANG YIXUE ZHUANYE KECHENG SIZHENG JIAOXUE YANJIU YU ANLI JINGXUAN

策划编辑	张彦勤		封面设计	苏永生
责任编辑	张彦勤		版式设计	苏永生
责任校对	薛　晗		责任监制	朱亚君

出版发行	郑州大学出版社		地　　址	河南省郑州市高新技术开发区
经　　销	全国新华书店			长椿路 11 号(450001)
发行电话	0371-66966070		网　　址	http://www.zzup.cn
印　　刷	河南大美印刷有限公司			
开　　本	787 mm×1 092 mm　1 / 16			
印　　张	11.25		字　　数	270 千字
版　　次	2025 年 4 月第 1 版		印　　次	2025 年 4 月第 1 次印刷
书　　号	ISBN 978-7-5773-1027-5		定　　价	59.00 元

编委会名单

主　编　曹　珊

副主编　（以姓氏笔画为序）

　　　　王瑾瑾　冯　龙　全善爱　刘晓蕙

　　　　孙春阳　杨梦利　郑关民　徐学琴

　　　　裴兰英

编　委　（以姓氏笔画为序）

　　　　马晓梅　王　艳　王茜茜　付晓霄

　　　　冯艳霞　曲雅倩　刘楠楠　刘德臣

　　　　祁　祥　李　栋　张玉晶　张冬冬

　　　　陈　健　赵　川　赵倩倩　荣文慧

　　　　殷萌琪　黄艳梅　韩　雪

内容提要

　　立德树人成效是检验高校一切工作的根本标准,课程思政寓价值塑造于知识传授和能力培养中,是落实立德树人成效的重要抓手。本书主要围绕预防医学专业课程思政建设理论研究与实践探索展开论述,分为两部分。第一部分从课程思政建设的背景与意义、预防医学专业课程思政研究现状及思考进行了阐述。第二部分甄选了河南中医药大学预防医学专业14门专业核心课的课程思政教学案例共166个,从政治认同、家国情怀、道德修养、文化素养、法治素养、职业素养等方面挖掘、呈现课程思政案例,覆盖面广、针对性强、实操性好。本书注重基础、结构完整、关注前沿,便于读者深入了解课程思政教学研究和具体实施路径、方法,提升广大公共卫生与预防医学专业教师的育德能力,有利于形成育人合力,从而为培养新时代德智体美劳全面发展的预防医学专业人才保驾护航。

前言

课程思政是新时代中国特色社会主义高等教育中具有开创性意义的理论与实践创新，是深入贯彻落实立德树人这一高等教育根本任务的关键战略举措，是构建全员、全程、全方位育人格局的重要环节，深刻影响着高校人才培养的质量与方向。

《论语》有云："志于道，据于德，依于仁，游于艺。"中国传统经典文化里深藏教育智慧，启迪心智、陶冶情操、端正品行一直都是教育的追求与宗旨。"君子务本，本立而道生"，这与当下大力倡导的课程思政殊途同归。课程思政的核心在于"铸魂"，课程思政秉持着春风化雨般潜移默化的隐性教育理念与模式，将思想政治教育元素有机融入各类专业课程之中，致力于在知识传授与技能培养的同时，全方位、深层次地塑造学生正确的世界观、人生观、价值观和良好的职业道德素养与社会责任感。

医乃仁术，无德不立。预防医学专业学生肩负着维护公众健康、预防疾病发生、促进社会和谐发展的神圣使命。将思想政治教育深度融入预防医学专业教育体系，对于高校培养德才兼备、具有高度社会责任感和使命感的预防医学专业人才而言，已成为不可或缺的核心任务。因此，开展课程思政是预防医学专业教学的重要使命。目前国内针对预防医学专业课程思政元素及实践路径的研究较为分散，系统的整合书籍缺乏。鉴于此，河南中医药大学医学院预防医学专业教学团队凝心聚力，全面梳理我国预防医学专业的课程思政研究现状、实践举措及存在的问题，面向全国医学类院校预防医学专业专任教师、预防医学专业学生、教学管理部门，结合授课实践经验编著此书，以便于读者系统深入了解课程思政教学研究和具体实施方法，充分发挥专业课程的育人功能，促进德智体美劳全面发展的预防医学专业人才的培养。

本书绪论第一节和第二节分别为课程思政建设的背景与意义、预防医学专业课程思政研究现状及思考。第一章到第十四章，分别为流行病学、卫生统计学、营养与食品卫生学、职业卫生与职业医学、环境卫生学、临床营养学、毒理学基础、儿童少年卫生学、健康教育学等专业核心课课程思政教学案例，共 166 个。本书主要围绕政治认同、家国情怀、文化素养、道德素养、法治素养、职业素养、文化自信、制度自信、科学精神、责任担当、人文关怀等方面有机地融入思政元素，达到如盐在水、春风化雨、润物无声的育人效果，力求实现知识传授、能力培养和价值引领的有机统一。

本书注重实践、特色鲜明、体系完整、案例丰富。绪论部分有助于读者全面了解我国课程思政建设概况与发展、预防医学专业课程思政建设现状与举措；第一至十四章内容源于各门课程的不同教学场景的实践应用。在知识取舍上，本书聚焦预防医学专业核心课程，结合课程性质、教学对象及育人目标等进行具有情景性的思政元素的挖掘、剖析和选用，从社会责任与使命担当、科学精神与严谨态度、人文关怀与沟通协作等方面呈现思政案例，旨在通过课程思政教学改革实现入脑入心的价值塑造，引起学生共鸣。在内容表述上，本书遵循科学、精练的原则，基于长期深入的教育教学研究基础，从课程简介、教学目标、课程思政教学资源计划表、课程思政案例等方面对课程进行阐释。一目了然，完整的案例资源、思政育人成效和教学方法，便于读者学习和借鉴。

本书为河南省教育科学规划重点课题(2025JKZD26)、河南省高等教育教学改革研究与实践项目(研究生教育类)(2023SJGLX231Y)、全国医药学研究生在线课程建设与教学研究课题(BYXC2024-02-0176)的主要建设与研究成果。本书所纳入的预防医学专业课程思政建设案例仅为我校课程思政建设的阶段性成果，依托省级教学名师工作室进行著作编写。团队成员将与时俱进，结合时代特点和生动案例，不断更新迭代课程思政素材，助推预防医学专业课程思政建设高质量、可持续发展，更好地实现课程思政育人目标。

本书的写作和出版得到了预防医学专业同仁、河南中医药大学教务处的支持和帮助。该书凝结了编写团队的智慧与辛勤劳动，书中引用了诸多网络资源未能全部标明出处，在此一并表示衷心的感谢！虽然全体写作人员在编写过程中，齐心协力，严把质量关，但由于时间仓促及水平有限，不足之处在所难免，恳请广大读者批评指正。

编　者

2025 年 1 月

目 录

绪　论

第一节　课程思政建设的背景与意义

一、课程思政建设的背景

（一）政策导向推动课程思政建设

近年来,课程思政在我国高等教育领域得到了前所未有的重视与推广,一系列政策文件的相继出台为课程思政建设指明了方向并提供了有力的制度保障。习近平总书记高度重视课程思政与人才培养工作,多次在相关会议及讲话中作出重要指示,强调要用好课堂教学这个主渠道,思想政治理论课要坚持在改进中加强,提升思想政治教育亲和力和针对性,满足学生成长发展需求和期待,其他各门课都要守好一段渠、种好责任田,使各类课程与思想政治理论课同向同行,形成协同效应。这深刻阐明了课程思政建设中各类课程都肩负着思想政治教育的重要使命,不能将思想政治教育局限于思政课程本身,而应贯穿到整个教育教学体系之中,通过多课程的协同作用,全方位塑造学生正确的世界观、人生观、价值观,为党和国家培养德智体美劳全面发展的社会主义建设者和接班人奠定坚实基础,引导学生将个人的成长成才与国家民族的命运紧密相连,使学生在学习专业知识技能的过程中,不断增强政治认同、思想认同、理论认同、情感认同,坚定理想信念,厚植爱国主义情怀。

2017年2月,中共中央、国务院印发了《关于加强和改进新形势下高校思想政治工作的意见》,文件强调要坚持全员、全过程、全方位育人(简称"三全育人")理念,指出高校要把思想政治工作贯穿教育教学全过程,实现全程育人、全方位育人。这就意味着思想政治教育绝不能仅依靠思政课程这一单一途径,而是要拓展到所有课程领域,开启了课程思政建设的重要导向。它要求各类课程教师都要肩负起育人责任,挖掘课程中蕴含的思想政治教育资源,积极参与到思想政治教育工作当中,让每一门课程都成为育人的载体,从宏观层面为课程思政建设营造了良好的政策环境,促使各高校开始探索如何将思政元素融入专业课程体系,打破思政课程与专业课程之间的"壁垒",真正实现同向同行、协同育人的目标。

2017年12月，教育部发布了《高校思想政治工作质量提升工程实施纲要》，该纲要提出构建课程、科研、实践、文化、网络、心理、管理、服务、资助、组织等"十大"育人体系，尤其着重强调了课程育人这一关键环节。明确指出要深入挖掘各类课程蕴含的思想政治教育资源，发挥好每门课程的育人作用，将思想政治教育融入课程教学各环节，推动每一位教师将育人职责落实到课程教学当中。鼓励教师在专业课程的教学设计中，精心融入家国情怀、职业道德、社会责任等思政元素，通过课堂讲授、案例分析、小组讨论等多样化的教学形式展现给学生，使学生在获取专业知识的同时，自然而然地受到思想道德的熏陶，从而助力全方位提升高校思想政治工作质量，这在很大程度上推动了课程思政在各高校的落地生根与深入实践。

2019年8月，中共中央办公厅、国务院办公厅印发了《关于深化新时代学校思想政治理论课改革创新的若干意见》，文件核心虽然是围绕思政课本身，但强调了要整体推进高校课程思政与思政课程建设，形成协同效应。该意见中指出要发挥其他各类课程的思政教育功能，与思政课相互配合、相互补充，共同完成立德树人的根本任务。在政策要求下，各高校积极主动地探索不同学科专业开展课程思政的有效模式，在专业课程中融入科学家爱国精神、严谨治学态度，文化自信、人文关怀等内容，力求通过课程思政增强学生对思政课所传授的马克思主义理论、社会主义核心价值观等内容的理解与认同，让思政教育通过课程思政的拓展变得更加立体、全面，覆盖到学生学习和生活的各个角落。

2020年5月，教育部印发了《高等学校课程思政建设指导纲要》，在目标要求上，要求全面推进课程思政建设，把思想政治教育贯穿人才培养体系全过程，发挥好每门课程的育人作用，构建全面覆盖、类型丰富、层次递进、相互支撑的课程思政体系。在课程思政内容体系构建上，结合不同学科专业的课程特点，从家国情怀、文化自信、道德修养等多个维度挖掘思政元素，为教师开展课程思政提供了清晰的内容指引。文件对课程思政的教学方法改进、教师队伍建设、课程思政的考核评价等保障机制都提出了相应要求，使得课程思政建设从顶层设计到具体实施都有章可循、有据可依，大大加快了各高校全面、规范推进课程思政建设的步伐，标志着课程思政建设进入了一个更为标准化、专业化的发展阶段。

这些政策反映了国家对高等教育人才培养目标的深刻思考与战略布局。在全球化背景下，国际竞争日益激烈，培养德智体美劳全面发展的社会主义建设者和接班人成为高等教育的核心使命。课程思政建设旨在通过将思想政治教育元素融入专业课程教学，使学生在学习专业知识的同时，潜移默化地接受正确的世界观、人生观、价值观教育，增强学生的政治认同、家国情怀、文化素养和道德修养，从而提升人才培养的质量与内涵，确保培养出的人才能够在复杂多变的社会环境中坚守社会主义核心价值观，为国家发展和民族复兴贡献力量。

（二）时代发展呼唤课程思政建设

当今社会，全球化进程不断加速，世界各国在政治、经济、文化等领域的交流与互动日益频繁。在这一背景下，多元文化相互激荡，各种思潮汹涌而至。大学生作为社会中思想最为活跃、对新鲜事物最为敏感的群体，不可避免地受到来自不同文化思潮的冲击。

网络技术的飞速发展使信息传播变得前所未有的便捷和快速,信息的海量增长在带来丰富知识资源的同时,也导致了信息质量的良莠不齐。虚假新闻、网络谣言以及各种偏激、片面的观点充斥网络空间,大学生在面对如此纷繁复杂的信息时,往往缺乏足够的甄别能力,容易被误导,进而影响其正确世界观、人生观和价值观的形成。

面对复杂多变的时代环境,新时代对人才提出了更高的要求。新时代的人才除了要具备扎实的专业知识和技能外,还需要拥有坚定的政治立场、强烈的家国情怀、良好的道德品质和健全的人格素养。国家之间的竞争不仅仅是经济实力和科技水平的较量,更是文化软实力和价值观影响力的博弈。具有高度政治认同和爱国情怀的人才,能够在国际交往中坚定地维护国家利益和形象,积极传播本国文化和价值观,为提升国家的国际地位和影响力贡献力量。

课程思政建设正是为了适应时代发展对人才的新需求应运而生的重要教育举措。这一举措通过将思想政治教育元素有机融入各类专业课程教学,在传授知识的同时,潜移默化地对学生进行思想引领和价值塑造。结合我国科技发展的历程与成就,培养学生的民族自豪感和创新精神;通过对社会热点问题的剖析,引导学生树立正确的社会责任感和法治观念;通过对中国优秀传统文化的解读,培育学生的文化自信与道德情操。课程思政有助于培养学生良好的职业道德、社会公德和个人品德,使其在未来的职业生涯和社会生活中能够坚守道德底线,积极践行社会主义核心价值观,成为具有社会担当和创新能力的高素质人才。

（三）教育理念变革引领课程思政建设

传统教育理念往往侧重于知识的单向传授,重视学生对专业知识和技能的掌握,教学过程以教师为中心,学生多处于被动接受知识的状态。然而,随着教育改革的推进和社会发展对人才需求的变化,现代教育理念逐渐兴起并占据主导地位。现代教育理念强调以学生为中心,尊重学生的主体地位和个性差异,关注学生的全面发展,不仅仅是知识与技能层面,还涵盖情感态度、价值观、创新能力、社会责任感等多个维度。

在教学过程中,教师引导学生通过对专业知识的学习,树立正确的职业道德观、科学精神以及对社会和国家的责任感,深入挖掘学生的内在学习动力和思想情感共鸣点,实现思想政治教育的潜移默化。在教学方法上,以学生为中心的理念倡导多样化的互动式教学,如小组讨论法、项目式学习法、情景教学法等。课程思政借助这些教学方法,鼓励学生积极参与对思政问题的探讨和实践。在知识传授层面,教师通过对专业知识的深入剖析,挖掘其中蕴含的思政元素,使学生在学习专业知识的基础上,自然地接受思想政治教育的熏陶。在能力培养方面,课程思政注重培养学生的综合素养和实践能力,将思想政治教育与实践教学紧密结合。

二、课程思政建设的意义

（一）课程思政建设是落实立德树人根本任务的关键举措

立德树人作为教育的核心与基石,其目标在于培养兼具高尚道德品质、扎实专业素养、健全人格体魄以及强烈社会责任感,能够积极投身于社会主义现代化建设伟大事业的全面发展型人才。传统的思想政治教育模式，尽管在塑造学生思想观念方面发挥了不可忽视的重要作用，但主要集中于专门设置的思想政治理论课程体系。专门的思政课程在教学时间与教学资源上相对有限，难以充分覆盖学生在整个学习生涯中所接触到的各种知识领域与生活场景，无法全面、深入地触及学生思想意识的各个层面，难以充分满足培养全面发展人才的多元需求。课程思政作为落实立德树人根本任务的关键路径，深度契合了当代教育内涵式发展的迫切需求。它以一种全方位、系统性的教育理念革新，巧妙地打破了思政教育与专业教育之间的壁垒，使思政元素如同涓涓细流，浸润于各类专业课程的知识传授之中。课程思政通过潜移默化的方式，将社会主义核心价值观深植于学生的心灵深处，不断强化价值判断与行为选择能力，进而外化为自觉的行动实践，切实保障了立德树人这一根本任务在教育教学的每一个细微环节落地生根，为培育德智体美劳全面发展的社会主义建设者和接班人筑牢了坚实的教育基石与思想根基。

课程思政建设的全面推进，使得立德树人的根本任务在教育教学的各个环节得以有效落实。从课程体系的构建与优化，到教材内容的编写与审核；从课堂教学的组织与实施，到教学评价的标准与方法，都充分体现了思政教育的要求与目标。在课程体系构建方面，各学科专业根据自身特点制定了明确的课程思政建设目标与实施方案，确保每一门课程都能在知识传授的基础上，有效发挥思政教育功能；教材编写过程中，注重融入思政元素，使教材不仅是知识的载体，更是思政教育的重要工具；课堂教学中，教师通过多样化的教学方法和手段，将思政教育与专业知识教学有机融合，提高教学效果；教学评价体系则将学生的思政素养提升情况纳入考核范围，激励教师和学生更加重视课程思政建设。

通过这种全方位、全过程的课程思政建设，教育教学的各个环节相互衔接、相互促进，形成了一个协同育人的有机整体，为落实立德树人根本任务提供了坚实的保障，确保每一位学生都能在全面、系统的教育环境中苗壮成长，成为符合时代要求，具有高尚品德和卓越才能的社会主义建设者和接班人，为实现中华民族伟大复兴的中国梦贡献自己的力量。

（二）课程思政建设是提升人才培养质量的核心要素

目前，社会对人才的要求已不再局限于专业知识与技能的掌握，更注重人才的综合素质。课程思政建设有助于全面提升人才培养质量。课程思政的融入为人才培养内涵注入了丰富且深刻的思政元素，使其超越了单纯专业知识与技能传授的范畴。从思想政治素养的培育角度来看，课程思政借助各学科专业课程的独特视角与资源，引导学生深入理解并认同国家的政治理念、方针政策以及社会主流价值观。在道德品质塑造方面，课程思政将道德教育融入专业知识学习的情景之中。如在人体解剖学、生理学等课程教学中，适时引入医学伦理道德的讨论，如尊重患者自主权、保护患者隐私以及生命神圣与生命质量的权衡等话题，使学生在掌握医学专业知识的同时，深刻领悟医学职业所肩负的道德责任与使命，培养学生的人道主义精神和职业道德操守。课程思政还注重对学生创新精神与团队协作能力的培养，强调科学研究中的创新思维与方法，鼓励学生勇于突破传统思维定式，提出新颖的解决方案；通过小组合作完成项目任务，培养学生的团队沟通协作能力、领导能力以及在团队中发挥个人优势实现共同目标的意识，使学生成长为具备多方面素质能力的、全面发展的个体,更好地适应现代社会复杂多变的需求。

课程思政在提升人才培养质量方面的另一重要作用体现在对学生学习动力的有效激发上。当专业课程与思政教育有机融合时,能够为学生呈现出所学专业知识背后更为深远的社会意义与价值使命。这种由课程思政所激发的学习动力能够显著促进学生对知识的吸收与能力的提升,并实现二者之间的有效转化。

（三）课程思政建设是应对时代挑战与社会需求的必然要求

当今时代,我们面临着诸多挑战,如信息爆炸带来的价值多元化、社会转型引发的各种矛盾与问题等。同时,社会对人才提出了更高的要求,其不仅需要具备专业才能,还需具备良好的思想政治素质与社会责任感。课程思政建设正是应对这些时代挑战与社会需求的必然选择。通过在课程中引导学生正确分析和处理多元信息,培养学生的批判性思维与价值判断能力,使其能够在复杂的社会环境中坚守正确的价值取向。课程思政建设能够使学生更好地理解社会现象与问题背后的深层次原因,培养学生解决社会问题的能力与担当,使其积极投身于社会建设与发展之中,为构建和谐社会、实现中华民族伟大复兴贡献力量。课程思政紧密结合时代发展脉搏,精准对接社会人才需求,通过全方位、多层次的教育教学改革与实践,为培养适应新时代要求的高素质人才提供了坚实保障,在推动高等教育内涵式发展和社会进步中发挥着不可替代的重要作用。

第二节　预防医学专业课程思政研究现状及思考

在高校中,课程思政理念日益深入人心,思政元素与学科知识已然形成了良性互动、有机融合的良好态势,课程思政也由此成为高校学科专业中极为重要的教育支撑点和极具价值的教学应用点,有力推动着立德树人教育目标的实现。预防医学专业的学生,作为公共卫生事业的建设者与接班人,肩负着促进人民健康、开展疾病防治、提供健康教育以及落实预防保健服务等重要责任,承载着健康中国建设的伟大时代使命。把"健康中国"战略融入预防医学专业学生的思想政治教育之中,实现二者同向同行、同频共振,具有深远的价值和里程碑意义。

一、预防医学专业开展课程思政的必要性

高校作为学生思想政治和意识形态教育的基地,承担着培养合格人才的重要责任和使命,需要"课程思政"发挥立德树人的作用。随着新时代的发展,强大的中国需要新的青年力量,更需要培养拥有爱国情怀、理想信念、道德修养、懂专业知专业的综合型卫生人才担负起建设"健康中国"的重任。此外,新时代,党和国家提出把人民健康放在优先发展的战略位置,"大健康"理念下,人口老龄化、疾病谱的变化、生态环境及生活方式的变化等,为预防和维护健康带来一系列挑战,特别是对预防医学专业学生的要求将会越来越高。如何提升预防医学学生的综合素质,培养德、智、体、美、劳全面发展的预防医学

人才，以迎接"健康中国"的要求，是摆在预防医学高等教育面前的重要问题。

（一）课程思政是塑造德才兼备预防医学专业人才的关键举措

预防医学专业人才要具备扎实的专业知识和技能，更要拥有正确的世界观、人生观和价值观。课程思政将思政教育贯穿于专业课程教学中，能够引导学生树立正确的价值取向，如爱国情怀、社会责任感、职业道德等，使学生在学习专业知识的同时，实现思想道德素质的全面提升，成为德才兼备的高素质人才，更好地践行社会主义核心价值观，为实现中华民族伟大复兴贡献力量。思政教育可培养学生的人文精神和科学精神，使其在面对复杂的公共卫生问题时，既能运用科学方法进行分析和解决，又能从人文关怀的角度考虑社会影响和公众需求，促进学生全面发展，满足社会对预防医学专业人才综合素质的要求。

传统预防医学专业教育往往侧重于专业知识和技能的传授，而在理想信念和专业思想教育方面相对薄弱。课程思政能够填补这一空白，通过讲述预防医学领域的先进事迹、国家在公共卫生事业上的成就等，引导学生树立正确的职业理想，坚定从事预防医学事业的信念，增强学生对专业的认同感和自豪感，使其认识到预防医学工作的重要价值，从而激发学生的学习动力和职业热情。介绍我国在消灭天花、脊髓灰质炎等传染病过程中的伟大成就，以及公共卫生工作者在基层默默奉献的故事，可使学生感受到预防医学事业的崇高使命，也可培养学生扎根基层、服务人民的理想信念。

预防医学专业学生在未来工作中需要具备良好的沟通能力、团队协作能力、创新能力和批判性思维能力等综合素质。课程思政可以通过案例分析、小组讨论、实践活动等教学方式，培养学生的这些能力。在课程思政教学中，组织学生开展公共卫生问题的小组调研和讨论，可以锻炼学生的团队协作能力和批判性思维能力；通过社会实践活动，提高学生的沟通能力和社会适应能力，全面提升学生的综合素质，更好地适应未来职业发展的需求。

（二）课程思政是应对公共卫生挑战的精神支持

随着全球生态环境变化、人口老龄化加剧以及人类活动范围的扩大，公共卫生问题日益复杂多变，如传染病的跨国传播、环境污染对健康的影响、慢性非传染性疾病的防控等。预防医学专业人才在应对这些挑战中发挥着关键作用，他们需要具备高度的社会责任感和使命感。课程思政能够让学生深刻认识到疾病预防在保障公众健康、维护社会稳定中的重要性，激发学生为解决公共卫生问题而努力学习和工作的热情，培养学生在面对突发公共卫生事件时的担当精神和奉献精神。结合新冠疫情，课程思政可以引导学生从专业角度理解疫情防控措施的科学依据，同时学习医护人员和公共卫生工作者的抗疫精神，增强学生应对公共卫生危机的能力和信心，使其在未来能够积极投身于公共卫生事业，为保障公众健康贡献力量。

（三）课程思政是助力健康中国战略的思想根基

健康中国战略强调预防为主，预防医学专业人才是实现这一战略目标的重要支撑。课程思政能够将健康中国战略的理念和目标融入专业教学中，使学生明确自身在健康中国建设中的角色和责任，积极参与到健康促进、疾病预防等工作中。通过思政教育，培养学生的大卫生、大健康观念,促进学生关注社会健康问题,提高学生参与全民健康管理的意识和能力,推动健康中国战略的深入实施。

二、预防医学专业课程思政的实施现状

预防医学专业课程思政已在多所高校积极开展并取得一定成效,但仍存在一些问题。多数教师认可并积极践行课程思政,但在实践程度、思政元素挖掘及教学方法上存在差异,且部分教师面临教学时间及精力有限、课程思政经验技巧不足等困难。学生对课程思政整体认可度较高,但认知深度有待提升。部分院校已构建课程思政教学体系,通过培训、案例库建设、示范课开发等举措推进课程思政,但仍需进一步优化课程体系、提升教师能力、完善评价体系,以实现课程思政的高质量发展,全面提高预防医学专业人才培养质量。

(一)教师和学生对课程思政认可度不断提高

多数教师认可在专业课中融入思政元素的重要性,如天津医科大学调查显示,众多教师积极践行课程思政教育。部分院校积极组织教师参加各类思政培训和教学研讨活动,如佳木斯大学积极组织教师参加省内外专题培训,包括黑龙江省高等学校课程思政建设专题培训会、课程思政示范课程建设与申报经验分享交流会等,以提升教师的思政认知和教学能力,教师在课程设计、教学方法运用等方面积极探索,努力将思政教育融入专业知识传授过程中。

(二)课程思政融合范围不断扩大

目前课程思政已与预防医学专业多门课程融合,包括流行病学、卫生统计学、营养与食品卫生学、职业卫生与职业医学、环境卫生学、社会医学、儿童少年卫生学等。教师通过多种方式挖掘思政元素,如结合学科发展历程、公共卫生事件、科学家事迹等,将思政元素与专业知识融合。在环境卫生学教学中,引入切尔诺贝利核事故、福岛核污水排海等事件,培养学生职业理念;在营养与食品卫生学中,通过中医药饮食文化强调文化自信,在各课程中融入爱国情怀、职业道德等思政元素。教学实践中,注重在不同教学环节融入思政教育,如课堂教学中采用案例教学、研讨式教学等方法,实践教学中结合社会实践、创新创业项目等,使思政教育贯穿教学全过程。

(三)课程思政教学模式创新探索初见成效

一些院校积极探索创新教学模式,如佳木斯大学打造了"线上 + 课前 + 课中 + 课后"的"一维三阶"全程教学模式,开展混合式教学,充分利用线上资源丰富教学内容,提升学生的自主学习能力。同时,通过开展课程思政研讨会、讲课比赛等活动,为教师提供交流和展示平台,加强教师之间的经验交流与培训,有效提高了教师的教学水平和课程思政建设能力,推动课程思政教学实践不断发展。

三、预防医学专业课程思政存在的问题

目前大部分预防医学专业课程已开展思政教学工作,构建了三全育人大格局,教学

氛围也发生了明显的变化。教师积极转换角色和转变教学思维,并创新教学方式,挖掘思政元素丰富课堂内容,学生接受专业知识与思政同步教育,但在实施过程中还存在以下问题。

(一)课程思政研究深度有待增加

当前预防医学专业课程思政研究多基于教学实践经验总结,缺乏坚实的理论支撑。多数研究未深入探讨课程思政的教育哲学、心理学等理论基础,未从根本上阐释课程思政对学生思想和行为影响的内在机制。在思政元素如何与学生认知发展规律相契合方面,缺乏深入研究,难以指导教师根据学生不同发展阶段特点融入思政内容。对课程思政教育教学过程中的复杂关系剖析不够,如知识传授与价值引领的平衡关系、思政教育与专业教育的协同效应等。这导致在实际教学中,教师难以把握思政教育的"度",容易出现思政元素与专业知识"两张皮"现象,无法实现深度融合。部分研究关注到了学生、教师、课程等因素对课程思政效果的影响,但分析不够全面深入。对于学生个体差异(如学习风格、家庭背景、价值观差异等)如何影响课程思政接受度和效果的研究较少,未能为个性化课程思政教学提供依据。对教师因素的研究多集中于教师的思政意识和能力,而对教师的学科背景、教学经验、教育信念等与课程思政实施的交互影响缺乏系统探究。此外,对于课程体系、教学资源、教学环境等因素对课程思政的综合影响机制,尚未形成清晰认识,难以构建全面有效的课程思政教学模式。

(二)课程思政研究系统性有待整合

现有研究往往聚焦于预防医学专业的某一门课程,如环境卫生学、营养与食品卫生学、流行病学等,缺乏对整个专业课程体系的整体规划和协同设计。各课程之间的思政目标缺乏系统性整合,未能形成连贯一致的课程思政体系,导致学生在不同课程中接收到的思政教育缺乏连贯性和协同性,难以形成全面系统的价值观和职业素养。课程思政元素在课程体系中的分布不均衡,部分课程思政元素挖掘丰富,而有些课程则相对薄弱。在专业基础课程和核心课程中,思政元素融入较多,而在一些选修课程或实践课程中,思政教育相对不足,影响了课程思政的全面性和系统性。

(三)课程思政研究方法有待提升

预防医学专业课程思政的实证研究数量较少,且研究样本有限。多数研究采用案例分析、问卷调查等方法,但样本量较小,代表性不足,难以推广研究结论。如部分研究仅针对某一院校或某一年级的学生进行调查,无法反映不同地区、不同层次院校学生的实际情况。目前研究多从单一维度进行,缺乏多维度综合研究。多数研究仅从教师或学生的单一视角出发,未能充分考虑课程思政涉及的多元主体(如学校、教师、学生、家庭、社会等)及其相互作用。跨学科研究方法应用不足,课程思政涉及教育学、心理学、社会学、医学等多学科知识,但现有研究较少运用跨学科方法进行深入分析。这限制了对课程思政复杂问题的全面理解和有效解决,难以整合多学科资源为课程思政提供理论支持和实践指导。

四、预防医学专业课程思政相关思考和建议

(一)精准挖掘思政元素,构建系统思政教育体系

预防医学专业课程思政建设需要进一步精准挖掘思政元素,构建系统完善的思政体系。通过深入分析预防医学专业的学科特点、人才培养目标以及各课程的教学内容,从专业知识体系中梳理出与思想政治教育紧密相关的知识点和案例。例如,从预防医学的发展历程中挖掘科学家们为攻克公共卫生难题而不懈努力、勇于创新的精神,将其作为培养学生科学精神和创新意识的思政元素;从全球公共卫生事件应对中,提炼出国家制度优势、国际合作理念以及医护人员的奉献精神等思政内容,融入相关课程教学中。同时,还要注重思政元素在不同课程之间的合理分布与有机衔接,构建从基础课程到专业课程、从理论教学到实践教学的全方位、多层次课程思政体系,使思政教育在预防医学专业教育中形成一个有机整体,避免思政元素的碎片化和孤立化。

(二)创新教学方法和手段,提升思政育人效果

为提升预防医学专业课程思政的育人效果,必须创新教学方法和手段。传统的单一讲授式教学难以满足课程思政的要求,应积极采用多样化的教学方法。例如,问题导向教学法可引导学生在探究预防医学专业问题的过程中,思考与之相关的社会、伦理、法律等问题,培养学生的批判性思维和综合分析能力;小组合作学习法可促进学生之间的思想交流与碰撞,在团队协作完成预防医学项目任务的过程中,培养学生的团队精神、沟通能力以及社会责任感;情景教学法可创设真实的公共卫生场景,如模拟突发公共卫生事件应急处置等,让学生在情景体验中增强职业使命感和应对复杂社会问题的能力。此外,充分利用现代信息技术手段,如线上教学平台、虚拟仿真实验等,拓展课程思政的教学空间和资源,可增强课程思政教学的趣味性和吸引力,提高学生的参与度和学习积极性。

(三)强化教师思政能力培训,打造专业思政队伍

教师是预防医学专业课程思政建设的关键力量,其思政能力直接影响课程思政的实施效果。因此,需要强化教师的思政能力培训,打造一支高素质的专业思政队伍。定期组织教师参加思政理论培训,可提高教师对思想政治教育重要性的认识,提升教师的马克思主义理论水平和思想政治素养。同时,开展课程思政教学方法培训,可帮助教师掌握将思政元素有效融入专业课程教学的技巧和策略。培训教师学会在教学中进行价值引领、设计思政教学案例、组织思政课堂讨论等。此外,鼓励教师开展课程思政教学研究与实践交流,建立课程思政教学团队,通过团队协作与经验分享,共同探索预防医学专业课程思政的创新路径,不断提高教师的课程思政教学能力和水平。

(四)完善课程思政评价体系,保障思政建设质量

建立完善的课程思政评价体系是保障预防医学专业课程思政建设质量的重要环节。评价体系应涵盖教学过程评价和教学效果评价两个方面。在教学过程评价中,要关注教师在课程设计、课堂教学、实践指导等环节中对思政元素的融入情况,如思政元素的选择

是否恰当、与专业知识的结合是否紧密、教学方法是否有利于思政目标的达成等；同时，也要评价学生在学习过程中的参与度、思想感悟以及价值观的变化情况。在教学效果评价方面，需要采用多元化的评价指标，包括学生的学业成绩、职业素养提升情况、社会实践表现以及用人单位反馈等。通过建立科学合理的课程思政评价体系，能够及时发现课程思政建设过程中存在的问题，为调整和改进教学提供依据，从而推动预防医学专业课程思政建设高质量发展。

综上所述，我国预防医学专业教育中已普遍开展课程思政，且已取得阶段性成果，育人成效初步显现，当前研究多集中于课程思政的教学路径、元素挖掘和教学策略等方面。深入挖掘课程中的思政教育元素，采用多种教学方法，将思政元素融入课程中，这样才能达到"立德树人"的目的。可通过提升教师思政教育水平、优化教学设计、创新教学方法、构建多元化、多主体的考核评价体系等，推进预防医学专业课程思政建设走实走深，更好地服务于预防医学专业人才培养，实现培养社会主义建设者与接班人这一时代要求。

第一章
流行病学

░░░░ **课程简介** ░░░░

> 流行病学是预防医学专业一门重要的专业课程,是研究人群中疾病与健康状况的分布及其影响因素,并制订防治疾病、促进健康的策略与措施的科学,在医学研究和实践领域发挥着重要的作用。它是一门致力于指导疾病预防与控制、促进人群健康的应用学科,更是一门探讨疾病病因、发展过程及评价预防和治疗措施效果的方法论学科。该课程能培养学生从宏观角度认识疾病,建立疾病的人群观念及流行病学研究的逻辑思维方法,掌握流行病学各类研究方法的设计与实施,为医学生今后从事医疗、科研、防病治病的工作奠定坚实的基础。引导学生深入理解公共卫生的整体性、群体观,牢固树立预防为主的思想,使学生能适应新时期公共卫生工作的需要,为人民健康服务。

【教学目标】

（一）知识目标

1.掌握流行病学的基本概念、基本知识和基本理论;掌握不同流行病学研究方法的基本原理、特点、设计和实施,以及资料的整理和分析方法;掌握流行病学病因推断的方法。

2.熟悉流行病学研究中偏倚的种类和控制方法;熟悉公共卫生监测和突发公共卫生事件的流行病学调查方法。

3.了解常见传染病的流行特征、流行过程及防控的策略和措施;了解常见慢性病的流行特征、危险因素及防控的策略和措施。

（二）能力目标

1.具备在人群中开展流行病学调查的能力。

2.具备调查分析疾病、公共卫生事件及其影响因素的分布特征的专业技能,能够精准寻找病因、诊断公共卫生问题,并在此基础上制订和实施公共卫生干预计划及评估干预效果的基本能力。

3.具备开展流行病学研究设计、资料收集、统计分析的能力。

4.具备识别、应对和处置突发公共卫生事件的初步能力。

5.注重理论与实践相结合,具备一定的在实践中发现问题、分析问题及解决问题的能力。

(三)情感目标(思政目标)

以习近平新时代中国特色社会主义思想为指导,使学生扎实掌握流行病学基本理论、基本方法与具体应用,指导学生了解当前我国流行病学的发展现状与科学价值,引导学生树立正确的世界观、人生观和价值观,增强学生的职业责任感和使命感,鼓励学生积极参与人群疾病或健康调查、疫情防控等相关工作,激发学生的专业求知欲与爱国主义情怀,为党和国家培养政治立场坚定、职业品格高尚、专业素养过硬的复合型公共卫生人才。

➡ 【课程思政教学资源计划表】

流行病学课程思政教学资源计划见表1-1。

表1-1　流行病学课程思政教学资源计划

章名	课程思政融入点	思政目标	案例资源	教育方法和载体途径
第一章 绪论	流行病学的原理和应用	职业责任 职业使命	防疫一线的"福尔摩斯"	案例教学法 图片展示法
第二章 疾病的分布	疾病的分布	科学精神 职业观教育 社会责任感	宽街霍乱——公共卫生转折点	案例教学法 课堂讲授法 案例讨论法
第三章 描述性研究	现况研究	科学精神 辩证唯物主义	现象与真相的距离	启发式教学法 案例讨论法
第五章 病例对照研究	病例对照研究的应用	职业观教育 健康观 生命观教育	医者之"手"与健康	案例教学法 课堂讲授法
第八章 病因及其发现和推断	因果关系推论	实事求是 探索真理	科学照亮吸烟致癌真相	案例教学法
第九章 预防策略	预防策略与措施	职业认同感 价值感	扁鹊三兄弟	故事引入法
第十章 公共卫生监测	公共卫生监测的种类与内容	专业认同感 激发学习热情	公共卫生监测预警,安全防线守护健康	新闻导入法

续表1-1

章名	课程思政融入点	思政目标	案例资源	教育方法和载体途径
第十二章 慢性病流行病学	慢性病预防策略与措施	社会责任 健康中国	慢性病防控加速跑，全民健康守护早	案例讨论法 案例分析法
第十三章 伤害流行病学	伤害的流行病学特征	生命至上 预防观念	珍爱生命，远离伤害	启发式教学法
第十四章 突发公共卫生事件流行病学	突发公共卫生事件的流行病学调查	职业认同 职业使命	人民健康的卫士	启发式教学法 情景教学法
第十五章 精神卫生流行病学	精神卫生流行病学的主要研究内容	热爱生命 珍爱健康	关注青少年心理健康 为青春护航	故事引入法
第十六章 分子流行病学	分子流行病学概述	科学态度 创新精神	打开流行病学研究的"黑匣子"	案例教学法
第十八章 循证医学与系统综述	循证医学	科学态度 循证思想	不要"只见树木，不见森林"	文献分享法
第十九章 恶性肿瘤	恶性肿瘤预防策略与措施	社会主义核心价值观 使命感 责任感	奋斗四十年——临朐县胃癌防治	案例讨论法 课堂讲授法
第二十章 糖尿病	糖尿病预防策略与措施	健康观 职业责任感	健康中国，从我做起	案例讨论法 课堂讲授法
第二十一章 流行性感冒	流感的流行特征	居安思危 预防观念 职业认同	小小流感，大大威力	案例讲授法
第二十二章 病毒性肝炎	病毒性肝炎的流行过程	人文关怀	以科学为翼，打破乙型肝炎歧视的枷锁	文献分析法 课堂讨论法
第二十四章 性传播疾病	性传播疾病预防策略与措施	爱情观 婚姻观 健康观	发乎情，止乎礼，健康爱	情景教学法 课堂讲授法
第二十五章 结核病	结核病预防策略与控制措施	思考生命价值，感悟专业使命	探秘林黛玉"痨病"的精神面纱	故事引入法

注:教学内容参照詹思延.流行病学.8 版.北京:人民卫生出版社,2017.

案例一 防疫一线的"福尔摩斯"

1. 课程思政融入点 流行病学的原理和应用。

流行病学调查对于控制、防治疫情有着至关重要的作用。流行病学调查队进入疫区,对患者和密切接触者等进行深入的调研和交流。流行病学调查的主要内容包括两方面,一是调查患者的传播途径和传染源;二是绘制传播链及传播网络。流调人员负责摸清患者发病前的暴露史、接触人群、生活和行动轨迹,患者被隔离前可能接触的人和物。他们要在庞大的数据链条下,在一串串名单和一个个看似无关联的信息碎片中,像"福尔摩斯"侦探一样逐一摸排,溯源追踪,以最快的速度发现密接和次密接人群,梳理密接和次密接人员的信息,形成完整的轨迹列表,根据列表再快速整理成流调报告,绘制完整的病毒传播链和传播网络。这些流行病学信息,对于医疗专家掌握疫情、控制疫情发挥着非常重要的作用。

2. 思政案例育人成效 流行病学工作者开展流行病学现场调查工作,掌握病例发病情况、暴露史、接触史等流行病学相关信息,分析疫情的传播特征和传播链,做好密切接触者的追踪判定,防范疫情的蔓延和传播,为疫情防控做出了突出贡献。引导学生认识到流行病学在疫情防控中的重要性,了解预防医学专业工作在保障人民健康方面的重要性,从而增加学生的专业认同感、自豪感、责任感和使命感。

3. 教学方法、教学模式 案例教学法和图片展示法:通过案例讲述、流行病学现场调查工作图片展示,为同学们讲解疫情防控中流行病学的工作内容及其作用,让同学们进一步了解流行病学在公共卫生中的重要性,引导学生树立职业自豪感和责任感。

案例二 宽街霍乱——公共卫生转折点

1. 课程思政融入点 疾病的分布。

1854 年秋季,伦敦宽街暴发霍乱,当时霍乱病原体尚未发现,John Snow 医生集中精力调查了发生疫情的地点和死亡病例,并追踪了宽街泵井附近包括学校、餐馆、企业和酒吧等在内的数百例霍乱病例,发现几乎所有的死亡病例都发生于离宽街水井不远的地方,且他们都饮用宽街供水站的水。为了直观地弄清泵井与霍乱死亡之间的关系,John Snow 首创了标点地图分析方法,他把这次霍乱暴发中调查过的死亡病例标记在地图上,同时将宽街供水站及附近的其他供水站也同时标记在地图上,直观地展示出疾病的分布。John Snow 根据疾病分布进行分析,认为该区霍乱暴发与宽街供水站的水井有密切关系,而之后的研究也进一步证实了这一假设。John Snow 提出关闭宽街水井的干预措施,不但有效地控制了已经发生的宽街霍乱流行,还成功地预防了宽街很可能发生的第二次霍乱流行。这一事件成为现代公共卫生史上的一个伟大转折点。

2. 思政案例育人成效 通过 John Snow 利用标点地图研究伦敦霍乱的事例,首先引出疾病分布研究的重要性和意义,引起学生对疾病分布学习的兴趣;进一步引导学生认识到,在科学研究中,要善于观察和思考,既要大胆假设又要小心求证,需要具备严谨、耐心、细致和坚持不懈的科学精神,最后才有可能发现事情的真相。同时,激发学生树立专业学习的信念和守护人类健康的社会责任感,使大家认识到流行病学对人类健康具有重要作用,只有掌握了相应的知识才能正确应对疾病,通过努力学习专业知识,为人民的生命健康做出贡献。

3.教学方法、教学模式

(1)案例教学法:以著名历史事件作为案例引入课程,开展学习。

(2)课堂讲授法:通过图片展示和文字,讲授疾病分布的概念和重要意义。

(3)案例讨论法:组织学生对案例进行讨论,表达自己的感受和思考,入脑入心。

案例三 现象与真相的距离

1.课程思政融入点 现况研究。

美国一位住在高压线附近的儿童得了白血病。在电视台的采访中,孩子的母亲控诉,高压线使她的孩子得了白血病,引起舆论哗然。那么,住在高压电线附近会导致儿童患白血病吗?美国国家癌症研究所对这个问题展开研究,历时5年花费500万美元调查了大量白血病患儿和没有患白血病的儿童,结论是没有发现白血病和高压线有直接联系的证据。

2.思政案例育人成效 该案例可使学生认识到在现况研究中,调查时的情况只是对客观现象的描述,是无法推断因果联系的。要正确认识现况研究的特点,眼见未必为实,学会科学思维,不能把同时存在或者相关事件武断地认为是因果关系。培养学生的辩证思维能力,透过现象看本质的科学意识,学会分辨真实联系和表面联系,培养学生的批判性思维,敢于质疑,敢于提问。

3.教学方法、教学模式

(1)启发式教学法:提出问题,引发学生思考,启发学生探寻现象背后的真相。

(2)案例讨论法:组织学生对案例进行讨论,表达自己的感受和思考,培养独立思考。

案例四 医者之"手"与健康

1.课程思政融入点 病例对照研究的应用。

19世纪中叶,奥地利维也纳大学附属医学院的产科医师塞麦尔韦斯在工作中发现,该医院第一产科病房产妇产褥热的发生率比第二产科高9倍,前者的平均死亡率高达10%以上。他对两个产科病房进行对照研究,第一产科由医师负责,第二产科由助产士负责,最终发现该感染是由于做过尸体解剖的医师未经洗手消毒就去处理产妇造成的,由此证实了手部卫生与产妇死亡的关系。通过采取一个简单而严格的措施——漂白粉消毒液洗手,该医院产褥热的传播得到了明显的控制,也开启了医务人员手部卫生的历史。

2.思政案例育人成效 这一事件启示学生:第一,应用流行病学的方法,可以帮助我们发现现象背后隐藏的真实原因,从而控制疾病,保卫人类健康,强化职业信念感和荣誉感。第二,这一段历史提醒我们,医学工作者面对的是生命,应当慎之又慎,严格遵守医学规范,提高职业素养,时刻牢记"健康所系,性命相托"的誓言,要敬畏生命、尊重生命、爱护生命。

3.教学方法、教学模式

（1）案例教学法：以著名历史事件作为案例引发学生兴趣,加深理解和记忆。

（2）课堂讲授法：通过图片展示和文字,讲授事件经过和应用的流行病学方法。

案例五　科学照亮吸烟致癌真相

1. 课程思政融入点　因果关系推论。

20 世纪中叶,英国的死亡登记系统显示,尽管大部分癌症患者的数量明显减少,但死于肺癌的人数正逐年显著增加。当时分析可能有以下几种原因：①二战后经济飞速发展,医疗技术也随之进步,诊断水平得到提高,从而使肺癌患者检出率增加;②寿命增加,老年人增多,得肺癌的机会也增多;③工业的发展加重了大气污染,肺癌患者增加;④烟草消耗量增加。由于在该时间段内观察到了烟草消耗与肺癌死亡率的同步上升,研究者们开始重点关注吸烟与肺癌之间的关系,并开展了一系列的调查研究。

英国医学研究委员会开始投入资金进行肺癌发病危险因素的研究,并向两位非常著名的医生 Austin Bradford Hill 和 Richard Doll 委以重任,让他们深入探究肺癌和吸烟之间的关系。他们花费了 50 年的时间证明了吸烟与肺癌的关系。要找出肺癌和吸烟之间是否存在关系,一个比较快速且重要的方法就是要统计出患肺癌的人中抽烟和不抽烟的人各有多少,以及没有患肺癌的人当中抽烟和不抽烟的人各有多少。

Hill 和他的学生 Doll 主持的吸烟与肺癌的病例对照研究（1948—1952 年）、队列研究（1951—1976 年）成为世界上最经典的研究范式。一方面,这些研究全面证明了吸烟和肺癌之间的关系;另一方面,他们所建立的因果科学研究范式,极大地促进了现代病因学研究的发展。Hill 是 20 世纪最著名的流行病学与医学统计学专家,他以执着的信念和严谨的科学态度,成功地将科学的随机对照研究带入医学领域,引领了现代病因学的研究方法体系,并给后人留下巨著《医学统计学原理》、病因推断和 Hill 准则。

2. 思政案例育人成效　通过对 Hill 和 Doll 关于吸烟与肺癌关系发现的讲述,引导学生认识到 Hill 和 Doll 两位科学家对科研工作有极强的责任感,同时培养学生养成实事求是、坚持真理的科学态度,引导同学们认识到科学探究需要不断地探索,做出猜想和假设,需要通过各种路径证实,还需要不断地研究,用科学原理推导,并通过各种路径加以证实。

3. 教学方法、教学模式　案例教学法：通过图片展示、故事叙述等方式导入案例,加深学生对科学研究的重视,同时激发学生的专业认同感和职业价值感,也进一步激发学生的学习兴趣和热情。

案例六　扁鹊三兄弟

1. 课程思政融入点　预防策略与措施。

两千多年前,《黄帝内经》中提出"上医治未病,中医治欲病,下医治已病",即医术最高明的医生并不是擅长治病的人,而是能够预防疾病的人。

"下医治已病",是病情发生,严重之后做治疗。

"中医治欲病",是病情刚刚发作之时,有点儿症状就开始治疗,减轻患者痛苦。

"上医治未病",是从根源去除病根。上医明因识果（明白病根背后的规律）。

从扁鹊的描述中,可以看出扁鹊三兄弟代表着三种不同的医术水平。扁鹊的大哥擅长治未病,扁鹊的二哥擅长治欲病,扁鹊擅长治重病。

如果遇到扁鹊三兄弟,你想让谁帮你看病呢?你是想让大哥治未病,是想让二哥治欲病,还是想让扁鹊大刀阔斧地动手术呢?

2.思政案例育人成效　通过讲述《扁鹊三兄弟》的故事,引导同学们认识到防患于未然的必要性和重要性,意识到看事情不能只看当下,应当有先见之明,否则会造成很多不必要的后果。事后控制不如事中控制,事中控制不如事前控制,不要等到错误的决策造成了重大的损失才寻求弥补。弥补得好,当然是声名鹊起,但更多时候是亡羊补牢,为时已晚。

3.教学方法、教学模式　故事引入法:通过图片展示、故事叙述等方式导入案例,加深学生对疾病预防的重视,激发学生的专业认同感和职业价值感,进一步激发学生的学习兴趣和热情。

案例七　公共卫生监测预警,安全防线守护健康

1.课程思政融入点　公共卫生监测的种类与内容。

传染病监测预警平台是公共卫生体系的重要组成部分,它通过对传染病疫情和突发公共卫生事件的实时监测、分析和预警,为政府部门、卫生机构和公众提供及时、准确的信息,帮助制订科学、有效的防控策略,降低疫情对人类健康和社会经济的影响。传染病监测预警平台的核心功能包括数据采集、数据整合、数据分析、数据可视化和预警发布等。通过对海量数据的实时处理和分析,平台能够实现对疫情的智能识别、预测和预警。传染病监测预警平台已经在多个国家和地区得到了应用,取得了一系列显著的成果。以下是一些典型的应用案例。

中国:中国建立了全球最大的传染病监测预警平台,实现了对全国范围内传染病疫情的实时监测和预警,为疫情防控提供了有力支持。

美国:美国疾病控制与预防中心(CDC)建立了全球疫情监测预警系统(GMaP),通过国际合作和信息共享,实现了对全球疫情的实时监测和预警。

欧洲:欧洲疾病预防控制中心(ECDC)建立了欧洲疫情监测预警系统(TESSy),通过收集和分析欧洲各国疫情数据,实现了对欧洲疫情的实时监测和预警。

2.思政案例育人成效　通过讲述传染病监测预警平台,引导同学们认识到疾病监测的重要性,同时了解预防医学的专业价值和就业方向。预防医学,作为守护公众健康的卫士,其就业方向广泛且前景光明。就业方向多元,充满机遇。在公共卫生部门,承担疾病预防控制、卫生监测等重要职责。医疗机构中,参与临床预防工作,为患者提供个性化的健康指导。在社区卫生服务中心,可以开展健康教育、慢性病管理等工作。还可在科研机构从事医学研究,为公共卫生的发展贡献智慧。然而,要在公共卫生领域中崭露头角,需要具备以下素养:扎实的专业知识,包括流行病学、统计学等;较强的实践能力,能够将理论应用于实际工作;良好的沟通与团队合作能力,与各部门协同作战。

3.教学方法、教学模式　新闻导入法:通过打开微信文章和同学们一起阅读,扩大同学们的专业知识面,同时加深学生对预防医学专业的重视,激发学生的专业认同感和职业价值感,并进一步激发学生的学习兴趣和热情。

案例八 慢病防控加速跑,全民健康守护早

1.课程思政融入点 慢性病的预防策略与措施。

《中国防治慢性病中长期规划(2017—2025年)》(以下简称《规划》)中指出,要坚持正确的卫生与健康工作方针,以提高人民健康水平为核心,以深化医药卫生体制改革为动力,以控制慢性病危险因素、建设健康支持性环境为重点,以健康促进和健康管理为手段,提升全民健康素质,降低高危人群发病风险,提高患者生存质量,减少可预防的慢性病发病、死亡和残疾,实现由治为中心向健康为中心转变,促进全生命周期健康,提高居民健康期望寿命,为推进健康中国建设奠定坚实基础。

《规划》强调,要坚持统筹协调、共建共享、预防为主、分类指导的原则,健全政府主导、部门协作、动员社会、全民参与的慢性病综合防治机制,构建自我为主、人际互助、社会支持、政府指导的健康管理模式。《规划》将降低重大慢性病过早死亡率作为核心目标,提出到2020年和2025年,力争30～70岁人群因心脑血管疾病、癌症、慢性呼吸系统疾病和糖尿病导致的过早死亡率分别较2015年降低10%和20%,并提出了16项具体工作指标。

2.思政案例育人成效 通过对《中国防治慢性病中长期规划(2017—2025年)》的介绍,让学生明白目前慢性病防控的重要性,以及国家对慢性病防控的重视和决心,引导学生树立一切为了人民健康、生命至上的观念,要有职业使命感和社会责任感。

3.教学方法、教学模式

(1)案例讨论法:将该文件作为案例让学生先行阅读,分组讨论,提炼要点,分享观点,从而更深入体会文件核心思想。

(2)案例分析法:教师对该《规划》进一步分析解读,对关键信息进行详细讲解,让同学们进一步了解慢性病防控的重要性和必要性,作为预防医学专业的学生,将来所从事工作对人民健康的重要性。

案例九 珍爱生命,远离伤害

1.课程思政融入点 伤害的流行病学特征。

据估计,中国每年在伤害方面消耗的直接医疗费用约为650亿元人民币,每年造成的生产力损失达1 260万元,超过呼吸系统疾病、心血管系统疾病、传染性和肿瘤性疾病造成的损失。2017年,中国有7 710万(95% UI 7 250,8 160)新发伤害需要接受医疗服务,因伤害导致733 517人死亡(95% UI 681 254,767 006),伤害占中国全部死伤者总数的7.0%(95% UI 6.6,7.2)和10.0%(95% UI 9.5,10.5)。道路交通伤害在成年初期达到顶峰。溺水在儿童时期达到顶峰,而自伤率在25～29岁和80～84岁年龄组中出现小高峰。我国人口众多,各类伤害每年发生的人数庞大,因伤害造成的死亡数量巨大,不仅造成了健康和生命的损失,还加重了医疗卫生资源的压力,给社会经济发展造成严重的影响。

2.思政案例育人成效 让学生充分了解伤害对个人生命和健康的危害,给社会带来的压力,从而树立起远离伤害、生命至上的观念,并且树立伤害是可以预防的观念。

3.教学方法、教学模式 启发式教学法:通过伤害的发生、死亡及疾病负担等相关数据的展示,使学生对伤害的危害性有更深的体会和感受,引导学生珍爱生命,未来能致力于伤害的预防工作。

案例十 人民健康的卫士

1.课程思政融入点 突发公共卫生事件流行病学调查。

抗击疫情,你们看到了冲锋陷阵的医务工作者,看到了各交通卡口执勤的公安干警,看到了走家入户的社区工作者。很少有人注意,还有一群人,他们同样奋战在抗击疫情的一线。他们当中的很多人,同样直接接触感染者,同样需要穿着厚厚的防护服、戴上护目镜,他们就是默默奉献、不辞辛苦的疾控工作者们。他们尽力杀灭各类场所的病毒,他们开展流调,努力减少感染增量,他们努力说服每一位密接者接受集中隔离观察,他们及时采样、送检样品、检测样品,他们是疫情防控决胜千里的参谋员,是抽丝剥茧的侦查员,是务实肯干的勤务员,是一锤定音的技术员,是求真务实的研究员,是贴近群众的宣传员。

2.思政案例育人成效 流行病学工作者不惧危险,深入现场、走近患者,开展流行病学调查,查清每例感染者的流行病学史,调查其行动轨迹,找出所有密切接触者,为防止疫情扩散、有效控制疫情做出重要贡献。使同学们建立职业责任感和使命感,在未来参加疾病预防控制工作时有担当、有责任。

3.教学方法、教学模式

(1)启发式教学法:通过图片展示疾控工作人员在疫情防控工作中的场景,引导学生对公共卫生工作者在突发公共卫生事件应急处置中的任务与职责进行总结,增强学生对公共卫生工作的职业认同感。

(2)情景教学法:让同学们以疾控工作人员的身份模拟工作场景,加深其对公共卫生工作职责的理解和感受,加强其对公共卫生工作的职业责任感。

案例十一 关注青少年心理健康 为青春护航

1.课程思政融入点 精神卫生流行病学的主要研究内容。

失踪100多天的江西少年胡××,在全网的关注下,被官方通报系自缢身亡。据他生前留下的录音笔内容,本人有着非常清晰的自杀意愿。在几段录音中,胡××在上中学后,出现了严重的不适应,诸如失眠、注意力不集中、记忆困难、成绩差、食欲减退等症状。事发前,胡××也曾多次跟母亲沟通,表达了自己学习压力大,不想读书、想回家的想法。可母亲并未意识到孩子的心理出现了严重问题。最终,一场悲剧就此发生,令人心痛惋惜!

近年来,全球精神障碍疾病负担更加沉重,重度抑郁症和焦虑症的病例分别增加了28%和26%,抑郁症患者数激增5 300万,增幅高达27.6%。疫情的压力,给抑郁症的诊断及治疗带来了更大的挑战。其中,18岁以下的抑郁症患者占总人数的30%;50%的抑郁症患者为在校学生。抑郁症发病群体呈年轻化趋势,青少年抑郁症患病率已达15%~20%,接近于成人,社会亟需重视青少年心理健康。

2.思政案例育人成效　通过讲述该案例,帮助学生更好地理解生命的意义,树立生命尊严的意识,高扬生命的价值,使其能拥有一个美好的人生。人生路上,我们会无数次被自己的决定或碰到的逆境击倒。但无论发生了什么,或将要发生什么,每个人都要珍惜生命,并且学会如何呵护生命。

3.教学方法、教学模式　故事引入法:通过图片展示、故事叙述等方式导入案例,激发同学们热爱生命,引导同学们对生命意义进行积极思考,不断追求自我发展与成长,正视生命的挫折和困难,勇往直前,不轻言放弃。激发学生的专业认同感和职业价值感,也进一步激发学生对本章内容的学习热情。

案例十二　打开流行病学研究的"黑匣子"

1.课程思政融入点　分子流行病学概述。

1992 年,美国某地发现一例艾滋病患者,初步调查没有发现明确的艾滋病接触史,也不具有 HIV 感染的危险因素,研究者深感疑惑。进一步调查发现,这个患者曾接受一名牙医的治疗,检查发现该牙医为 HIV 感染者,并且又发现另外 6 名曾接受该牙医治疗的HIV 感染者。此时,研究者并没有想当然地判定牙医是这 7 名感染者的传染源,而是以牙医、7 名感染者(该牙医治疗的患者)和当地 35 名与牙医无关的 HIV 感染者为研究对象,应用核酸序列分析比较这些 HIV 毒株之间的遗传关系。结果发现,牙医与 5 名患者的 HIV 毒株具有克隆关系,而与其他 37 名患者的毒株遗传关系较远,从而判定这名牙医是其 5 名患者 HIV 感染的传染源。

2.思政案例育人成效　在科学研究中,不能局限于传统的流行病学研究方法,想当然地下结论,应该进一步从更深层次挖掘,打开传统流行病学研究中从暴露到疾病发生发展过程中的"黑匣子",科学研究要有严谨的科学态度和创新的精神。

3.教学方法、教学模式　案例教学法:通过案例讲解,让学生认识到在流行病学调查工作中,要树立科学严谨的学术态度,一方面不局限于事物的表象下结论,另一方面要学会借助于新的方法和技术,解决科学研究中的问题。

案例十三　不要"只见树木,不见森林"

1.课程思政融入点　循证医学。

新生儿黄疸是由于新生儿期体内胆红素积聚过多而引起的皮肤黏膜或组织器官的黄染,会在约50%的足月儿和80%的早产儿中发生。临床上常用茵栀黄口服液治疗新生儿黄疸,但纵观各项相关研究,其用药疗程、用法用量存在差异,治疗的痊愈率也各有不同。与对照组相比,茵栀黄口服液在治疗新生儿黄疸方面展现出了不同的疗效表现,包括疗效相当、优效以及劣效等情况。那么,茵栀黄口服液治疗新生儿黄疸中的具体情况和安全性究竟如何?这需要进行科学的系统评价。全面检索文献后发现,使用茵栀黄口服液作为干预措施治疗新生儿黄疸的临床随机对照试验有91 篇,对照措施有空白对照、蓝光照射、益生菌、抚触以及其他对症治疗。Meta 分析结果显示:相较单纯常规治疗,茵栀黄口服液联合常规治疗在新生儿黄疸的治疗中展现出更佳的治疗效果,引发的不良反应相对较轻。

2.思政案例育人成效　引导学生重视医学研究证据的科学评价的重要性,所有医学干预都应基于严格的研究证据之上,要进行严格的科学评估,要树立循证医学的思想。

3.教学方法、教学模式　文献分享法:通过文献的分享和解读,让学生认识到开展系统评价的作用及其重要性,激发学生对系统评价和 Meta 分析方法的学习兴趣。

案例十四　奋斗四十年——临朐县胃癌防治

1.课程思政融入点　恶性肿瘤预防策略与措施。

山东省潍坊市临朐县曾是世界上胃癌死亡率最高的地区之一。1983 年,北京大学肿瘤医院流行病学研究团队在山东省潍坊市临朐县开展胃癌高发现场研究,研究发现,胃癌高发与当地的生活习惯、饮食结构密切相关,比如当地居民习惯食用酸煎饼、腌制的酱菜等。经过四十年的防控,在几代人的共同努力下,临朐县的胃癌防治取得了显著效果,幽门螺杆菌的感染率从 20 世纪 80 年代的 72% 下降到 2011 年的 57.6%,再进一步下降到现在的 50% 左右;胃癌发病率和死亡率平均以每年 4.5% 和 3.4% 的速度下降;通过胃癌筛查和早诊早治项目的开展,胃癌的早诊率达到 83.35%,治疗率达到 93.52%,挽救了无数胃癌患者的生命,有效降低了临朐县胃癌的疾病负担。

2.思政案例育人成效　将山东省潍坊市临朐县胃癌高发现场四十年奋斗历程,与思政教育有机融合。通过临朐县现场开展科研工作的思路,引导学生学习预防治疗策略与措施的关键要点;通过四十年间的典型事例,引领学生学习几代人无私付出、砥砺前行、为胃癌防治事业奉献的宝贵精神,帮助学生树立社会主义核心价值观,增强使命感和责任感。

3.教学方法、教学模式

(1)案例教学法:以山东省潍坊市临朐县胃癌高发现场案例引入恶性肿瘤流行病学知识,引导学生思考。

(2)课堂讲授法:通过图片展示和文字,讲授典型事例,帮助学生树立社会主义核心价值观,增强使命感和责任感。

案例十五　健康中国,从我做起

1.课程思政融入点　糖尿病预防策略与措施。

我国近几十年来的经济高速发展,西方生活方式的流行和老龄化人口增多,糖尿病患病率也呈快速增长趋势。2015 年,我国成人糖尿病患者已超过 1 亿人,居世界首位,对社会及家庭造成严重负担。2022 年 5 月,国务院办公厅发布的《"十四五"国民健康规划》明确指出,"将人民群众的生命安全和身体健康放在首位,加快实施健康中国行动"。健康中国战略的提出标志着我国在健康事业发展中迈出了重要的一步。这一战略以理论为指导,以实践为方向,致力于保障人民生命安全和身体健康,是我国全民健康战略调整的重要思想革新,已经成为国家发展战略的一部分。健康中国战略的实施全面提升了人民健康保障水平,将"健康"融入各项国家政策和政府决策,有利于促进我国健康水平的提高和健康公平的实现。以健康中国为指导,通过均衡饮食、适量锻炼、控制体重等方式,预防控制糖尿病,促进全民健康。

2.思政案例育人成效 一方面,结合糖尿病致病因素,使学生认识到养成健康生活方式和良好行为习惯的重要性,使学生树立健康生活的理念,认识到不健康生活带来的危害,促进学生的健康成长。另一方面,使学生进一步认识到维护家庭和社会健康的关键意义,在熟练掌握专业知识的基础之上,积极向家庭以及社会人群普及预防疾病知识,提高全民健康防治观念,促进全民健康建设。

3.教学方法、教学模式

(1)案例讨论法:组织学生讨论糖尿病的致病因素和预防策略与措施,以及对健康中国的理解。

(2)课堂讲授法:通过讲授糖尿病的流行病学特征和机制,结合健康中国战略,帮助学生树立健康生活的理念,并积极向社会人群普及预防疾病知识,促进全民健康建设。

案例十六 小小流感,大大威力

1.课程思政融入点 流感的流行特征及防治策略。

西班牙流感最初起源于美国得克萨斯州的哈斯克尔县,但是由于当时第一次世界大战正在进行,美国忙于向欧洲派兵,所以这场疫情在初期没有得到重视。被运送到欧洲的除了士兵还有流感病毒。当时的欧洲多国正在交战,无暇控制疫情。两次错失防控时机,导致流感在世界范围内的大暴发。自古以来,传染病的流行都给人类造成了巨大的危害。这场发生在1918年的"西班牙流感",造成了全球2 000余万人染病死亡,而整个第一次世界大战的死亡人数是1 600万人,因流感死亡的人数远远超过战争。

2.思政案例育人成效 传染病对个人健康和社会发展的危害巨大,最好的对策是树立起居安思危和防患于未然的理念,及时控制传染病的传播。

3.教学方法、教学模式 案例讲授法:通过讲解本案例,让学生充分了解流行性感冒对社会和个人的巨大危害,从而树立起居安思危和防患于未然的理念,坚定预防医学专业道路,增强职业认同感。

案例十七 以科学为翼,打破乙型肝炎歧视的枷锁

1.课程思政融入点 病毒性肝炎的流行过程。

2010年之前,高考体检一旦查出乙型肝炎表面抗原阳性是有明显的专业受限的。乙型肝炎歧视问题在入学和就业上尤为突出。长久以来,人们由于对乙型肝炎传播途径的误解和相关知识的缺乏,其一度被认为是一种传染性极强的疾病。按照《关于普通高等学校招生学生入学身体检查取消乙肝项目检测有关问题的通知》,取消教育部、卫生部、中国残联印发的《普通高等学校体检工作指导意见》(教学〔2003〕3号附件)中乙型肝炎表面抗原携带者不能录取学前教育、航海技术、飞行技术、面点工艺、西餐工艺、烹饪与营养、烹饪工艺、食品科学与工程专业的限制。

2.思政案例育人成效 该案例不仅能激发学生对病毒性肝炎相关知识的学习兴趣,掌握各型病毒性肝炎的传播途径,而且能引导学生正确看待病毒性肝炎患者及携带者,不歧视每一位患者,面对患者应具备人文关怀的精神。

3. 教学方法、教学模式

(1)文献分析法:课程开始前,与学生分享《关于普通高等学校招生学生入学身体检查取消乙肝项目检测有关问题的通知》《普通高等学校体检工作指导意见》,通过这两个文件,吸引学生的注意力。

(2)课堂讨论法:组织学生对《关于普通高等学校招生学生入学身体检查取消乙肝项目检测有关问题的通知》《普通高等学校体检工作指导意见》文件中的内容发表看法,谈心得体会,激发学生对病毒性肝炎相关内容的学习兴趣。

案例十八 发乎情,止乎礼,健康爱

1. 课程思政融入点 性传播疾病预防策略与措施。

近年来,大学生群体危险性行为、性病、艾滋病的发生率逐年增加,大学生的性与生殖健康问题已成为影响社会发展的重要公共卫生问题。有研究表明,性病可明显增加艾滋病的获得感染与传播的风险,性传播已成为我国 15～24 岁大中学生艾滋病病毒感染的主要途径(96%)。通过性传播疾病教学,穿插播放预防艾滋病动画宣传片,进行健康教育,帮助大学生形成正确的性价值观,预防不良性行为的发生,降低健康损害。

2. 思政案例育人成效 增强学生对性传播疾病谱的认识和重视度,重点讲解预防措施,并加入警示性教育,帮助学生树立正确的性价值观,发乎情,止乎礼,健康爱,对自己负责,对他人负责,对社会负责。

3. 教学方法、教学模式

(1)情景教学法:播放生动幽默的预防艾滋病动画宣传片,使学生在影片情景中受到健康教育。

(2)课堂讲授法:通过性传播疾病的教学,帮助大学生形成正确的性价值观,预防不良性行为的发生,降低健康损害。

案例十九 揭开林黛玉"痨病"的神秘面纱

1. 课程思政融入点 结核病预防策略与控制措施。

重读《红楼梦》,你心中林黛玉的形象是不是这样的——心较比干多一窍,病如西子胜三分,拥有绝代姿容、旷世才情,品行孤傲。只可惜她体弱多病,经常咳嗽,听闻宝玉要娶宝钗,气急攻心,吐出一口鲜血,最后竟泪尽而亡。关于黛玉的死因,普遍认为是得了肺结核。她经常咳血,是因为结核病变侵犯肺血管,造成了血管破裂。

肺结核是一种危害严重的慢性呼吸道传染性疾病,传染速度快,传播途径广,每个人都有可能被传染。近年来,肺结核的发病率虽然有明显下降,但流行趋势仍然十分严峻。在曹雪芹的描述中,肺结核被赋予了一种优雅、精致的美感,这反映了当时社会对疾病的认知和审美观念。

2. 思政案例育人成效 在教学中,通过林黛玉的"病"可以探讨以下几个思政点。

(1)历史背景与疾病认知:通过分析林黛玉所患"痨病"的历史背景,可以引导学生了解古代对疾病的认知和治疗方法,以及这种疾病在当时社会中的普遍性和影响力。

(2)社会与文化反思:林黛玉的"病"反映出当时社会的医疗条件、生活环境以及人们对疾病的恐惧和认知。这有助于学生理解历史背景下的社会和文化问题,以及个人与社会的关系。

(3)生命与美的思考:曹雪芹通过林黛玉的形象,赋予了疾病一种美感,这反映了作者对生命和美的独特理解。通过这一形象,引导学生思考生命的意义和美的多样性。

(4)健康与生活的重视:通过林黛玉的故事,引导学生认识到健康的重要性,以及在现代社会中如何预防和治疗类似的疾病,从而提高学生的健康意识和自我保护能力。

3.教学方法、教学模式 故事引入法:通过图片展示、故事叙述等方式导入案例,引导同学们思考生命的意义和自我保护能力。同时激发学生的专业认同感和职业价值感,并进一步激发学生学习肺结核相关知识的热情。

第二章
卫生统计学

⸱⸱⸱⸱⸱⸱⸱⸱⸱⸱⸱⸱⸱ **课程简介** ⸱⸱⸱⸱⸱⸱⸱⸱⸱⸱⸱⸱⸱

卫生统计学是应用概率论与数理统计的原理和方法进行医学科研设计及数据的收集、整理与分析的一门应用学科。卫生统计学通过对大量偶然现象的研究，认识其客观规律性，是从事医学研究必须具备的重要工具和手段。本课程的教学目的是为学生在校学习专业课程，毕业后从事公共卫生领域的研究和实际工作打下必要的卫生统计学基础。在学习本课程时，应注意掌握卫生统计学的基本理论、基本知识、基本方法及基本技能，掌握调查设计及实验设计的原则与内容，并用之评价人群健康状况，为卫生决策提供统计学依据。

【教学目标】

（一）知识目标

1. 掌握卫生统计学基本概念、基本方法；理解统计设计与统计分析方法之间的关系。

2. 熟悉基本统计分析方法的适用条件、统计分析结果的解释和表达。

3. 了解卫生统计学在公共卫生领域的应用。

（二）能力目标

1. 具有应用统计软件分析数据、处理实际公共卫生数据问题的能力。

2. 具备科研统计设计、统计调查、数据处理及统计咨询的能力。

3. 具有较高的医学科研设计、统计分析与评价能力。

（三）情感目标

1. 注重知识传授与社会主义核心价值观的融合，在传授医学统计学基本知识与技能的同时，将爱国情怀、法治意识、社会责任、文化自信、人文精神、学术诚信、职业伦理、价值塑造、批判思维，以及伟大的抗洪抗疫精神、长征精神、创新发展理念、构建人类命运共同体等思政元素，潜移默化地融入教育教学的各个环节，推进教学模式、教学团队、课程建设等环节的改革,将价值塑造、知识传授和能力培养紧密融合,注重学生知识、能力、素质的协调发展,塑造学生不怕困难、勇于探索、诚实守信、团结协作的优秀品格。

2.培养学生在从事科学研究过程中,实事求是,形成严谨求真的务实态度。

3.引导学生在利用统计学的过程中,臻于至善,形成精益求精的工匠精神。

4.引导学生通过团队合作,与队员共同进步,树立社会主义核心价值观。

➡ 【课程思政教学资源计划表】

卫生统计学课程思政教学资源计划见表2-1。

表2-1　卫生统计学课程思政教学资源计划

章名	课程思政融入点	思政目标	案例资源	教育方法和载体途径
第一章 绪论	统计学与公共卫生互相推动	严谨求真 工匠精神	"提灯女神"——南丁格尔事迹	故事导入法
第二章 定量变量的统计描述	描述平均水平的统计指标	爱国热情 家国情怀	潜藏在统计描述中的爱国情怀	案例教学法
第三章 定性变量的统计描述	常用相对数指标			
第四章 常用概率分布	正态分布	科学精神 创新精神	殊途同归——正态分布的发现	故事导入法
		科学精神 职业情感	理性对称——欣赏正态分布之美	启发式教学法
第五章 参数估计基础	t分布	科学精神 创新精神	"踢"遍天下——大名鼎鼎的t分布	故事导入法
第六章 假设检验基础	假设检验的概念与原理	爱国情怀 民族自豪 工匠精神	乾隆"瓷母瓶"与小概率事件	视频教学法
	假设检验的功效	辩证思维 科学精神	假设检验原理与辩证思维的培养	启发式教学法
第七章 方差分析基础	方差分析的基本思想	科学精神 创新精神 严谨求实	罗纳德·费希尔与方差分析	故事导入法
第八章 χ^2检验	独立样本四格表资料的χ^2检验	追求真理 勇于探索	现代统计学之父——卡尔·皮尔逊	故事导入法

续表 2-1

章名	课程思政融入点	思政目标	案例资源	教育方法和载体途径
第八章　χ^2 检验	多个独立样本 $R \times C$ 列联表资料的 χ^2 检验	家国情怀 文化自信	弘扬中医文化,增强文化自信	启发式教学法
第十章 两变量 关联性分析	线性相关	科学精神 严谨求实	客观地看待相关	启发式教学法
		辩证思维 家国情怀 职业自信	相关 or 因果?	启发式教学法
第十一章 简单 线性回归	线性回归	科学精神 严谨求真	"回归"的由来	故事导入法
		严谨求真 全面思考 创新精神	门缝里看"回归"——把回归看"扁"了	启发式教学法
第十五章 临床 试验设计与分析	临床试验概述	职业情感 社会责任 生命至上	看病中的"货比三家"	启发式教学法

注:教学内容参照方积乾.卫生统计学.7 版.北京:人民卫生出版社,2016.

案例一　"提灯女神"——南丁格尔事迹

1. 课程思政融入点　统计学与公共卫生互相推动。

在 1853 年至 1856 年间的克里米亚战争中,南丁格尔在接到英国政府的请求后,组织 38 名志愿女护士前往克里米亚救治伤员。南丁格尔手提油灯整夜在斯库塔里军医院病房中巡视,无微不至地照料伤员。在她的严格管理下,伤病员死亡率控制在极低水平,被人们亲切地称作"提灯女神"。

战争期间,起初由于军务部门在选择医院驻地时玩忽职守,出现排水不畅,公共卫生问题严重。南丁格尔在护理工作中逐渐发现,士兵的死亡率虽然很高,但主要原因并非战斗伤害,而是由于感染霍乱、伤寒和其他传染病。因此在从事护理工作的同时,南丁格尔还收集了大量有关士兵死亡原因的数据,并将这些数据绘制成了玫瑰图,直观地展示不同月份中因战争伤害、传染病和其他原因导致的死亡人数。随后,在专业委员会的指导下,医院改善了卫生状况,随后因疾病导致的死亡人数急剧下降。这种使用统计图的方式比传统的表格或文字描述更加生动和直接,有效地提高了数据的视觉表现力。南丁格尔的统计图、报告以及成立的卫生委员会,成了说服政府在军事和民用医院进行卫生改革的有力工具。

2. 思政案例育人成效　培养学生的统计素养,包括培养学生收集数据严谨求真的务实态度、处理数据的精益求精的工匠精神。

3. 教学方法、教学模式　故事导入法:通过对提灯女神南丁格尔故事的讲解,引导学生思考数据可视化在沟通复杂信息方面的强大力量,激发学生的专业认同感和使命感。

案例二　潜藏在统计描述中的爱国情怀

1. 课程思政融入点　描述平均水平的统计指标;常用相对数指标。

新冠疫情以来,人们关注最多的是不断变化的疫情数据。在介绍分类变量资料的统计描述指标时,引用美国约翰·霍普金斯大学发布的发病率、病死率等数据,通过数据直观地反映不同国家的流行状况。这些数据的背后反映出世界各国对待疫情的不同应对措施。世界卫生组织曾多次表示,中国与其他一些亚洲国家用实际行动证明其防控模式有效地遏制了疫情扩散。"生命至上、举国同心、舍生忘死、尊重科学、命运与共"5个关键词高度概括了伟大的抗疫精神。

新冠疫情不仅对民众健康造成了重要影响,同时也给世界经济带来了巨大冲击。在讲授统计图和统计表的知识点时,通过分析全球 GDP 数据以及绘制 2020 年不同国家 GDP 增长率的统计图表,反映出全球经济呈明显下滑趋势,而中国经济"逆势增长",成为为数不多的,真正实现正增长的国家之一。

2. 思政案例育人成效　这些鲜活的数据集中体现了我党以人民为中心的价值追求,彰显了中国共产党人的初心和使命,体现了社会主义制度的优越性。中国抗疫所取得的突出成绩也让世界人民认识了中国力量、中国优势,进一步树立起中国作为负责任大国的形象。

3. 教学方法、教学模式　案例教学法:通过对疫情期间我国多项指标的统计描述及变化情况,凸显出我国成为为数不多的"逆势增长"的国家之一,由此进一步激发出学生的民族自豪感,增强学生的爱国热情和家国情怀。

案例三　殊途同归——正态分布的发现

1. 课程思政融入点　正态分布。

正态分布是由法国数学家棣莫弗和德国"数学王子"高斯各自独立发现的。1733年,棣莫弗在寻找二项分布公式近似计算方法时,以无穷级数为工具,发现了二项分布在 $p=1/2$ 时的极限分布是正态分布。在此基础上,拉普拉斯于 1774 年对棣莫弗的结果进行推广,得到"无论 $p(0<p<1)$ 为多少,二项分布的极限分布都是正态分布"的结论,建立了中心极限定理,即今天的棣莫弗-拉普拉斯中心极限定理。1809 年,对数学拥有敏锐直觉的高斯,采用逆向思维巧妙地从误差函数入手,以微积分为基础,以极其简单的手法导出误差分布为正态分布,高斯沿着误差分析这一小径逆流而上,也走入了正态分布的家。

棣莫弗、拉普拉斯、高斯都在不同的数学文化背景下,从不同的角度入手,采用不同的方法,得到相同的结论,可谓殊途同归。

2. 思政案例育人成效　通过了解和比较正态分布发现过程中的不同数学思维、数学文化,让学生以更深厚的感情去体味每一定义、定理背后的故事,近距离地接触"数学大家"的思想、智慧,以更广阔的视野去认识数理统计的博大精深,在共同探索的氛围下激发探究、创新的勇气,潜移默化地提高学生的统计素养。

3.教学方法、教学模式　故事导入法:以故事引入的形式开阔学生视野,激发探究、创新的勇气,潜移默化,以使学生热爱统计学、热爱科学,树立远大目标。

案例四　理性对称——欣赏正态分布之美

1.课程思政融入点　正态分布。

从美学视角来观察正态分布的概率密度,引发同学们去思考。正态分布具有如下特征:正态分布曲线是一种中间多、峰位于中部、两侧逐渐减少、完全对称的钟形曲线。曲线呈现"中间大、两头小、对称"的特点,呈现柔和、庄重的对称之美。正态分布曲线理性中透出的美感,让我们一眼万年,赏心悦目。这种美没有任何的装饰,纯净到崇高的地步。

我们的人生也是符合正态分布的,人生有低谷、平淡、高潮,大多数日子里我们都在95%或99%这个区间内,注定是平淡无奇。生活在于平淡,而非沸腾。天天沸腾,看似很热烈,却不能长久。"平平淡淡才是真",在这一段漫长的时光中我们要耐得住寂寞、沉淀自我,积蓄力量,积攒的力量也许为的就是那一瞬的精彩爆发!

2.思政案例育人成效　作为教育工作者,应学会带领学生以一种欣赏美的姿态深入到统计学的学习中,让枯燥的统计学变得"有趣味、有温度、人性化",使我们"有收获、有创造",激发同学们爱上科学研究。人生,就是在平淡中沉淀;人生,在时间的长河里磨砺、成熟,在蹉跎的岁月里经历、沉淀,慢慢形成独特的品格、品行。只有当我们有了足够的沉淀,才能练就抵御风雨的本领,笑对人生。

3.教学方法、教学模式　启发式教学法:培养学生发现统计学的乐趣,爱上统计学,爱上科学。教会学生学会淡定,懂得沉淀自己,包括沉淀自己的思想、知识与人生,培养学生塑造一种健康的生活态度。

案例五　"踢"遍天下——大名鼎鼎的 t 分布

1.课程思政融入点　t 分布。

统计学家戈塞特(William Sealy Gosset)大学毕业时,获得了数学与化学的双重学士学位,他凭借化学学士学位在酿酒厂找到一份似乎与统计无关的工作。从事酿酒配方期间,他勤于思考、善于总结,通过不断地推理论证,反复试验,发现了著名的 t 分布。由于酿酒厂禁止任何员工以自己的名义发表论文,所以戈塞特用其笔名"Student"在《生物计量学》杂志发表了著名论文《均值的或然误差》,首次提出了 t 分布,t 分布也被称为学生分布。该分布的发现开启了小样本统计的先河,对统计学中的小样本理论及应用具有重要的推动作用,戈塞特被称为小样本统计理论的先驱。1925 年,费希尔编制出 t 分布表之后,戈塞特的小样本方法被统计学界广泛应用。

2.思政案例育人成效　一方面加深学生对 t 分布的理解和记忆;另一方面激发学生的学习兴趣,培养学生的科学精神和创新精神,树立科学意识。

3.教学方法、教学模式　故事导入法:将 t 分布及科学家发现它的故事穿插讲解,引导和激发学生学习科学家的勤奋努力、实事求是、顽强拼搏、勇于探索的科学精神。

案例六 乾隆"瓷母瓶"与小概率事件

1. 课程思政融入点 假设检验的概念与原理。

故宫博物院的镇馆之宝之一"各种釉彩大瓶",别名瓷母,它是我国官窑瓷器中器形最大,釉彩种类最多,工艺最复杂的瓷器,堪称瓷器之母。它是乾隆年间十七种最具代表性的釉彩,而这每一种釉彩,在瓷器界中,都是地位超然,不可多得的。要成功烧造如此完美的瓷母,就需要把各种釉层都烧至完美,它对温度、材料、器形的把控十分严格,任何一个环节出现问题,都会前功尽弃。即便是在现代技术条件下也不易于烧制的釉彩,在古代更是困难重重。做一个简单的数学计算,假设每种釉层的平均烧造成功概率(非常乐观地估计)为70%,拥有17种不同釉彩的大瓶烧造成功率为70%的17次方,即约为0.23%。从概率的角度上来说,通常我们将发生概率低于5%或者低于1%的随机事件定义为小概率事件。0.23%,这么小的概率在实践中几乎意味着不可能发生,然而我们的先辈却做了出来,并流传至今,成为国家宝藏珍藏在故宫博物院,令我们由衷地自豪。

2. 思政案例育人成效 培养学生的爱国情怀、民族自豪感,提升四个自信,激励学生继承和弘扬先辈的工匠精神。

3. 教学方法、教学模式 视频教学法:讲授假设检验的小概率原理时,播放电视节目《国家宝藏》中乾隆"瓷母瓶"的片段,加深学生对小概率事件的理解。

案例七 假设检验原理与辩证思维的培养

1. 课程思政融入点 假设检验的功效。

假设检验是基于小概率原理做出的统计推断,因此存在犯两类错误的可能性:第 Ⅰ 类错误 α 又称假阳性错误;第 Ⅱ 类错误 β 又称假阴性错误。

疫情期间,多地开展了大规模的筛查工作,检测结果的准确性直接关系到广大患者的救治、诊疗和转归,其重要性不言而喻。因此检测中出现的假阳性和假阴性问题,也成为大家关注的焦点。

面对重大公共卫生事件,为了防止漏诊,往往要求检测试剂盒具有较高的灵敏度,使 β 值尽可能降低,但随之而来的是 α 值增大,即假阳性的风险上升。在疫情防控压力日益增大的情形下,实验室报告的任何一个阳性结果,都会引起巨大的连锁反应。如果假阳性事件越来越多,则会造成不必要的恐慌以及一系列的负面效应。根据两类错误的特点,即在其他条件不变的情况下,两类错误存在此消彼长的关系,构成了一对矛盾。要使检测的假阳性减少,则可能导致假阴性增多,造成的漏诊可能导致疫情传播风险增大。因此,在筛查工作中要平衡两类错误的概率,找到主要矛盾,兼顾次要矛盾,才能合理解决问题。

2. 思政案例育人成效 任何事物都是对立面的统一,矛盾是一切事物的共性,就像人生的不同阶段,会遇到各种各样的矛盾,要学会用辩证的思维对待矛盾,坚持两分法,防止片面看待问题,积极面对问题,在矛盾中求发展,在发展中积极解决人生矛盾。

3. 教学方法、教学模式 启发式教学法:引导学生思考,在对"Ⅰ类错误"与"Ⅱ类错误"进行辨识中,训练学生对于较为相似的概念要懂得辨识,切不可囫囵吞枣,不求甚解,进一步培养学生的辩证思维能力。

案例八　罗纳德·费希尔与方差分析

1. 课程思政融入点　方差分析的基本思想。

方差分析由英国著名统计学家罗纳德·费希尔(Ronald A. Fisher)提出,他是现代统计学的奠基人之一,才华横溢,在多个领域都有高质量的丰富产出。特别是在统计学方面,他的论文和专著贡献了现代统计学大量原创思想,被认为是"几乎独自一人创立了现代统计学"的天才,其影响力遍及世界。通过对罗纳德·费希尔的介绍,使学生了解方差分析这种统计方法的渊源,引导学生向先贤学习。

2. 思政案例育人成效　培养学生的创新精神、科学精神,严谨求实的科学态度、科研诚信和细致缜密、精益求精的科学品格。

3. 教学方法、教学模式　故事导入法:通过讲授罗纳德·费希尔的故事,激励学生学习他敢于质疑、敢于提问的批判精神;勇攀高峰、不断开拓的创新精神;坚持不懈、追求真理的科学精神。同时使学生认识到统计学对人类发展具有重要作用,要努力学习专业知识,以更好地为人民的生命健康做出贡献。

案例九　现代统计学之父——卡尔·皮尔逊

1. 课程思政融入点　独立样本四格表资料的 χ^2 检验。

在 19 世纪 90 年代以前,统计学的发展尚处于初级阶段,数据收集、整理和分析面临诸多限制。被誉为现代统计科学奠基人的卡尔·皮尔逊(Karl Pearson)在生物学家高尔登和韦尔顿等人的启发下,于 19 世纪 90 年代初开始了对生物统计学的深入探索。他坚信,对生物现象进行定量研究至关重要,他致力于将进化论从定性描述提升到数量化和定量分析的层次。皮尔逊在概率论领域,引入了新概念,将生物统计方法扩展为通用的统计资料处理方法,对统计方法论进行了发展,实现了概率论与统计学的融合。他提出了 χ^2 检验,通过 χ^2 统计量来检验实际值与理论值的差异,即观察数据与期望值的差异,这一方法在现代统计理论中占据重要位置。

2. 思政案例育人成效　培养学生在医学科学研究中追求真理、不断攀登、勇于探索的精神。

3. 教学方法、教学模式　故事导入法:以故事引入的形式开阔学生视野,激发探究、创新的勇气,潜移默化,以使学生热爱统计学、热爱科学,树立远大目标;同时也培养学生追求真理、勇于探索的精神。

案例十　弘扬中医文化,增强文化自信

1. 课程思政融入点　多个独立样本 $R \times C$ 列联表资料的 χ^2 检验。

中医药防治疫病已经有数千年历史,"中西医结合、中西药并用"成为我国疫情防控的一大特色和亮点,也是中医药传承精华、守正创新的生动实践。

《新型冠状病毒肺炎诊疗方案(试行第九版)》中,清肺排毒汤、化湿败毒方、宣肺败

毒方、血必净注射液、金花清感颗粒、连花清瘟胶囊(颗粒)、疏风解毒胶囊(颗粒)等多种中医药被推荐使用。在介绍不同资料类型的假设检验方法时,结合文献报道的金花清感颗粒的临床疗效案例进行讲解。研究者对123名患者开展随机对照试验,利用χ^2检验比较疗效,发现金花清感颗粒联合西医治疗组较单纯西医组能显著改善轻型患者的发热、咳嗽、乏力、咳痰等临床症状,缓解患者的焦虑情绪。另一项队列研究中采用χ^2检验和t检验进行疗效分析,结果也显示金花清感颗粒结合常规治疗能有效改善患者咽干咽痛和食欲下降等症状。

《抗击新冠肺炎疫情的中国行动》白皮书指出,中医药参与救治确诊病例的占比达到92%。中西医结合的应急医疗体系为提高治愈率、降低病死率、维护人民群众的生命安全和身体健康发挥了积极作用。

2. 思政案例育人成效　中医药是中华优秀传统文化的重要载体,凝聚着中国人民和中华民族的博大智慧,中医药在抗击疫情中的突出贡献,充分展现了中华民族文化与科技的双重实力,极大地增强了我们的文化自信。

3. 教学方法、教学模式　启发式教学法:通过讲授χ^2检验在相关研究中发挥的作用,让学生在学会专业知识的同时,进一步提高专业认同感,增加活学活用的能力。

案例十一　客观地看待相关

1. 课程思政融入点　线性相关。

一位家长发现,随着家门口树苗的不断生长,自己家孩子的身高也在不断增长,于是得出一条结论:好好看护家门口的树苗,有助于自己孩子长个子。乍一听,这事很荒谬,但统计学结果表明,树苗生长与孩子身高之间确实存在正相关性。用数据说话,是我们说服别人最好的武器。但现实情况并非如此,例如:雪糕卖得越好,游泳溺亡的人越多;派往火灾现场的消防车越多,死亡的人愈多。有些统计结论虽然荒谬,但数据本身并不会说谎,之所以出现不可思议的结论,是因为我们想从数据中挖掘出正确的因果关系,但这并非易事。仅仅依据相关性的研究结果,既不能轻易得出存在因果关系的结论,也不能轻易否定两因素之间不存在因果关联。相关性研究只是寻找因果关系万里长征中的第一步!

2. 思政案例育人成效　对于任何问题都要采取科学的、严谨的态度,既不要绝对肯定也不要绝对否定。客观地、科学地分析问题,不是凭主观臆想而是建立在对客观情况的具体调查了解的基础之上。

3. 教学方法、教学模式　启发式教学法:引导学生树立辩证唯物主义的世界观。遇到问题时,要学会用辩证唯物主义的方法,深入思考,学会客观地、科学地分析问题。

案例十二　相关 or 因果?

1. 课程思政融入点　线性相关。

相关性研究离因果关系相去甚远,它的价值在哪里? 相关性确实不等于因果性,甚至有时候风马牛不相及。但因此而否认相关性研究存在的意义,那就是矫枉过正了。严谨的相关性研究,自有它的价值。维克托·迈克尔·舍恩伯格与肯尼斯·库克耶在《大数据时代》中表示:"重要的是要探求'是什么'而不是'为什么',相关关系可帮助我们更好地了解这个世界。"

引导学生认识到我们的人生也是如此,我们会遇到很多不可思议的事情,也会发生很多我们不想或希望发生的事情,这时候,要学会辩证、理性地去看待。要坚信,每一件事情都有自身存在的价值,都能为我们认识这个世界贡献力量。从逻辑上来说,我们可以把世间的万事万物均理解为不同概率下的相关关联。对于陌生的环境和陌生的领域,我们知道了哪些要素之间存在高度的相关性,我们就建立了对陌生场景的基本认知。当然,我们的认知系统并不是只使用相关性去认知这个世界,实际上还有更多维度的复杂的认知方式。因此,相关性虽没有因果性那么突出,但依然在给科学进步和技术改进中不断贡献力量。

2.思政案例育人成效 世界上没有两片完全一样的叶子,每个事物的存在都有它的意义。世界上每一个东西都有自身存在的意义和价值,事物均具有两面性。

3.教学方法、教学模式 启发式教学法:世界上的每一件东西都有自己的价值,引导学生相信自己的力量和价值,通过不断地试验和行动,充分发挥自己的天分和潜力,活出最精彩的自己。

案例十三 "回归"的由来

1.课程思政融入点 线性回归。

高尔顿和卡尔·皮尔逊测量了 1 078 个父亲及其成年儿子的身高,发现儿子与父亲的身高完全相同的极少,而矮个子父亲的儿子身材也比较矮。当然也有些高个子的父亲有矮个子儿子的情况,或者矮个子父亲有高个子儿子的情况。计算父亲和儿子身高的相关系数,实际计算结果相关系数的数值为 0.501,表明高个子的父亲会有较高的儿子,矮身材的父亲其儿子也不会很高,但这一正相关关系并不十分明显。那么父子身高之间有什么规律? 经过对 1 078 对父子身高数据的计算,结果显示:儿子的身高比父亲高一英寸,表明下一代的平均身高比上一代要高。较矮父亲的儿子们多数比父亲身材要高,较高父亲的儿子们多数比父亲要矮。高尔顿和皮尔逊把这种现象称为"回归效应",即回归到一半高度的效应。这一回归直线和回归方程表明,矮个子父亲的儿子们的平均身高会比父辈高一些,高个子父亲的儿子们的平均身高会比父辈低一些,即儿子们的身高向平均值回归。

2.思政案例育人成效 培养学生学会用观察法解决问题。观察可以获得第一手资料,是一切社会科学研究的基础。任何社会科学理论都是对于客观存在的社会现实的认识,是对于社会现象发生、发展、消亡规律的把握。任何对于规律的认识均来自观察。一切社会科学理论最终来源于对客观社会现象的观察。

3.教学方法、教学模式 故事导入法:通过对高尔顿和卡尔·皮尔逊对父亲及其成年儿子身高研究的例子,引导学生重视观察法,学会用观察法去解决问题。对于任何问题,观察是基础,是发现问题、解决问题的首要步骤。教师要重视培养学生的观察力,把培养观察力作为开发与培养学生智力的第一步。

案例十四　门缝里看"回归"——把回归看"扁"了

1. 课程思政融入点　线性回归。

高尔顿和皮尔逊的研究发现：现代人的身高总体是一代比一代高，但高个子父亲的儿子们却比父辈要低，这是为什么？有人提出疑问。这是因为，当时高尔顿和皮尔逊做研究时只观察了父亲和儿子的身高，并没有考虑母亲的身高。实际上高个子父亲的太太可能是较高的女性，也可能是较低的女性。反之，矮个子父亲的太太，可能是矮个子，也可能是较高的身材。而儿子的身高既受父亲的遗传影响，也受母亲的遗传影响。这就是为什么儿子们身高会发生"回归"的原因。

2. 思政案例育人成效　启发学生学会从多个角度看待问题。每件事情都需要多角度、全方位的思考和研究，如果只看到这一点，却忽略了那一点，那看到的那一点也是没用的。一个能将一件事情从多角度、全方位进行思考和分析的人，才能办好事情。因为能在同一件事情里看到别人看不到的问题，解决问题的方式自然就与别人不同，解决问题的程度必然也不一样。

3. 教学方法、教学模式　启发式教学法：通过对既往的提问的思考，引出了最初研究中存在的一些不足之处，教育和引导学生要学会从多角度以及多方面去思考问题，从而能够更加清楚地看透问题的本质。

案例十五　看病中的"货比三家"

1. 课程思政融入点　临床试验概述。

最近，北大医院儿科主任姜玉武给一名普通患者看病，患者拿出 10 家不同医院的病历本。他说："大夫，您说的和其中一位大夫说的一样，但是和另外几位大夫说的不一样，我应该相信谁？"在北京各大医院，类似的故事几乎每天都有。患者看病之所以"货比三家"，主要原因在于医生各有各的说法，诊断结果和治疗方案都不一致，患者无所适从。虽然看病跑几家医院费时费力，但谁都不想拿生命开玩笑，只能在比较中选择一位自己认为"靠谱"的医生。我国医疗资源本来就紧缺，重复就医让医疗资源更加短缺，如此恶性循环，加剧了看病难、看病贵的问题。

2. 思政案例育人成效　医生是一项非常崇高的职业，每个人从学医开始都会进行医学生宣誓，但是医生的成才之路是漫长的、艰苦的、充满挑战的。做好医生很难，永远做好医生更难。引导学生树立终身学习的观念，同时要有强烈的求知欲，和过硬的专业技能。

3. 教学方法、教学模式　启发式教学法：引导学生树立终身学习的观念，同时要有强烈的求知欲，和过硬的专业技能。

第三章
营养与食品卫生学

营养与食品卫生学是预防医学专业的一门必修课程,课程包含密切联系的两部分,即营养学与食品卫生学。营养与食品卫生学课程的任务是培养学生从疾病预防出发,掌握营养学与食品卫生学的基本理论和基本技能,了解学科发展前沿,结合生产生活实际,合理利用食物资源,改善居民营养状况,预防食品污染和食物中毒,以增强国民体质,提高人群健康水平。注重培养学生在食品卫生与营养学相关工作中分析问题与解决问题的能力,为今后独立工作奠定基础。

【教学目标】

(一)知识目标

1.掌握营养学的基本概念、各类营养素的生理功能、各类营养素缺乏与过量的危害、各类营养素的食物来源及推荐摄入量;掌握食品卫生学的基本理论和方法,包括食品污染及预防、各类食品的卫生问题、食物中毒及预防等;掌握食物中可能存在的生物性、化学性和物理性污染因素,以及相应的预防措施。

2.熟悉不同人群(如孕妇、婴幼儿、老年人等)对营养素的特殊需求及膳食指导原则。

3.了解蛋白质、脂肪、碳水化合物、维生素、矿物质等营养素的性质、代谢过程以及在人体中的作用;了解各类食品(如谷类、肉类、奶类、蔬菜水果等)在生产、加工、储存、运输等环节中可能出现的卫生问题及解决方法。

(二)能力目标

1.能够通过询问、观察、测量等方法评估个人和群体的营养状况,并根据不同人群的实际需求和个体特征设计个性化的营养食谱。

2.能够分析和解决营养相关问题的能力,如应对营养不良、营养过剩等情况。

3.具备营养知识传播能力,能够对个体和群体进行营养宣教。

4.具备对食品卫生问题的分析和处理能力。

（三）情感目标

1.激发学生对营养与食品卫生学的学习兴趣,建立专业认同感。

2.通过了解公共卫生在促进人类健康中的作用,帮助学生树立社会责任感和职业道德。

3.提升学生的综合素质。

➡ 【课程思政教学资源计划表】

营养与食品卫生学课程思政教学资源计划见表3-1。

表3-1　营养与食品卫生学课程思政教学资源计划

章名	课程思政融入点	思政目标	案例资源	教育方法和载体途径
绪论	中外营养学发展史	家国情怀 文化自信 辩证思维	传统与现代的融合	课堂讲授法 案例分析法
	营养学和食品卫生学的区别和联系	辩证思维 实事求是	苹果的一体两面	课堂讲授法
第一章 营养学基础	营养素	平衡观念 团结协作 宽容大度	营养素:尺有所短,寸有所长,协同促健康	课堂讲授法 小组讨论法
	蛋白质热能营养不良	社会责任 道德观念	责任与担当,筑就食品安全新防线	课堂讲授法 案例讨论法
第三章 各类食物的营养价值	食物营养价值评价	批判思维 科学认知	超级食品:科学认知与健康平衡	案例教学法 小组讨论法 调查探究法
第四章 特殊人群的营养	孕妇妊娠期的生理变化	孝敬父母 奉献精神	妊娠期营养的传递:用母爱守护生命	课堂讲授法 课堂讨论法
	老年人代谢特点	尊老爱幼 社会责任	关爱老年人,健康老龄化	问题引导法 案例分析法 课外实践法

续表 3-1

章名	课程思政融入点	思政目标	案例资源	教育方法和载体途径
第五章 公共营养	中国居民膳食指南与膳食宝塔	家国情怀 社会责任 文化自信	传承与创新:东方健康膳食模式	案例分析法 小组讨论法 实践教学法
	中国居民营养与健康状况	家国情怀 社会责任 文化自信	发展与挑战:中国近20年居民膳食结构变迁	数据展示法 小组讨论法 问题探究法
第七章 营养与营养相关疾病	营养与肥胖	社会责任 科学认知	知行合一:健康减肥之路	案例教学法 小组讨论法
第九章 食品污染及其预防	食品的化学性污染及预防	批判思维 科学态度	咖啡中的丙烯酰胺:致癌传闻背后的真相	案例分析法
第十章 食品添加剂及其管理	食品添加剂使用要求	社会责任 法规意识 科学精神	坚守道德底线,科学规范使用食品添加剂	案例讨论法 小组讨论法
第十一章 各类食品卫生及其管理	粮豆的卫生及其管理	节约意识 持续发展 尊重劳动	珍惜粮食,杜绝浪费	案例分析法 小组讨论法
第十二章 食源性疾病及其预防	细菌性食物中毒	职业道德 社会责任 科学精神	一场原料变质引发的食品安全危机	案例分析法 小组讨论法 情景模拟法
第十四章 食品安全监督管理	食品卫生标准	社会责任 科学精神	食品安全标准:健康的守护者	课堂讲授法 案例分析法

注:教学内容参照孙长颢.营养与食品卫生学.8版.北京:人民卫生出版社,2017.

案例一 传统与现代的融合

1.课程思政融入点 中外营养学的发展史。

2023年1月18日,国家卫生健康委办公厅印发《成人高脂血症食养指南(2023年版)》《成人高血压食养指南(2023年版)》《儿童青少年生长迟缓食养指南(2023年版)》《成人糖尿病食养指南(2023年版)》。这4项食养指南结合了现代营养学和传统食养,将食药物质、新食品原料融入合理膳食中,针对不同人群提供了个性化的食养方案。

中国传统饮食中强调食物的功效,根据食物的性质进行合理搭配,以达到调理身体、预防疾病的目的。食物选择上,强调遵循时令,选择当季的食物;强调食物的配伍,讲究五味调和,以实现营养均衡和口感的丰富。

现代营养学强调营养素的量化,精确计算蛋白质、碳水化合物、脂肪、维生素、矿物质等的每日摄入量,关注食物的加工和储存对营养成分的影响。

两者一致的地方有:①都认同饮食平衡的重要性,无论是传统饮食文化的五味调和还是现代营养学的各类营养素均衡摄入,都旨在保证身体获得全面的营养。②都注重食物对健康的影响,中国传统饮食文化认为食物能调理身体,现代营养学也证明合理饮食有助于预防多种疾病。

不同之处在于以下几点。①研究方法:传统饮食文化更多基于经验和中医理论,现代营养学则依靠科学实验和数据分析。②量化程度:现代营养学对营养素的摄入量有明确的量化标准,传统饮食文化相对较为模糊。③视角差异:传统饮食文化更侧重于整体的养生和调理,现代营养学则更聚焦于营养素对身体机能的具体作用。

中国传统饮食文化和现代营养学各有特点,相互结合可以为人们的健康饮食提供更全面、更科学的指导。

2. 思政案例育人成效　通过对比传统饮食文化和现代营养学,让学生更加了解中国的传统文化,增强文化自信,认识到我国传统文化在饮食方面的独特价值和贡献。授课中强调在继承传统饮食文化优秀内涵的基础上,结合现代科学技术和营养学知识进行创新,推动传统饮食文化的现代化发展,培养学生的创新意识和传承精神。通过对比中国传统饮食文化和现代营养学的异同,培养学生的辩证思维能力,学会用全面、发展、联系的观点看问题,不盲目排斥或全盘接受,取其精华、去其糟粕。

3. 教学方法、教学模式

(1)课堂讲授法:讲解中国传统饮食文化和现代营养学的基本概念、特点,对比两者的一致之处和不同之处,引导学生思考其背后的原因和意义。通过具体案例分析,如某种传统食物在功效方面和营养成分方面的特点,加深学生对两者关系的理解。

(2)案例分析法:选取实际生活中的饮食案例,引导学生运用所学知识对案例进行分析,提出解决方案。通过案例分析,让学生更好地理解传统饮食文化和现代营养学在实际生活中的应用,提高学生解决实际问题的能力。

案例二　苹果的一体两面

1. 课程思政融入点　营养学和食品卫生学的区别和联系

任何事物都有两面性,对于食物也是如此,既有营养的一面,同时也有不安全的一面,比如苹果。

从营养学的角度来看,苹果里含有一定量的维生素 C、膳食纤维、矿物质等营养素。日常生活中,人们关注这些营养素对身体的有益作用,如维生素 C 能增强免疫力,膳食纤维有助于促进肠道蠕动的功效。而从食品卫生的角度,人们会关注苹果在生长过程中有没有受到农药的污染,有没有被细菌、霉菌等有害微生物污染,在运输、储存和销售的过程中有没有受到有害因素的影响,如果苹果上有过多的农药残留,或者在储存时被有害物质污染了,就有可能对健康造成危害。

营养学更侧重于研究食物中的营养成分对身体的益处;食品卫生学则侧重于确保食物在整个生产和供应过程中是安全、无污染的。两者之间密切相关,如果苹果的卫生不过关,有农药残留或者被有害化学物质污染了,即使含有丰富的营养成分,人吃了也会生病,无法达到通过摄取营养来促进健康的目的。反过来,如果只注重食品卫生,却不了解食物的营养成分,也可能会因为饮食不均衡而导致相关疾病。

2.思政案例育人成效 引导学生在讨论食物的营养成分和卫生状况时,要全面考虑,秉持严谨、客观、实事求是的科学态度,不要只看一面,盲目夸大。无论是确保食物的营养均衡还是保障食品的卫生安全,都需要从消费者健康角度出发,以人为本,树立责任担当意识。

3.教学方法、教学模式 课堂讲授法:通过分析苹果的营养价值和食品安全的例子,强调科学研究方法的重要性,培养学生严谨的科学态度和探究精神。

案例三 营养素:尺有所短,寸有所长,协同促健康

1.课程思政融入点 营养素。

人体健康依赖于40多种营养素的平衡摄取,这些营养素包括宏量营养素(如碳水化合物、蛋白质和脂肪)和微量营养素(如维生素和矿物质)。这些营养素之间相互依赖。碳水化合物是人体能量的主要来源,有助于蛋白质的保存和脂肪的代谢。蛋白质对于身体的生长、修复和免疫功能至关重要,同时蛋白质的代谢产物需要足够的碳水化合物来避免酮体的过量产生。脂肪,提供能量和必需脂肪酸,有助于脂溶性维生素(A、D、E、K)的吸收,但过量摄入可导致肥胖和心血管疾病。

微量营养素的相互协同作用如下。①维生素 D 和钙:维生素 D 有助于钙的吸收,钙是骨骼健康的关键成分,缺乏维生素 D 会导致钙吸收不良,即使钙的摄入量足够,也难以维持骨骼健康。②铁与维生素 C:维生素 C 可以促进非血红素铁的吸收,缺乏维生素 C 时,即便铁的摄入量充足,也可能出现铁质不足或贫血。③锌与维生素 A:锌有助于维生素 A 的代谢,缺乏锌可能影响维生素 A 的利用,导致夜盲症等维生素 A 缺乏症状。④抗氧化剂的协同抗氧化作用:维生素 C、维生素 E 和 β-胡萝卜素等抗氧化剂在体内协同作用,共同抵抗自由基的损害,保护细胞免受氧化应激的伤害。单一抗氧化剂的缺乏可能降低整体抗氧化能力,增加疾病风险。

人体需要多种营养素协同作用以维持健康,单一营养素的过量或缺乏都可能影响其他营养素的代谢和利用,从而对健康产生负面影响。因此,均衡饮食,确保各种营养素的适量摄入是维持健康的关键。

2.思政案例育人成效 人体健康依赖多种营养素的协同作用,这启示学生在看待问题和解决问题时要有全局观,不能片面地只关注某一方面,要综合考虑各种因素的相互关系。培养学生平衡与和谐的意识,强调营养素之间的平衡摄取,如同社会中各种因素的平衡与和谐,引导学生认识到在生活和工作中要追求平衡,避免过度倾向某一方面。不同营养素都有其独特作用和价值,如同社会中不同个体的多样性,引导学生尊重和接纳多样性,认识到各种元素共同作用才能实现整体的良好效果。

3.教学方法、教学模式

(1)课堂讲授法:系统讲解人体健康与营养素平衡摄取的重要性,介绍各种营养素的功能以及它们之间的相互关系。通过讲解案例中的具体例子,如维生素 D 和钙、铁与维生素 C、锌与维生素 A 以及抗氧化剂的协同作用等,让学生深刻理解营养素协同作用对健康的意义。

(2)小组讨论法:将学生分成小组,提出问题让他们讨论,如:"营养素过量或缺乏会带来哪些具体危害?"通过小组讨论,激发学生思考,培养他们的合作能力和交流能力,同时也能让他们从不同角度理解营养素平衡的重要性。

案例四　责任与担当,筑就食品安全新防线

1.课程思政融入点　蛋白质热能营养不良。

2004 年安徽阜阳爆发了令人痛心的毒奶粉事件,当时,阜阳农村地区有众多婴幼儿在食用了某些品牌的奶粉后,出现了严重的营养不良症状。这些孩子头部肿大,身体瘦弱,发育迟缓,被称为"大头娃娃"。经调查发现,这些所谓的"奶粉"实际上是由一些不良商家生产的劣质产品。它们大多是以淀粉、蔗糖等为主要原料,几乎不含或仅含有极少的蛋白质等营养成分。

这些毒奶粉以低廉的价格在农村市场广泛流通,许多贫困家庭的父母由于缺乏食品安全知识和辨别能力,选择了这些看似价格实惠的奶粉来喂养孩子。然而,正是这些劣质奶粉,给孩子们的健康带来了极大的危害。众多婴幼儿因为长期食用这种几乎没有营养的奶粉,身体无法获得正常生长发育所需的营养物质。他们的免疫系统变得脆弱,容易感染各种疾病,智力发育也受到了严重影响。

2.思政案例育人成效　不良商家为追求利润,生产销售毒奶粉事件,不仅揭示了部分不良商家违背了社会责任和道德底线,造成恶劣影响,也暴露出当时食品安全监管体系存在的漏洞和不足。一方面,该事件给全社会敲响了警钟,促使政府和社会各界加大对食品安全问题的重视和整治力度。另一方面,通过该事件激发学生的社会责任感与道德伦理观念,强调遵守法律法规的意识。引导学生树立以人为本的理念,保障人民生命健康安全是根本出发点。

3.教学方法、教学模式

(1)课堂讲授法:通过详细讲述安徽阜阳毒奶粉事件的全过程,通过图片、视频等资料展示"大头娃娃"的惨状,引起学生的强烈关注和情感共鸣。

(2)案例讨论法:组织学生进行小组讨论,"从这个事件中我们能吸取哪些教训",引导学生深入思考事件背后的道德、社会和监管问题。

案例五　超级食品:科学认知与健康平衡

1.课程思政融入点　食物营养价值评价。

"超级食品"通常指那些被认为具有极高营养价值和对健康有益的食物。例如:蓝莓曾经被认为是一种超级食品,它富含抗氧化剂,如花青素,有助于保护细胞免受自由基的损伤,对眼睛健康、心血管健康有益;奇亚籽也是常见的超级食品之一,它富含膳食纤维、

优质蛋白质以及多种矿物质;牛油果同样被视为超级食品,它富含不饱和脂肪酸、膳食纤维、维生素和矿物质;此外,还有藜麦,它是一种全谷物,蛋白质含量高,氨基酸组成平衡,富含膳食纤维、维生素和矿物质,被认为是优质的植物性蛋白质来源。然而,需要注意的是,虽然这些食物被称为超级食品,但并不意味着单靠食用它们就能保证健康,健康的饮食应该是多样化、均衡的,包括各类食物,以满足身体的各种营养需求。

2. 思政案例育人成效 通过对这些在人群中广为流传的超级食品的分析,培养学生的科学思维和批判性思维,教导他们在面对各种网络信息时,能够运用科学知识和理性分析进行判断。让学生理解平衡与适度的原则,这适用于饮食,也适用于生活的各个方面,如学习、工作和娱乐等,培养学生的自律和自我管理能力。强调社会责任,引导学生在网络环境中传播真实、有益、积极的信息,为营造良好的网络环境贡献自己的力量。

3. 教学方法、教学模式

(1)案例教学法:选取关于超级食品的具体案例,如某些夸大其功效的网络宣传,引导学生分析其中的科学依据与不合理之处。让学生分组讨论案例中的观点是否正确,以及如何从科学角度进行反驳。通过这种方式,培养学生的批判性思维和分析问题的能力。

(2)小组讨论法:将学生分成小组,针对特定的问题进行讨论,如:"超级食品是否真的超级?""如何看待网络上对超级食品的追捧?"每个小组推选代表进行发言,分享小组的讨论结果和观点。在讨论过程中,教师可以适时引导学生从科学、理性的角度思考问题,鼓励学生提出不同的观点和论据。通过小组讨论,激发学生的思维碰撞,培养学生的合作能力和表达能力。

(3)调查探究法:通过查找不同食物中的营养素含量、比较超级食品与普通食品的营养价值等。让学生亲自搜集数据,整理结果,从而加深其对超级食品的认识。培养学生的科学实验能力和实证精神,让学生明白科学结论是通过严谨的实验和数据分析得出的,而不是仅凭网络传闻或主观臆断。

案例六 妊娠期营养的传递:用母爱守护生命

1. 课程思政融入点 孕妇妊娠期的生理变化。

妊娠期对于母体来说是一段充满挑战和牺牲的特殊时期。为了满足胎儿的生长发育需求,母体在营养供给方面做出了巨大牺牲。母亲摄入的营养物质,会优先供给胎儿,即使母亲自身营养不足,也会调动身体储存的营养物质,优先保证胎儿发育需要,这可能会导致母体自身出现贫血、骨质疏松等问题。在血液循环系统方面,母体的心脏需要更加努力地工作,心跳加快,输出更多的血液,以满足胎儿和自身的需要,血流量增加会加重肾脏的负担,母体可能会出现下肢水肿等不适症状。免疫系统的调整也是母体的一大牺牲,为了避免母体的免疫系统对胎儿产生排斥,母体的免疫功能会适当降低对外来物质的识别,使得母体在妊娠期更容易受到感染和疾病的侵袭。激素水平的变化更为显著,雌激素、孕激素等激素大量分泌,这不仅会引起母体情绪的波动,还可能导致身体出现各种妊娠反应,如孕吐、疲劳、失眠等。此外,母体的身体结构也会发生改变,随着胎儿的不断生长,子宫逐渐增大,压迫周围的器官,如压迫膀胱和肠道,导致尿频、便秘等问题。妊娠期的母体为了胎儿的健康成长,默默承受着身体和生理上的诸多变化和不适,这种牺牲充分体现了母爱的伟大。

2.课程思政育人成效　通过案例学习,培养学生感恩父母的意识,母体为了胎儿的成长甘愿牺牲自身的舒适和健康,体现了母爱的无私奉献精神,作为孩子,要对父母怀有感恩的心。

3.教学方法、教学模式

(1)课堂讲授法:通过讲述妊娠期间母体的巨大变化和胎儿的健康成长,让学生了解母爱的伟大,培养学生的感恩意识,让他们懂得感恩母亲的付出,进而感恩身边人的奉献。

(2)课堂讨论法:引导学生针对如何感恩父母这一话题展开讨论,引导学生从日常点滴做起,尊重父母、感恩父母。

案例七　关爱老年人,健康老龄化

1.课程思政融入点　老年人代谢特点。

老年人代谢功能整体下降,主要体现在以下几个方面。

(1)基础代谢率降低。随着年龄的增长,老年人身体的肌肉量逐渐减少,脂肪比例相对增加,这使得能量消耗减少,基础代谢率降低。

(2)消化吸收功能减弱。老年人的胃肠道蠕动减缓,消化液分泌减少,消化酶活性下降,导致其对食物的消化和吸收能力变差,特别是对蛋白质、脂肪、碳水化合物等营养素的吸收效率降低。

(3)物质代谢能力改变。例如,糖代谢方面,老年人对葡萄糖的耐受能力下降,易出现血糖异常;脂代谢方面,胆固醇的合成和分解能力失衡,容易导致血脂升高;蛋白质代谢方面,合成蛋白质的能力减弱,分解代谢增加,易出现负氮平衡。

(4)维生素和矿物质的代谢也会出现问题。老年人对维生素 D 的合成能力下降,影响钙的吸收和利用,易导致骨质疏松;对铁的吸收减少,易出现缺铁性贫血;肾功能减退,这会影响体内代谢废物的排泄和水、电解质平衡的调节,增加患肾脏疾病的风险。

老年人代谢功能的下降是一个复杂的生理变化过程,需要在饮食和生活方式上进行适当的调整,以满足身体的营养需求,维持健康。

2.思政案例育人成效　通过案例的学习,引导学生要对老年人给予更多的关爱和尊重,关心他们的身体健康和生活需求,弘扬尊老敬老的传统美德。增强社会责任感,树立为老年人提供更适宜的医疗保健服务、营养指导和社会支持的信念,体现现代大学生的责任担当。

3.教学方法、教学模式

(1)问题引导法:在讲解老年人代谢功能下降知识时,引导学生关注社会老龄化现象,培养学生对社会问题的敏感度和责任感,让他们意识到为改善老年人生活质量贡献力量是每个人的责任。

(2)案例分析法:让学生了解老年人因代谢功能下降在饮食和健康方面面临的困难,激发学生的同情心和关爱之心,促使他们在未来的工作和生活中主动关心和帮助老年人。

（3）课外实践法:鼓励学生参与关爱老年人的志愿活动,如在全民营养周活动中为老年人制订营养计划、宣传健康知识等,将所学知识应用于实践,增强学生的社会责任感和奉献精神。

案例八 传承与创新:东方健康膳食模式

1. 课程思政融入点 中国居民膳食指南与膳食宝塔。

当下流行的膳食模式,如地中海饮食、DASH 膳食、弹性素食等是欧美等国家提出的膳食模式,在食物选择和膳食安排上与中国传统饮食习惯相差较大,如地中海饮食中的橄榄油。"东方健康膳食模式"是《中国居民膳食指南(2022)》中首次提出的一种膳食模式。这一模式的提出主要基于以下背景:中国经济快速发展,中国居民营养与健康状况发生巨大变化,营养调查显示,中国居民的蔬菜、奶制品的每日摄入量未达到推荐水平,油脂摄入过多,超重、肥胖现象突出。慢性病发生发展迅速,如肥胖、2 型糖尿病、心血管疾病等的发病率呈上升趋势,这些疾病与不合理的膳食结构密切相关。中国地域辽阔,不同地区的饮食文化和习惯存在差异,寻找具有中国特色的促进健康的膳食模式尤为必要。

"东方健康膳食模式"的提出对于传承和弘扬中国饮食文化具有重要意义。这一模式为中国居民提供了符合中国传统的膳食指导,有助于引导人们养成健康的饮食习惯。"东方健康膳食模式"可以降低肥胖、糖尿病、心血管疾病等慢性疾病的发生风险,提高居民的健康水平。

2. 思政案例育人成效 引导学生了解中国传统饮食文化的丰富内涵和价值,培养学生的文化自信和民族自豪感。通过案例分析,让学生认识到个人饮食选择对自身和社会的影响,增强学生的健康责任意识。组织学生开展关于健康饮食与社会和谐关系的讨论,培养学生的社会责任感和全局观念。鼓励学生参与社区健康饮食宣传活动,传播"东方健康膳食模式"的理念,提高学生的社会服务意识和实践能力,引导学生思考如何在全球化背景下,保持和推广中国特色的健康膳食模式,培养学生的文化传承和创新意识。

3. 教学方法、教学模式

（1）案例分析法:在课堂上详细剖析"东方健康膳食模式"提出的背景、意义及具体内容。通过分析中国居民营养与健康状况的变化、慢性病的发展趋势以及不同地区饮食文化差异等案例,引导学生深入理解该模式的重要性和必要性。

（2）小组讨论法:将学生分成小组,针对"如何在日常生活中践行东方健康膳食模式"等问题进行讨论。

（3）实践教学法:让学生亲自动手设计符合"东方健康膳食模式"的食谱,增强学生对健康饮食的实际操作能力和体验感。

案例九 发展与挑战:中国近20年居民膳食结构变迁

1. 课程思政融入点 中国居民营养与健康状况。

近 20 年来,中国居民营养摄入状况发生了显著变化。在能量和宏量营养素方面,城乡居民膳食能量,以及蛋白质、脂肪、碳水化合物的摄入较为充足,优质蛋白的摄入量持续上升。膳食结构有所改变,除谷物和食用油外,各类食品消费均有增长,禽肉、水果、水产品的消费增长较为明显。营养不足问题得到了一定改善,例如成人、6～17 岁儿童青少年、孕妇的贫血率均有所下降。

然而,新的问题也逐渐显现。城乡各年龄组居民超重肥胖率持续上升,超过一半的成年居民存在超重或肥胖情况,6～17 岁、6 岁以下儿童青少年超重肥胖率分别达到 19% 和 10.4%。膳食脂肪供能比方面,农村首次突破 30% 的推荐上限。同时,高油高盐的摄入状况依然普遍。家庭人均每日烹调用盐和用油量远超推荐值,并且居民在外就餐比例不断增加,食堂、餐馆、加工食品中的油盐含量不容忽视。部分营养素仍存在缺乏情况,水果、豆及豆制品、奶类的消费量依然偏低,膳食摄入的维生素 A、钙等不足问题依然存在。

在儿童青少年方面,经常饮用含糖饮料的问题突出,15 岁以上人群吸烟率、成人 30 天内饮酒率超过 25%,身体活动不足的现象普遍。总体而言,中国居民营养状况虽有改善,但膳食不平衡、超重肥胖、高油高盐摄入等问题仍需重视,需加强营养教育,推广健康饮食模式。

2. 课程思政育人成效　彰显健康中国理念,居民的营养状况关系着国家的整体健康,这凸显了推进健康中国建设的重要性与紧迫性。让学生切实认识到自身营养状况对于国家健康事业的意义,从而激发他们为健康中国计划贡献力量的使命感。

强化学生的社会责任感,让学生领悟到个人的饮食选择绝非仅仅关乎自身健康,更会对社会资源的分配以及环境的可持续发展产生深远影响。引导学生认识到这一点,培养他们高度的社会责任感,使其在饮食选择及生活的方方面面都能充分考虑到社会整体利益。

贯彻科学发展观,营养摄入的变化生动反映出人们生活方式与经济发展的转变,这就要求以科学的态度和方法去实现平衡且可持续的发展。促使学生以科学思维看待营养与发展的关系,学会运用科学方法来规划自己的生活和推动社会的进步。

3. 教学方法、教学模式

(1)数据展示法:在课程中,通过对比不同时期的营养数据,让学生了解国家在改善居民营养方面的政策和努力,增强学生对国家发展战略的认同和支持,培养爱国情怀。

(2)小组讨论法:组织学生分组讨论个人饮食选择对社会的影响,如肥胖导致的医疗资源占用等,引导学生树立正确的价值观和社会责任感。

(3)问题探究法:以"如何应对中国居民的膳食变化"为主题,鼓励学生探究传统饮食文化中的营养智慧,并结合现代科学知识进行创新,培养学生的文化自信和创新精神。

案例十　知行合一:健康减肥之路

1. 课程思政融入点　营养与肥胖。

小美一直对自己的身材不太满意,渴望快速拥有苗条的身形。于是,她决定采取极端的节食方法来减肥,每天只吃一顿蔬菜沙拉。刚开始,这种方式确实让她的体重有所下降,这让小美欣喜不已。但随着时间的推移,身体由于长期缺乏足够的能量供应,开始出现各种问题。小美时常感到头晕乏力、心慌气短,整个人的精神状态也变得很差。身体在感知到生存威胁后,启动了自我保护机制,进入了"节能模式",基础代谢率大幅降低。这使得小美即使只是进行一些轻微的活动,也会觉得异常疲惫。

然而,长期的饥饿终究难以忍受,小美在情绪低落的情况下彻底崩溃,开始暴饮暴食。此时,由于之前降低的基础代谢率未能及时恢复,她摄入的食物量远远超过了身体所能消耗量,多余的热量迅速被转化为脂肪储存起来。小美的体重不仅迅速反弹,甚至比减肥前还要重。而且,她的身体状况进一步恶化,肠胃功能紊乱,经常出现胃痛、消化不良等问题。

健康的减肥方式是要保证均衡的饮食,摄入适量的蛋白质、碳水化合物、脂肪、维生素和矿物质。要控制食物的总热量,增加蔬菜、水果、全谷物等富含膳食纤维食物的摄入。要结合适量的运动,包括有氧运动和力量训练,有氧运动如跑步、游泳、骑自行车等可以消耗热量,提高心肺功能;力量训练则可以增加肌肉量,提高基础代谢率。

2. 思政案例育人成效　减肥是一个长期的过程,不能急于求成,要有耐心和毅力,坚持健康的生活方式,才能真正实现减肥目标,同时保持身体的健康。通过案例引导学生自身和对事物规律都要有正确的认知,不要盲从。引导学生掌握适度的原则,把握好平衡,做任何事情不要走极端。通过讲解正确减肥的方式,引导学生认识到很多事情包括学习、锻炼、饮食都是需要长期付出努力,脚踏实地一步步做起,没有捷径可走。

3. 教学方法、教学模式

(1)案例教学法:通过介绍小美减肥的案例引导学生进行自我反思,帮助他们正确认识自己的优点和不足,树立客观的自我认知。

(2)小组讨论法:组织学生讨论如何在生活中寻求平衡与适度,在做事情时遵循自然规律,不走极端。在树立目标时要做到脚踏实地,不急于求成,培养自己的自律能力。

案例十一　咖啡中的丙烯酰胺:致癌传闻背后的真相

1. 课程思政融入点　食品化学性污染及预防。

丙烯酰胺是食物在煎、炸、烘烤等高温加热过程中产生的一种化学物质,咖啡豆在高温烘焙时会发生美拉德反应,从而产生丙烯酰胺。国际癌症研究机构将丙烯酰胺列为2类致癌物(2A),即人类可能致癌物,同为2A致癌物的还有红肉(摄入)、涉及昼夜节律打乱的轮班工作、高于65 ℃的饮料(饮用水)等。

网上流传的咖啡致癌的说法源于其中含有的2A类致癌物丙烯酰胺。但含有致癌物并不意味着一定会致癌,抛开剂量谈致癌,既不科学,也不合理。以常人喝咖啡的量,远远达不到致癌的程度。一个体重60 kg的成年人,每天摄入156 μg的丙烯酰胺才会达到致癌剂量,相当于每天喝15杯研磨咖啡,而一般咖啡中的丙烯酰胺量比较少,达到对人体有致癌作用的量需要喝二三百杯咖啡。因此,对于咖啡中的丙烯酰胺,没有必要过于恐慌。

此外,丙烯酰胺不仅存在于咖啡中,还普遍存在于煎炸类食品中,人们日常食用的油炸、烘焙、烧烤类食物,如薯条、薯片、面包、饼干、巧克力、油条、油饼、麻花等也都含有丙烯酰胺。

虽然咖啡含有丙烯酰胺等潜在致癌物,但只要适量饮用,咖啡仍是一种安全的饮品。同时,在日常生活中,也应注意饮食均衡,尽量少吃或不吃油炸、烧烤、烘焙等高温加工的食品,以减少丙烯酰胺的摄入。

2. 思政案例育人成效　对咖啡致癌这一观点的分析,需要运用科学的方法和数据,避免盲目恐慌和片面判断,这有利于培养学生科学的思维方式。在听到有关信息时,不盲目,能够基于事实和证据对信息进行理性的分析和判断,培养批判性思维能力。在传播食品安全信息时,要有责任意识,确保信息的准确性和科学性,避免误导公众。

3. 教学方法、教学模式　案例分析法:通过案例的讲述和分析,引导学生在生活中对自己的言论和行为负责,尤其是在传播信息时,要考虑其真实性和可能产生的影响。这一方法利于培养学生的科学思维和理性判断能力,以使其在面对各种信息时,能够运用科学知识和逻辑推理进行分析,不轻易被谣言左右。

案例十二　坚守道德底线,科学规范使用食品添加剂

1. 课程思政融入点　食品添加剂的使用要求。

2023 年 3 月 15 日,央视 3·15 晚会曝光安徽某企业用本地稻米冒充"泰国香米",其香味是用香精勾兑而来。涉及的 4 家企业分别为安徽淮南市寿县永良米业、安徽香王粮油食品科技有限公司、淮南市楚丰工贸有限公司、上海朗枫香料有限公司。

事件曝光后,相关部门对涉事公司进行了调查。这些企业受到了相应的处罚。其中,安徽香王粮油食品科技有限公司于 2023 年 6 月 1 日被列入严重违法失信名单,6 月 26 日其登记状态变更为"吊销,未注销",8 月 3 日被罚款吊销营业执照、吊销食品生产许可证。安徽淮南市寿县永良米业因虚假宣传,于 2023 年 4 月 13 日被淮南市市场监督管理局罚款 200 万元。淮南市楚丰工贸有限公司近日被淮南市监局处以罚款 555 万余元、吊销食品生产许可证等处罚。

我国《食品添加剂使用标准》规定,不应以掺杂、掺假、伪造为目的而使用食品添加剂。《食品添加剂生产监督管理规定》也明确规定,生产者必须在取得生产许可后,方可从事食品添加剂的生产。然而,涉事的相关企业均无视这些规定。

这类事件严重损害了消费者的权益,也对食品安全和市场秩序造成了不良影响。相关部门需加强监管力度,严厉打击此类违法行为,保障消费者的合法权益和食品安全。同时,企业也应严格遵守法律法规,诚信经营。

2. 思政案例育人成效　通过案例引导学生树立规则意识,强调遵守规则的重要性。正确使用食品添加剂需基于科学依据,而该事件中违法企业违规使用添加剂的行为违背了科学精神。食品添加剂使用原则旨在保障公众健康,此案例中企业的行为损害了公众利益,凸显了维护公众利益的重要性。

3. 教学方法、教学模式

(1)案例讨论法:通过案例引入食品添加剂使用原则和基本要求,培养学生的规则意识和科学态度。

(2)小组讨论法:组织学生开展关于正确看待食品添加剂问题的讨论,引导学生思考在商业利益与公众健康之间如何做出正确选择,强化公众利益至上的观念。

案例十三　珍惜粮食,杜绝浪费

1.课程思政融入点　粮豆的卫生及其管理。

随着中国经济的快速发展和人民生活水平的不断提高,粮食浪费问题也日益严重。据《2023年中国食物与营养发展报告》显示,中国食物总体损耗浪费率为22.7%,2022年,损耗浪费总量达到4.6亿吨。从生产到消费,食物的流通中,损耗和浪费是影响食物为人类提供营养的重要因素。

在储存环节,因为储粮设施简陋,产后烘干能力不足,仓储设施老化和布局不合理,运输标准化规范化程度不高,每年有大量粮食损耗。在加工环节,由于粮食过度加工,副产品综合利用率不高,加工工艺落后等,损失粮食较多。我国每年粮食储藏、运输、加工环节损失量达700亿斤(1斤=0.5 kg)以上。在消费环节,这主要存在于商业餐饮、公共食堂和家庭饮食三个领域,仅城市餐饮每年食物浪费大致在340~360亿斤(不包括居民家庭饮食中的食物浪费)。

节约粮食是中华民族的传统美德,是保障国家粮食安全的重要举措。减少粮食损失和浪费是一项长期而艰巨的任务,需要政府、企业、社会组织和个人共同努力,采取有效的措施和行动,形成全社会共同参与的良好氛围。

2.思政案例育人成效　通过介绍粮食浪费现象,剖析餐桌环节的浪费主要是由于人群节约意识的淡薄,强调培养节约意识,倡导珍惜资源的价值观。粮食浪费不仅是个人行为,还关系到国家粮食安全和社会可持续发展,以培养学生对社会问题的关注和担当。粮食从生产到消费的各个环节都凝结着劳动人民的辛勤付出,浪费粮食是对劳动成果的不尊重,引导学生尊重劳动。

3.教学方法、教学模式

(1)案例分析法:通过案例和数据的解读,让学生了解粮食浪费的严重程度及其带来的后果,激发学生对节约粮食的重视,培养节约意识。

(2)小组讨论法:就"如何在日常生活中践行节约粮食"这一话题组织学生分小组进行讨论,如合理点餐、适量购买等,培养学生的科学消费观念和行为习惯。

案例十四　一场原料变质引发的食品安全危机

1.课程思政融入点　细菌性食物中毒。

2000年6月,日本某品牌乳业的工厂因为停电而导致生产线停止运行,停电时间超过了3小时。在这段时间内,生产线上的原料变质,细菌数量增加。按照正常的生产规范,这些变质的原料应该被丢弃。然而,工厂管理人员决定继续使用这些原料,希望通过后续的灭菌步骤来彻底消除细菌。不幸的是,这批牛奶中的细菌已经产生了大量毒素,这些毒素运用常规的杀菌处理方法是无法消除的。

这起事件导致了大规模的食物中毒,近15 000名消费者在饮用了被污染的低脂牛奶后出现了呕吐、腹泻等症状。该品牌乳业的形象受到了严重打击,公司被迫停产、召回产品,并向受害者支付了巨额的赔偿金。这起事件也促使日本政府和食品工业加强了对食品安全的监管和管理措施。

该品牌牛奶事件教会了食品生产企业在面对生产事故时必须采取严格的措施,不能抱有侥幸心理。食品安全管理应当贯穿生产的每一个环节,确保即使在紧急情况下也能保护消费者的健康。此外,企业在面对食品安全危机时应迅速响应,及时通知公众和相关监管部门,以减少健康风险和经济损失。

2. **思政案例育人成效** 某品牌乳业管理人员为追求利益而违背职业操守,使用变质原料,引导学生意识到坚守职业道德的重要性;大规模食物中毒事件反映出企业对公共卫生安全的忽视,强调预防医学工作者在保障公众健康方面的重大责任。企业在处理生产事故时缺乏科学严谨的态度,侥幸心理导致严重后果,提醒学生在以后工作中必须秉持科学精神。

3. 教学方法、教学模式

(1)案例讨论法:通过讲解日本某品牌牛奶案例强调预防医学工作者在食品卫生监督和管理中的职责,培养学生的公共卫生责任意识以及职业认同感。

(2)小组讨论法:通过分析该事件中乳业企业违背职业道德和科学原则的行为,引导学生思考如何在未来工作中坚守职业道德和科学态度。

(3)情景模拟法:在实践教学中,模拟食品卫生突发事件,让学生制订应对策略,培养学生在紧急情况下的科学决策和应急处理能力。

案例十五 食品安全标准:健康的守护者

1. **课程思政融入点** 食品安全标准。

食品安全标准规范着食品生产、加工、流通等各个环节,确保进入我们口中的食物都符合卫生要求。它规定了食品添加剂的使用限量、农药残留的标准、食品中的微生物指标等,为我们的饮食安全筑牢防线。有了食品安全标准,人们在选择食物时才能多一份安心,少一份担忧。

食品安全标准能够保障人体健康,基于以下几个方面。①食品安全标准明确了各类食品中有害物质的限量。通过严格限制食品中如重金属、农药残留、兽药残留、真菌毒素等有害成分的含量,降低了人体因摄入这些有害物质而引发急性或慢性疾病的风险。②食品安全标准规范了食品添加剂的使用。规定了食品添加剂的种类、使用范围和用量,避免了添加剂的滥用或误用对人体造成潜在危害,同时保障了食品的品质和安全性。③食品安全标准对食品的生产、加工、储存和运输等环节提出了卫生要求。这有助于减少食品在各个环节受到污染的可能性,防止微生物滋生和有害化学物质的引入,从而保障了食品的安全性和质量。④食品安全标准的制定基于科学的风险评估和大量的实验研究数据,是经过严格论证和验证的。遵循这些标准生产和消费食品,可以有效地预防食物中毒、传染病的传播以及长期慢性疾病的发生,从而保障人体的健康。食品安全标准通过多方面的严格规定和要求,为人们提供了安全、营养、健康的食品,从而有力地保障了人体的健康。

2. **思政案例育人成效** 通过对食品安全标准学习使学生意识到食品安全标准的制定体现了政府对公众健康的责任担当,无论是政府监管部门、食品生产企业还是个人,都需要对食品安全负责。食品安全标准的制定是基于严谨的科学研究和风险评估,反映了对科学知识的尊重和运用,培养学生严谨、实事求是的科学态度。食品安全标准是法律法规的一部分,遵守标准就是遵守法律,强调遵纪守法在保障社会公共利益中的重要性。

3.教学方法、教学模式

(1)课堂讲授法:通过讲述食品安全标准的制定过程,强调科学研究和数据支持的重要性,培养学生的科学精神和严谨治学的态度。

(2)案例分析法:结合食品安全案例,分析因未遵守标准而导致的后果,让学生明白遵守法律和标准的重要性,增强法治观念。

第四章
职业卫生与职业医学

职业卫生与职业医学是预防医学的一个重要分支学科,是预防医学专业本科生必修的一门专业课,是研究职业环境条件对劳动者健康的影响和如何改善职业环境的一门学科,其基本任务是识别、评价、预测和控制不良的劳动条件,以保护和促进劳动者的健康,提高劳动生产率,提高职工的职业生命质量。通过对课程的学习,提高学生独立发现问题、分析问题和解决本学科所面临基本问题的能力,同时培养学生的创新精神,以适应学科发展和实际工作需要。培养学生的社会责任感和使命感,通过学习职业卫生与职业医学的知识,引导学生认识到维护职工身体健康和劳动环境安全对社会、企业和个人的重要意义。

【教学目标】

(一)知识目标

1. 掌握职业卫生与职业医学的基本理论、基本知识和基本技能。

2. 熟悉职业卫生与职业医学工作内容和工作方法。

3. 了解相关法律法规和政策及国内外的新成就和发展趋势。

(二)能力目标

1. 具备从事职业卫生与职业医学工作所需的专业知识和技能。

2. 能够独立分析和解决职业卫生与职业医学领域的实际问题。

3. 具备在本领域中做出正确、负责任的决策和行动的能力。

(三)情感目标(思政目标)

1. 具备高尚的职业道德和良好的职业素养。

2. 提高学生的法律意识和职业道德水平

3. 具备团队合作精神和创新能力。

➡️【课程思政教学资源计划表】

职业卫生与职业医学课程思政教学资源计划见表4-1。

表4-1　职业卫生与职业医学课程思政教学资源计划

章名	课程思政融入点	思政目标	案例资源	教育方法和载体途径
第一章 绪论	职业卫生与职业医学概述	职业素养 家国情怀	从政策中看方向,从专业中悟政策	启发式教学法
	职业与健康	法律意识 职业道德 爱国情怀	目录扩展,让权益保障与时俱进	课堂讲授法 探究式教学法 启发式教学法
第二章 职业卫生与职业医学研究方法与应用	职业功效学的时间动作分析	创新精神 科学精神 严谨态度 社会责任	泰勒的"铁锹作业试验"	案例教学法
第三章 生产性毒物与职业中毒	金属和金属中毒	科技创新 辩证思维 社会责任 爱国情怀	金属粉尘的华丽转变	启发式教学法
	刺激性气体中毒	科学精神 科学伦理 安全意识	化学界的"神农"舍勒	案例教学法
	有机磷农药中毒	爱国情怀 科学精神 健康至上 社会责任	百草枯的前世今生	课堂讲授法
第四章 生产性粉尘与职业性肺部疾患	生产性粉尘与职业性肺部疾患概述	社会责任 奉献精神 团结友爱	"大爱清尘"—寻救尘肺病农民兄弟大行动	探究式教学法 案例教学法

续表 4-1

章名	课程思政融入点	思政目标	案例资源	教育方法和载体途径
第四章 生产性粉尘与职业性肺部疾患	游离二氧化硅粉尘与硅肺	国家荣誉 科学自信 科研激情 严谨思维	中国肺灌洗"破冰之旅"	课堂讲授法 案例分析法
		社会责任 职业健康 科学发展观	硅肺警钟长鸣,安全健康扬帆	案例分析法
第五章 物理因素及其对健康的影响	不良气象条件	无私奉献 爱岗敬业 社会责任	战高温、斗酷暑,全力"疫"赴	案例分析法 小组讨论法
		关爱人民 职业尊重	夏季高温下的人文关怀	案例分析法
	非电离辐射、电离辐射	批判性思维 科技信任 科学素养	安检门下的辐射之忧	课堂讲授法 小组讨论法
第六章 职业性致癌因素与职业肿瘤	常见职业性肿瘤	法律意识 职业伦理 社会责任	法治守护构筑健康安全防线	案例教学法
	职业性肿瘤的预防原则	预防观念 科研意识	波特医生的发现:推动扫烟囱行业监管	案例教学法
第九章 职业性伤害	职业伤害事故类型及其主要原因	安全意识 责任意识 规则意识 严谨求真	实验室安全知多少	小组讨论法
第十章 职业性有害因素的识别与评价	职业有害因素的识别	科技伦理 社会责任	X 射线的 A 面和 B 面	情景教学法 小组讨论法
第十一章 职业性有害因素的预防与控制	工作场所健康促进	以人为本 人文关怀 社会责任感	员工幸福感铸就胖东来传奇	案例分析法

注:教学内容参照邹堂春.职业卫生与职业医学.8 版.北京:人民卫生出版社,2018.

案例一　从政策中看方向,从专业中悟政策

1.课程思政融入点　职业卫生与职业医学概述。

职业人群的健康直接影响着国家经济的稳步发展和社会的进步。2016年10月,国务院印发了《"健康中国2030"规划纲要》;2019年5月,卫生健康委办公厅发布《职业健康检查管理办法》;2019年底发布了《健康中国行动(2019—2030)》《关于健康企业建设的通知》。这些政策的发布旨在加强职业病防治工作,保障劳动者的健康权益,为职业卫生领域的发展提供了有力的法制保障。

《中华人民共和国职业病防治法》在过去的十几年间进行了四次修订,每一次修订都是对劳动者权益保护的进一步提升。根据国家统计局的数据,全国报告新发职业病病例数从2012年的27 420例下降至2023年的6 975例,降幅达74.6%,这与国家政策的引导和企业的积极改进是分不开的。

职业病的防治从传统的卫生防治工作转变为了健康促进工作,这一改变是健康中国建设的重要一环,也是推进健康企业建设的前置条件。职业健康必须与时俱进,与健康中国建设同步提升。

2.思政案例育人成效　结合各类政策和相关数据的解读,介绍国家对职业卫生领域的重视和支持,培养学生的职业素养和实践能力,为学生在职业卫生领域的发展奠定坚实基础。

3.教学方法、教学模式　启发式教学法:介绍目前职业病防治方面的法律法规、政策,鼓励学生运用专业知识为企业提供合规建议,为企业制订职业病防治方案。

案例二　目录扩展,让权益保障与时俱进

1.课程思政融入点　职业与健康。

随着经济转型升级,新的工种和劳动方式不断产生,劳动者接触的职业环境和职业危害朝着多元化的方向发展,危害多了,疾病多样化了。新技术、新业态、新职业不断涌现,既有目录已不足以满足现实需求。顺应时代的发展和健康的需要,我国《职业病分类和目录》的调整工作循序渐进、稳步推进。

自1957年我国首次发布《关于试行"职业病范围和职业病患者处理办法"的规定》以来,职业病目录进行了3次调整,最新版本(2013年12月)的疾病种类也从14种增至10类132种。新增的职业病病种要和我国经济社会发展水平相适应,聚焦重点职业人群,补齐了现行目录的短板。职业病目录的调整是对劳动者生命安全和身体健康的重视,也是对劳动者权益的切实保障,更是社会发展进步的一个缩影。

2.思政案例育人成效　《职业病分类和目录》不仅是保护劳动者健康权益的重要工具,亦对促进安全生产有重要意义,更是国家的法律体系建设、推动社会进步和经济发展的重要组成部分。通过介绍我国在职业病防治方面取得的成就和面临的挑战,激发学生的爱国情怀和法律意识。

3.教学方法、教学模式

(1)课堂讲授法:介绍《职业病分类和目录》中的疾病,让学生意识到自己在保护劳动

者生命健康权利方面的重要职责,以及在预防和控制职业病方面的责任担当。

(2)探究式教学法:提出"不同国家的职业病类型有何差异?这种差异是由哪些因素造成的?"等问题,激发学生思考各国职业病防治背后的深层次原因,培养学生多方位思考的能力。

(3)启发式教学法:每个国家都有自己的"职业病",引导学生关注国际职业病防治领域的动态和趋势,增强国际视野和跨文化交流能力。

案例三 泰勒的"铁锹作业试验"

1. **课程思政融入点** 职业功效学的时间动作分析。

管理科学之父泰勒在贝特莱汉姆钢铁厂工作的时候,对铁锹作业的工作效率产生了兴趣。当时,有600多名工人正用铁锹铲铁、矿石和煤。泰勒想:"一铁锹的重量为几磅时工人感到最省力,并能达到最佳的工作效率呢?"他决定研究一下这个问题。为此他选出两名工人,通过改变铁锹的重量来仔细观察并记录两名工人每天的实际工作量。结果发现,当每铁锹的重量为38磅时每天的工作量是25吨而34磅时是30吨,于是,他得出作业效率随着铁锹重量的减轻而提高的结论。但是当铁锹的重量下降到21~22磅以下时,工作效率反而下降。由此,他认为矿石重量较重应使用小锹,而煤较轻应使用大锹,铁锹的重量为21~22磅时最好。他合理地安排了600名工人的工作量,取得了成功。

很多科学家都是从生活中的"平凡小事"发现问题,提出问题,解决问题,如牛顿被苹果砸到发现了万有引力,鲁班上山手被植物划伤发明了锯。这些发现都源于科学家们对日常生活中细微现象的敏锐观察和深入思考,能够从平凡中发现不平凡,通过不断地探索和实践,最终取得了伟大的科学成就。

2. **思政案例育人成效** 通过学习科学家如何从日常的细节发现科学问题并加以解决,引导学生学会从不同的视角看待周围的世界,培养敏锐的观察力,激发他们的创新思维,鼓励学生在面对问题时勇于创新,寻找更有效的方法和解决方案。通过系统的观察、实验实施和数据分析来解决问题,培养学生实事求是的态度和严谨的思维方式。

3. **教学方法、教学模式** 案例教学法:通过案例导入,让学生认识到科学家在解决问题的过程中往往需要进行大量的实验和验证,从而培养学生坚持不懈、战胜困难、勇往直前的科学探索精神。

案例四 金属粉尘的华丽转变

1. **课程思政融入点** 金属和金属中毒。

随着科技的不断发展,3D打印机已经成为人们日常生活中越来越重要的一部分。3D打印机最大的优点之一是它可以通过将物体分解成无数的薄层,然后将这些薄层逐层堆积起来,最终制造出复杂的三维物体。

构建立体空间的原材料,除了常见的塑料、橡胶、树脂外,还有金属粉末,而在这其中,最前沿和最具潜力的无疑是金属粉末3D打印。如航空航天、卫星发动机上的一些关键结构,一方面要求轻,同时又要具备稳定的结构性能,传统加工方式很难实现,而用金属粉末进行3D打印就能完美符合工业上的需求。3D打印用铝合金可以做到零件致密、组织细小,力学性能堪比铸件甚至优于铸造成型零件,且相较于传统工艺,零部件重量可减少22%,成本却可减少30%。比如使用最接近人体骨骼的钽金属实施关节置换术,钽金属表面粗糙多孔的金属骨小梁可以使自体骨快速长入金属孔隙内,从而获得假体与自体骨的长期稳定。

粉尘在传统观念中往往被视为有害物质,它对人体健康有着显著的负面影响。曾经人人喊打的粉尘在现代科技,尤其是3D打印技术的加持下,展现出了其使用价值。不仅变成了日常生活品的材料,还在医疗、建筑、汽车、制造、航空等多个领域里发挥着至关重要的作用,证明了爱因斯坦"一切事物都有两面性"的观点。

2. **思政案例育人成效**　介绍3D打印技术在多个行业中的应用,让学生了解到科技发展对社会福祉的贡献,从而增强自身的社会责任感。在面对技术攻克难题时,能从国家利益和人类发展的宏观角度去思考问题。3D打印集合了计算机辅助设计、材料加工与成形技术和数字模型等多个学科,鼓励学生学会跨学科交流与合作,以促进技术的融合和应用。

3. **教学方法、教学模式**　启发式教学法:3D打印技术蓬勃发展很大程度上方便了人民的生活,而这背后隐藏着社会各界的努力与支持。国家、地方政府都相继出台相关政策,高校和企业合作培养应用型人才,通过国际间的合作与交流,共享资源、经验和技术,加速3D打印技术的全球化进程。

案例五　化学界的"神农"舍勒

1. **课程思政融入点**　刺激性气体中毒。

18世纪后期,瑞典人舍勒研究黑苦土(锰),发现黑苦土的主要成分是氧化后的锰,他把氧化后的锰称为"脱燃素的锰"。公元1774年,舍勒把盐酸与"脱燃素的锰"进行化学反应实验时,产生了一种刺激性很强的黄绿色气体。该气体微溶于水,能腐蚀金属,还能漂白有色的花朵和绿叶。为彻底弄清这种元素的特性,他将这种气体溶于水中,然后舀起一小勺放进嘴里。10 s后,他的肺部开始难受,伴随剧烈咳嗽。这就是氯气的发现过程。

舍勒"品尝"有毒物质并非只有这一次。他一生中完成近千个试验,亲自吸入或"品尝"七八种有毒物质,发现了氧气、氯气,对氯化氢、一氧化碳、二氧化碳、二氧化氮等多种气体都有深入研究,这些损害了他的身体,他去世时只有44岁。

2. **思政案例育人成效**　舍勒的实验精神,特别是他对实验验证的坚持,是科学研究中的重要一环。舍勒的研究态度激励学生在科研道路上坚持严谨和创新的精神。但在现代教育中应强调实验安全的重要性,避免不必要的危险行为,从而培养学生的安全意识。

3. **教学方法、教学模式**　案例教学法:介绍舍勒的经历,为学生提供了学习的榜样,告诉学生,在逆境中,只要有决心和毅力,就能够达到令人瞩目的成就。

案例六 百草枯的前世今生

1. 课程思政融入点 有机磷农药中毒。

李德军,中国百草枯之父,现山东省农药科学研究院院长。1996年他接到上级任务,要发明一种廉价而高效的除草剂,以此来打破英国百草枯的垄断。彼时的中国正在迫切进行着农业的发展,少不了要使用一些高科技产品。为了加快中国农业的发展,上层领导决定研发一款属于本土的"百草枯"。

经过日日夜夜的奋斗,克服重重困难,李德军带领的团队在不懈努力下,终于在2004年研制出了百草枯。植物接触到百草枯后会迅速枯萎,失去活力,可一旦接触到土壤后又会被钝化,使得它不破坏植物深层的根系,未被破坏根系的普通庄稼可以再次生长,实现帮助农民除草的目的。凭借低成本、高功效,它一度被视为农业生产的"神兵利器"。

随着时间的推移,越来越多的研究表明百草枯对人类毒性极高。误服3 g百草枯,即可造成系统性中毒,肺部出现不可逆的纤维化及呼吸衰竭现象,中毒死亡率可达90%以上。世界多国禁止或者严格限制使用百草枯,我国自2014年7月1日起,撤销百草枯水剂登记和生产许可,停止生产,从2016年7月1日起,停止百草枯水剂的销售和使用。

回顾百草枯的前世今生,从农药明星到环境杀手再到停产停用,农药的研发和使用必须以环境保护和人类健康为前提,达到可持续发展的目标。

2. 思政案例育人成效 以百草枯的研发背景,培养学生的爱国情怀、科学精神及社会责任。之后的停产停用,提醒人们要时刻关注科研伦理和社会责任问题,确保科技成果能够造福人类而不是带来灾难。

3. 教学方法、教学模式 课堂讲授法:百草枯的研发、使用到停产停用的过程是一段充满挑战和教训的历史。科学家应继续探索更安全、更有效的除草剂替代品,以满足农业生产的需求。

案例七 "大爱清尘"——寻救尘肺病农民兄弟大行动

1. 课程思政融入点 生产性粉尘与职业性肺部疾患概述。

大爱清尘是专门从事救助中国尘肺病农民,并致力于推动预防和最终基本消除尘肺病的全国性公益组织。由北京大爱清尘公益基金会(5A社会组织)、北京大爱清尘尘肺病服务中心(4A社会组织)、中华社会救助基金会大爱清尘基金、陕西大爱清尘救助中心四个主体组成。目前在全国各省区共有120个团队,1.3万多名志愿者。

大爱清尘创始于2011年6月15日,缘起著名记者王克勤联合中华社会救助基金会共同发起的"大爱清尘——寻救尘肺病农民兄弟大行动"。创立以来,大爱清尘始终秉承着"扶助尘肺家庭,消除粉尘危害"的使命,为最终实现"天下无尘,自由呼吸"而努力。十三年来,在全国31个省区市累计帮助11万多尘肺病农民及其家庭。"大爱清尘"救助的是无法确诊,没有工伤保险,也没有经济能力的人,也救助包括子女助学、制氧机捐赠、医疗救助等项目。通常由志愿者了解患者基本情况,走访核实相关信息,最后向基金会申请相应的救助项目。

"中国揭黑记者第一人"王克勤说,十年来,"大爱清尘"在全社会普及尘肺病常识,努力推动尘肺病治理的公共政策。2019 年国家出台《尘肺病防治攻坚行动方案》等一系列尘肺病农民救助相关政策,且始终有人坚持为尘肺患者呼吁:放开尘肺病诊断限制,将尘肺病纳入医保,设立政府防治救助专项资金等。但这项工作进展缓慢,很多尘肺患者依旧艰难。

2. 思政案例育人成效 通过对该案例的介绍,使学生们知晓社会上存在受尘肺病困扰的群体,激发他们的社会责任感,教导他们在日后的生活中积极关注社会事务并竭力为社会作出贡献。通过介绍大爱清尘"守护生命尊严"的价值观,增强学生对生命的敬畏与热爱,对苦难的不忍与痛心。其次,让同学们感受大爱清尘团队的团结、友爱、奉献、坚毅、质朴的精神。

3. 教学方法、教学模式

(1)探究式教学法:以问题为中心,注重学生独立活动的开展,结合学生的认知和体验教学,培养学生的探究和思维能力。例如在讲授大爱清尘相关内容时,可以先提出问题,如:"大爱清尘在尘肺病防治方面起到了哪些独特的作用?"让学生先基于自己的认知提出假设,再通过查阅资料、分析案例等进行推理和验证,最后总结出大爱清尘的工作意义和价值等内容。

(2)案例教学法:选取某个大爱清尘成功救助尘肺病患者家庭的案例,详细分析大爱清尘在这个案例中是如何发现患者、提供救助(包括医疗救助、生活救助、子女教育救助等方面)、如何进行社会资源整合,以及这个案例对当地尘肺病防治和社会和谐发展的影响等。通过案例分析,让学生更好地理解大爱清尘的工作模式和社会价值。

案例八 中国肺灌洗"破冰之旅"

1. 课程思政融入点 游离二氧化硅粉尘与硅肺。

在中国医疗领域,有一场意义非凡的"破冰之旅"——双肺同期大容量灌洗治疗尘肺病技术的发展。这一技术的发展历程,是一部充满探索、创新与希望的奋斗史。

1986 年,谈光新教授受美国案例启发,开启了在中国的大容量肺灌洗的研究工作。经过不懈努力,他的成果在 1989 年获得江苏省科技进步二等奖。随后,1991 年 4 月 7 日,中国煤矿工人北戴河疗养院与南京胸科医院合作,在谈教授等人的指导下,世界上第一例双肺同期灌洗手术成功完成。这一技术独特的纯氧正压通气、间断负压吸引方式,实现了一次麻醉完成双侧肺灌洗,是技术上的重大创新。

在临床应用中,它能有效改善尘肺患者咳嗽、咳痰、胸闷等症状,让患者呼吸更通畅。自 20 世纪 90 年代初,在国内得到广泛推广,截至 2020 年已有 12 家医院开展此项工作,社会效益和经济效益良好。而且,这一技术成果获得众多奖项认可,1993 年获煤炭部科技进步二等奖,1995 年获国家科技进步三等奖,标志着达到国际领先水平。

这一技术不仅为尘肺病患者带来希望,减轻了他们的痛苦,更体现了中国在医疗科技上的探索精神。其为尘肺病防治开辟新路径,提升职业安全与卫生标准,也为全球尘肺病治疗领域贡献了宝贵经验。

2. 思政案例育人成效 通过介绍我国"双肺同期大容量灌洗治疗煤工尘肺的临床研究"科研成果,用科学家精神影响青年、感召青年、引领青年,激发当代大学生投身科研事业的激情和自信,鼓励当代大学生勇攀世界科技高峰,将科学家精神传承下去。这一科研过程体现了严谨的临床思维,要求医生对患者的病情进行全面评估,对手术流程进行细致规划,对可能出现的风险进行充分预估,学生可以从中学习到如何在临床实践中培养严谨的思维方式。同时,通过对该案例的介绍,培养当代大学生的国家荣誉感与自豪感。

3.教学方法、教学模式

(1)课堂讲授法:向同学们讲授双肺同期大容量灌洗治疗尘肺病技术,彰显国家对健康事业的重视,弘扬我国科学家不畏困难、勇敢探索的精神,激发学生的积极探索意识,同时培养学生的国家自豪感。

(2)案例分析法:介绍实际的临床案例,如在煤炭系统医疗单位进行双肺同期大容量灌洗治疗尘肺病患者的病例。可以讲述患者在治疗前的症状(活动后气急等),经过治疗后症状显著好转,肺功能得到改善等情况,让学生从实际案例中感受该技术的有效性。

案例九　硅肺警钟长鸣,安全健康扬帆

1.课程思政融入点　游离二氧化硅粉尘与硅肺。

2010 年,贵州省施秉县恒盛有限公司发生了一起重大硅肺病事故,195 名工人被确诊为硅肺病,这一数据创下了当时企业一次性检出硅肺病人数的全省纪录,犹如一声惊雷,给我们敲响了警钟。

恒盛公司从 1999 年成立到 2004 年迅速发展,其间不仅实现了高额利税,还获得诸多荣誉,如"先进企业""诚信纳税企业"等。但在这看似辉煌的背后,却是触目惊心的职业危害。工厂内灰尘弥漫,影响周边居民生活,而工人们的防护措施却极为简陋,仅靠纱布口罩,根本无法阻挡有害粉尘。从 2006 年起,工人就出现硅肺症状,公司却未重视。这一事件的背后,暴露出诸多问题。企业方面,对职业卫生管理严重忽视,一味追求生产效益。当地政府和相关部门也未能有效监管,在经济发展过程中,忽视了对企业职业卫生安全的监督,使得环境保护与职业健康被置于脑后。

2010 年事件曝光,国家及贵州省有关部门介入后,公司停产整顿,23 名责任人受到处分,2 914 万元用于患者工伤赔付。但这些措施虽能在一定程度上弥补,却无法彻底消除对那些患病工人及其家庭的深远伤害。这一事件警示着我们,在追求经济发展的道路上,企业必须承担起社会责任,重视员工的职业健康;政府也应加强监管,平衡好经济发展、环境保护和职业健康之间的关系,莫让这样的悲剧再次发生。

2.思政案例育人成效　恒盛公司在当地成了"学习和实践科学发展观"的典型是一种讽刺。它虽然在利税方面表现不错,却是以牺牲员工健康、环境资源为代价的。让学生明白科学发展观应是全面、协调、可持续的发展,不能仅仅以经济指标来衡量,要综合考虑环境、社会、人的发展等多方面因素。同时,通过案例的介绍,教导学生理解政府在社会发展中的角色,以及责任缺失可能带来的严重后果。

3.教学方法、教学模式　案例分析法:将施秉县重大硅肺事件作为一个具体案例引入课堂讲授,可以详细阐述事件的起因、经过、结果以及影响等方面,引导学生深入剖析事件背后存在的问题,如劳动保护措施缺失、企业社会责任缺失、监管漏洞等。通过对案

例的全面分析,培养学生发现问题、分析问题和解决问题的能力。例如,在讲述过程中可以提出问题,如"在施秉县硅肺事件中,哪些环节可以提前预警并避免事件恶化?"让学生进行思考和讨论,然后总结学生的观点并给出专业的分析解答。

案例十　战高温、斗酷暑,全力"疫"赴

1. **课程思政融入点**　不良气象条件。

疫情期间,有这样一群人,他们在高温下坚守岗位,为战胜疫情默默付出,他们就是疫情防控工作人员。

高温作业对他们来说是一个严峻的挑战。炎炎烈日下,他们极易中暑,面临着各种健康威胁。但他们并没有退缩,而是积极应对。他们穿上防晒服、戴上遮阳帽,在工作的间隙及时补充水分和电解质,并且通过调整作业时间来减少高温的影响。这些工作人员坚守在核酸采样的第一线,细致地为每一个居民采集样本;在人员管控的岗位上,认真负责地确保每一个环节不出差错;还承担患者及密接人员的转运工作,在危险和高温中来回奔波。他们的责任感和使命感让他们在高温下依然坚定地履行自己的职责,他们的付出是战胜疫情不可或缺的力量。

社会各界也没有忽视他们的辛苦,社会大众为他们提供防暑降温用品和药品,并且强调合理安排倒班、轮休。同时,工作人员自身也重视个人防护,积极参加健康教育和培训,并且不断有新技术、新材料被应用到防护工作中。抗疫人员在高温下坚韧不拔的精神风貌令人钦佩。表现突出的人员受到表彰和奖励,激励着更多的人投身抗疫事业。

在科学应对和全社会的共同努力下,我们取得了疫情防控和高温作业的双重胜利。这既保障了工作人员的健康,又有效控制了疫情的传播和扩散。在这场与高温和疫情的双重抗争中,社会各界展现出了空前的团结与坚韧。每一个在烈日下坚持的身影,都是对抗逆境的生动写照。

2. **思政案例育人成效**　抗疫一线工作人员克服高温困难,奋战在抗疫一线,保障了疫情防控工作的顺利进行,体现出他们高度的责任感和使命感,为战胜疫情奠定了坚实的人力基础,这一案例能够让学生感受到无私奉献的精神内涵。同时,该案例还展现了中国医务工作者和检测人员大无畏的奉献精神以及严谨细致的工作态度,培养学生敬业爱国精神,有助于学生树立正确的职业观。

3. **教学方法、教学模式**

(1)案例分析法:可以列举疫情期间医护人员在高温天气下穿着厚重的防护服进行核酸检测、救治患者等具体案例。通过这样的案例让学生深入理解高温作业下工作人员的艰辛与伟大,以及他们为战胜疫情所做出的贡献。

(2)小组讨论法:将学生分组,抛出问题进行讨论。例如:"疫情期间高温作业的工作人员面临哪些困难? 他们是如何克服的?""作为学生,我们能从这些高温作业工作人员身上学到什么?"通过小组讨论,促使学生主动思考,互相交流观点,加深对这一主题的理解。

案例十一 夏季高温下的人文关怀

1. 课程思政融入点 不良气象条件。

在炎炎夏日,当大多数人在空调房中躲避暑热时,有许多劳动者仍坚守在高温岗位上。此时,高温津贴犹如一阵清凉的风,保障着他们的权益。夏季高温津贴是为了保障在高温环境下工作的劳动者权益而设立的。根据相关规定,企业每年6—9月安排劳动者露天工作以及不能采取有效措施将工作场所温度降低到33 ℃以下的(不含33 ℃),应当向劳动者支付夏季高温津贴。其目的是让企业的生产经营活动在高温下有序开展,更体现了对职工劳动保护的重视。不同地区、不同工种的高温津贴发放标准各有差异。像新疆、上海等地,根据本地的经济与气候状况制定标准,室外作业人员和室内高温岗位作业人员的津贴数额也不尽相同。在支付方面,由企业承担,纳入工资总额,并且不能用实物或有价证券替代。相关部门也加强监督管理,确保执行到位。高温津贴标准并非一成不变,会根据经济发展、工资增长和物价指数等因素调整,且有执行有效期。其发放对象涵盖企业、个体经济组织和民办非企业单位的职工,发放条件是从事高温岗位作业且工作场所温度未达标。同时,用人单位不能因发放津贴降低工资,还要供应清凉饮料。若未按规定发放,劳动者可投诉维权,用人单位将面临处罚。而且,高温天气下用人单位应调整工作制度,劳动者因高温工伤可享受工伤保险待遇。高温津贴从多方面守护着高温下劳动者的权益,让他们在辛苦工作时能感受到社会的关怀。

2. 思政案例育人成效 高温津贴是对额外劳动投入的一种承认,这有助于学生领会劳动价值平等的要旨,使学生意识到任何职业的劳动者均应得到尊重和平等对待。通过这一政策实例,能够让学生感受到社会制度对每位劳动者的关怀,培育学生对社会公平的追求与向往。

3. 教学方法、教学模式 案例分析法:给出一些关于企业未按规定发放高温津贴而引发劳动纠纷的案例,组织学生进行小组讨论。让学生分析企业的做法存在哪些问题,劳动者可以通过哪些途径维护自己的权益。这样可以培养学生的团队合作能力、沟通能力以及运用知识解决实际问题的能力。

案例十二 安检门下的辐射之忧

1. 课程思政融入点 非电离辐射、电离辐射。

在现代社会,安检门随处可见,当我们每次通过安检门时,或许心中都会闪过一丝疑虑:安检门的辐射会对我们的身体造成影响吗?

辐射分为电离辐射和电磁辐射两种。电离辐射具有较高的能量,能够打断生物分子的化学键,可能对人体造成伤害;而电磁辐射的能量较低,通常不会对人体造成显著伤害。安检门产生的辐射属于后者,且这种辐射量极其微小,远远低于国际安全标准的限制,对人体健康基本没有明显的影响。安检门制造商要遵守国家和国际安全标准,像我国的"GB 15210—2003通过型金属探测器门通用技术标准"规定检测,金属探测器门的磁感应强度不应超过30 μT。而且安检门需要通过权威机构检测,如公安部第三所的检测,其检测报告中的磁感应强度仅为12 μT,远低于国家标准。它就如同我们日常使用的手机辐射一样,其危害是可以忽略不计的。

对于孕妇这个特殊群体,虽然安检门的辐射作用小且接触时间短,不会对胎儿生长发育造成不利影响,但为了更加谨慎,孕妇外出过安检时可以向工作人员申请人工安检。毕竟在怀孕期间,尤其是怀孕早期,尽量避免接触任何有辐射的装置是比较好的选择。

总的来说,对于大多数人而言,安检门产生的辐射量极低,正常使用是安全的。安检门的辐射不必过度担忧,但我们也要关注特殊人群的需求,并且在安检过程中遵循正确的操作规范,这样才能在保障安全的同时,最大程度减少可能存在的风险。

2. 思政案例育人成效　对于大学生来说,了解这些信息有助于消除他们对安检门辐射的担忧,增强他们对现代科技应用的理解和信任。同时,体现教育在普及科学知识、提高公众科学素养方面的积极作用。通过讲解,学生不仅能够更好地理解安检门的工作原理和安全性,还能够在日常生活中更加理性地对待辐射问题,减少不必要的恐慌和误解。

3. 教学方法、教学模式

(1)课堂讲授法:详细讲述安检门安检原理、辐射类型、辐射强度以及国家标准规定,让学生明白安检门的辐射来源和性质。

(2)小组讨论法:给出如"安检门辐射与生活中其他电磁设备辐射的异同""如何向公众科学地解释安检门辐射不必担心"等话题,让学生分组进行讨论。每个小组派代表汇报讨论结果,教师对各小组的讨论结果进行点评,总结学生在讨论中存在的问题和正确的观点,加深学生对安检门辐射问题的理解。

案例十三　法治守护筑健康安全防线

1. 课程思政融入点　常见职业性肿瘤。

2010—2017 年,入职某电机公司的 30 万员工中有 5 人被确诊为"职业性肿瘤(苯所致白血病)"。5 名患者分布在 5 个不同的车间,属不同工种,入职年限为 2～16 年。事件发生后,市、区、街道三级卫生健康部门就此事件开展联合调查,同时积极协调,帮助患病工人进行职业病鉴定、组织捐款、协调企业工会借款解决治疗费用等。5 名患病工人依法完成工伤鉴定和社保赔付,其中 4 名进行骨髓移植的工人均获得该公司相应的医疗费用赔偿,1 名不适合骨髓移植工人的医疗费用由该公司支付。

按照职业病防治规范要求,区职业卫生监管部门应定期对该公司进行执法检查,并要求其出具职业卫生检测评价报告。2015 年 2 月、2015 年 7 月,对该公司未按规定进行职业健康检查、未建立职业卫生制度违法行为共罚款 5.5 万元;2017 年 5 月,对该公司未按规定进行职业健康检查,罚款 5 万元。经整改后,该公司已落实每年组织职业健康体检,对工作场所职业危害因素定期检测,建立化学品使用审批制度,对化学品进行成分分析,一律不能使用含苯的化学品,开展员工个人防护用品危害评估等制度和措施。

2. 思政案例育人成效　该事件警示学生在职业活动中必须重视健康与安全,强化其对企业社会责任和职业伦理的认识;同时,提高学生的法律意识和维权能力,使其明白在面对职业健康风险时应如何通过合法途径保护自身权益。

3. 教学方法、教学模式　案例教学法:详细介绍汽配厂白血病事件的背景、经过及处理结果,引导学生讨论事件发生的原因、企业的责任以及员工应如何自我保护等问题,帮助学生理解职业健康的重要性,激发他们对职业安全的关注,并培养其法律意识和独立思考的能力。

案例十四　波特医生的发现:推动扫烟囱行业监管

1. 课程思政融入点　职业性肿瘤的预防原则。

在18世纪的伦敦,很多儿童被雇佣为扫烟囱工人。他们的工作是爬进狭窄的烟囱内清除积聚的煤烟。由于当时的劳动条件恶劣,这些儿童经常处于不卫生的环境中,且没有适当的保护措施。1775年,英国医生珀西瓦尔·波特发现,在他治疗的患者中,有许多扫烟囱的儿童和成人患有阴囊癌,其发病率明显高于普通人群。经过仔细的研究,他得出结论,认为这种癌症与长期接触烟囱内的煤烟有关。他推断烟灰和烟囱焦油对睾丸皮肤的慢性刺激可能是这些患者患睾丸癌的原因。为了抑制疾病在睾丸和淋巴结的扩散,波特建议早期睾丸癌患者实施睾丸切除手术。波特医生及时报告了这项研究成果,推动了相关立法的出台,如英国在18世纪末就开始对扫烟囱行业进行监管,要求工人穿戴防护装备。到了140年后,即1914—1916年,日本病理学家通过动物诱导实验,确定了焦油和鳞状细胞癌之间的关系。

2. 思政案例育人成效　通过"波特医生发现扫烟囱工人易患阴囊癌与职业暴露有关"这一案例,凸显职业健康与安全的重要性,以及科学研究在解决社会问题中的关键作用,培养学生预防为主的公共卫生意识。

3. 教学方法、教学模式　案例教学法:在学习恶性肿瘤与职业因素的研究历史时,通过介绍波特医生如何通过细致的观察和科学分析发现扫烟囱工人阴囊癌高发与其职业暴露有关,以及该研究成果对推动相关立法的作用和对现代职业健康的启示,使学生深刻理解科学研究的社会价值,强化他们关注公共健康、维护社会正义的意识。

案例十五　实验室安全知多少

1. 课程思政融入点　职业伤害事故类型及其主要原因。

高校实验室是教学、科研的重要基地,由于实验室中不乏易爆、易燃、辐射、腐蚀、剧毒等危险品,一旦操作、管理不当极易引发事故,威胁师生的生命健康。近年来,高校实验室安全事故时有发生。教育部办公厅于2023年2月14日印发《高等学校实验室安全规范》,为进一步加强高校实验室安全工作,有效防范和消除安全隐患,最大限度减少实验室事故,保障校园安全、师生生命安全和学校财产安全。

例如,河南中医药大学始终把安全发展摆在各项工作的首位,要求全校师生提高政治站位,深刻认识实验室安全的重要性;确保安全责任逐级传导、层层压实;细化安全管理要求和危险源管控措施;持续开展实验室安全风险隐患排查整治工作,落实隐患整改闭环管理。通过开展安全知识讲座、管理人员专题培训、安全技能竞赛、应急演练、微视频创作大赛等一系列丰富多彩的活动形式,持续深化师生安全意识,切实提升师生的安全防护素养与应急处突能力,全面筑牢校园安全防线。

2. 思政案例育人成效　通过介绍实验室安全事故和预防措施,培养学生的安全意识、责任意识、规则意识和科学严谨的精神。

3.教学方法、教学模式 课堂讨论法:结合近些年学校开展的一系列实验室安全相关活动和日常实验课学习,组织学生分组讨论实验室中存在哪些危险物品,实验操作中有哪些危险行为。这些物品和行为可能会造成哪些健康危害? 可以采取哪些措施预防实验室安全事故? 通过讨论,引导学生进一步加强安全意识和责任意识,严格遵守实验室的各项规章制度,培养科学严谨的精神。

案例十六 X射线的A面和B面

1.课程思政融入点 职业有害因素的识别。

1895年,德国物理学家威廉·康拉德·伦琴发现了X射线,迅速在全球范围内引起了轰动。X射线因其穿透人体组织的能力而被立即应用于医学成像,尤其是用于诊断骨折等疾病。然而,这项技术初期使用时,由于人们对其潜在的生物效应知之甚少,几乎没有任何防护措施,人体通常直接暴露在X射线下。1896年,伦琴的学生托马斯·迪克森因频繁使用X射线设备而导致手指严重受损,最终不得不截去多个指尖。与此同时,许多早期的放射科医生也经历了不同程度的健康问题。例如,一些医生的皮肤因长时间暴露于X射线下而变得干燥、脱皮,甚至出现溃烂;还有人报告了关节疼痛、肌肉无力等症状;更有甚者,有医生最终患上了血液疾病和癌症。

这些健康问题不仅影响了医生个人的生活质量,还在一定程度上阻碍了X射线技术的健康发展。随着问题的日益严重,医学界开始重视X射线的安全使用问题,并采取了一系列措施来保护医生和患者的健康。这包括使用屏蔽材料(如铅)来减少辐射暴露,制定操作规程以使不必要的辐射暴露最小化,以及培训医务人员了解辐射防护的基本知识。此外,科学家们还对X射线的生物效应进行了深入研究,进一步揭示了其对人体细胞和组织的影响机制。通过这些努力,X射线技术的应用逐渐规范化,其在医学领域的价值得到了充分发挥。如今,X射线已经成为诊断和治疗多种疾病不可或缺的工具之一,而医生和患者的安全也因此得到了有效的保障。

2.思政案例育人成效 通过这一案例,使学生们深刻认识到科技进步与伦理道德、人类健康之间的紧密联系,在追求科技进步的同时,必须充分考虑其可能带来的负面影响,并采取有效措施加以防范,培养学生的科技伦理意识和社会责任感。

3.教学方法、教学模式

(1)情景教学法:利用视频资料、图片展示等方式再现当时的情景,使学生能够直观感受到科技发展背后的人文关怀缺失所带来的后果。同时引导学生思考如果自己身处当时的环境中,应该如何平衡科学探索与个人安全的关系。

(2)小组讨论法:设置小组讨论环节,让学生围绕"科技进步与伦理责任"这一主题展开讨论,激发学生的兴趣,并促使他们主动探索相关议题。

案例十七 员工幸福感铸就胖东来传奇

1.课程思政融入点 工作场所健康促进。

胖东来是一家总部位于河南许昌的零售企业,以其卓越的员工福利待遇和良好的工作环境而广受赞誉。在2023年,胖东来实现营收107亿,净利润1.4亿,而其门店数量相对较少,这一成就很大程度上得益于其以人为本的企业文化和对员工健康的重视。例如,胖东来实行7小时工作制,并设有固定的周二闭店休息日,而且每年固定在除夕至初四放假,全体员工都可以休至少5天的年假;员工生病可在公司职工诊所免费看病,药品只按成本价收费,员工家属享受同样待遇;打造员工健身娱乐、学习休闲场所,让员工工作之余"跑、跳、按、打、看",极大地丰富了员工的业余生活;公司内部设立了员工委屈奖,凡是在正常工作中受到顾客或供货商辱骂、侮辱的员工,只要属实,便最少可以领取5000元的"委屈补贴";公司每月还为女性员工免费提供一次女性卫生用品。胖东来通过一系列措施,不仅提高了员工的工作满意度和忠诚度,还促进了工作场所的健康和谐,为企业的可持续发展奠定了坚实基础。

2. 思政案例育人成效　通过胖东来案例,使学生认识到工作场所健康促进的重要性,激发他们在未来工作中积极倡导和实践健康工作环境的责任感与使命感,培养具有社会责任感、人文关怀和职业素养的复合型人才。

3. 教学方法、教学模式　案例分析法:将胖东来的案例以图片、视频等形式展示给学生,引导学生分析其在员工福利待遇和工作场所健康促进方面的具体措施和成效,帮助学生理解以人为本的企业文化的重要性。

第五章
环境卫生学

▨▨▨▨ **课程简介** ▨▨▨▨

环境卫生学是研究自然环境和生活环境与人群健康的关系,揭示环境因素对人群健康影响的发生、发展规律,为充分利用环境有益因素和控制环境有害因素提出卫生要求和预防对策,增进人体健康,维护和提高人群健康水平的学科。环境卫生学课程主要包括环境卫生学的研究内容、环境污染的基础理论知识、环境研究工作中常用的方法,大气圈、水圈、土壤岩石圈、生活居住环境与人群健康关系以及环境质量评价等。本课程全面落实立德树人根本任务,积极推进"三全育人"综合改革,引导学生树立正确的世界观、人生观、价值观,培养学生从事环境卫生的实际工作能力,养成良好的职业素养和创新精神。

【教学目标】

(一)知识目标

1. 掌握不同环境介质、生活居住环境对人群健康的影响。

2. 熟悉环境研究工作中常用的方法、环境因素对人群健康影响的作用机制。

3. 了解国内外环境卫生学发展情况、环境卫生工作的监督和管理。

(二)能力目标

1. 能正确分析环境污染事件,采取相应的卫生调查和监测。

2. 能在充分调查和监测的基础上提出有效的预防和控制措施。

3. 能依据获得的数据资料进行环境质量评价。

4. 能持续关注环境卫生领域的新技能、新方法和新成果。

5. 在关注环境卫生领域的新技能、新方法和新成果过程中具备一定的创新科研能力。

(三)情感目标(思政目标)

1. 引导学生树立正确的世界观、人生观、价值观,坚持"以人为本"的理念。

2. 引导学生热爱预防医学专业,明确预防医学专业的责任与使命,养成良好的职业素质。

3. 引导学生牢固树立生态文明理念和可持续发展理念,形成自觉保护生态环境的良好风尚;热爱祖国,具有家国情怀。

4. 培养学生严谨的科学精神和敢为人先的创新精神。

5. 培养学生思辨、分析和解决问题的能力。

【课程思政教学资源计划表】

环境卫生学课程思政教学资源计划见表5-1。

表5-1 环境卫生学课程思政教学资源计划

章名	课程思政融入点	思政目标	案例资源	教育方法和载体途径
第二章 环境与健康的关系	人与环境的辩证统一关系	正确三观 职业素养 批判性思维 科学精神	生命的价值	启发式教学法 课堂讨论法
	环境改变与机体反应的基本特征		"冰山现象"的启示	启发式教学法 课堂讨论法
	环境污染与健康		反应停事件的启示	案例教学法 启发式教学法
第三章 大气卫生	大气中主要污染物对人体健康的影响	科研思维 思辨能力 家国情怀 可持续发展 专业认同感	雾霾天运动的利弊辨	案例教学法 课堂讨论法
	大气污染控制措施		有一种蓝叫"北京蓝"	课堂讨论法 课堂讲授法
第四章 水体卫生	水体的污染源和污染物	科学发展观 生态文明理念 辩证思维 专业自信 可持续发展	淮河水污染与治理	案例教学法
	水体的自净、转归和污染物转归		企鹅体内的DDT	启发式教学 课堂讨论法 课堂讲授法

续表 5-1

章名	课程思政融入点	思政目标	案例资源	教育方法和载体途径
第五章　饮用水卫生	饮用水的卫生学意义	制度优越性 以人为本 奉献精神 创新精神 科研思维	一"漕"飞架，让远水解近渴——南水北调工程	课堂讨论法
	生活饮用水标准及用水量标准		标准中的变与不变	课堂讲授法
第六章　土壤卫生	粪便无害化处理和利用	以人为本 专业自信 社会责任心 可持续发展 社会公德心 创新精神	小厕所改善大民生	课堂讨论法 课堂讲授法
	城市垃圾无害化处理和利用		分类回收两开花，莫使垃圾走错家	课堂讨论法 情景模拟法 案例教学法
第七章　生物地球化学性疾病	我国地方病防控治	爱国意识 家国情怀	我国地方病防控治十年成长史	课堂讲授法 比较教学法
第十一章　城乡规划卫生	城市规划卫生	家国情怀 生态保护	我是郑州，请叫我"国家生态园林城市"	课堂讲授法 比较教学法
第十二章　环境质量评价	环境质量现状评价	职业素养 科学精神 创新精神	姚志麒指数法——I_1大气质量指数	课堂讲授法
第十三章　家用化学品卫生	家用化学品的卫生监督与管理	职业素养 科学精神	婴儿爽身粉致癌事件的启示	课堂讲授法 启发式教学法

注：教学内容参照杨克敌.环境卫生学.8版.北京:人民卫生出版社,2017.

案例一　生命的价值

1.课程思政融入点　人与环境的辩证统一关系。

人体通过新陈代谢与外界环境不断地进行着物质交换和能量流动,使得机体的结构组分与环境的物质成分保持着动态平衡。人死后,焚烧骨骼形成的灰和磷灰石很相近,有机质全部燃烧,剩下的成分就是无机质,主要元素成分为钙、磷、氧、碳,即磷酸钙。

人与其他动物的骨灰本质上没有太大区别,因此骨灰的第一个用途就是作为无机肥料的合成物,是化肥中磷的主要原材料,滋养植物。除此之外,人体含有18%的碳,火化后的骨灰含有2%的碳,可采用HPHT改良技术合成宝石级金刚石(钻石),从而实现让最亲爱的人"真正永垂不朽"的目的,由于这种"钻石"可随身携带,因此可用来制成"首饰",是将思念实质化的一种体现。

2.思政案例育人成效　引入骨灰的例子,使学生在理解人与环境在物质上统一性的同时,深入思考生命的意义,从而树立正确的世界观、人生观和价值观。

3.教学方法、教学模式

(1)启发式教学法:引入骨灰的例子,询问学生骨灰含有什么成分,有什么用途。学生认真思考积极作答,教师依据学生回答的内容,继续展开深入讲解,使学生充分理解人与环境在物质上的统一性。

(2)课堂讨论法:讲述完骨灰的例子,总结出一句话:人这一辈子生不带来死不带去。询问学生现在青年群体中滋生"佛系"思想,大家如何看待?学生自由讨论,给出自己的观点,教师进行引导,使学生树立正确的世界观、人生观和价值观。

案例二　"冰山现象"的启示

1.课程思政融入点　环境改变与机体反应的基本特征。

提到冰山,人们很容易想到泰坦尼克号。泰坦尼克号,又译为铁达尼号,是英国白星航运公司下辖的一艘奥林匹克级游轮,是当时世界上体积最大、内部设施最豪华的客运轮船,被誉为"永不沉没"。1912年4月10日,它开始了自己的处女航行,从英国南安普敦出发,途经法国瑟堡-奥克特维尔以及爱尔兰昆士敦,驶向美国纽约。

在4月14日23时40分左右,泰坦尼克号与一座冰山相撞,造成右舷船艏至船中部破裂,五间水密舱进水。次日凌晨2时20分左右,泰坦尼克船体断裂成两截后沉入大西洋底3 700 m处。2 224名船员及乘客中,1 517人丧生,其中仅333具罹难者遗体被寻回。泰坦尼克号会撞上冰山,有报道称可能是因为船长在事故发生前饮酒,并且瞭望员没有及时看见北极冰山,导致没有足够的时间避开冰山。

2.思政案例育人成效　结合泰坦尼克号,引出冰山,学生脑海中呈现冰山全貌,与讲述的"健康效应谱"进行对比,增强学生责任感和使命感,提升职业素养。

3.教学方法、教学模式

(1)启发式教学法:引入泰坦尼克号,询问学生瞭望员发现前方有冰山,为什么已经来不及避让。学生认真思考,得出原因是海平面以下的冰山体积庞大,泰坦尼克号船体本身也大,已经没有办法避开撞击。学生对冰山全貌有了深刻的认识。

(2)课堂讨论法:"冰山现象"与"健康效应谱"进行对比,学生讨论预防工作者主要服务什么群体,可以做哪些工作。通过讨论,增强学生责任感和使命感,提升职业素养。

案例三　反应停事件的启示

1.课程思政融入点　环境污染与健康。

反应停事件发生在20世纪60年代,当时德国研究者发现该药物具有良好的镇静催眠作用,对孕妇有很好的抑制妊娠反应即抑制呕吐症状,并在老鼠、兔子和狗的动物实验中没有发现明显副作用,于1957年10月正式将其推向市场。

反应停在欧洲、亚洲、非洲和澳洲等地区进行销售,但1960年,欧洲的医生开始发现本地区畸形婴儿的出生率明显上升,表现为四肢畸形、腭裂和内脏畸形等。这种四肢短小的婴儿形如海豹,因此又称为"海豹畸形儿"。1961 年,澳大利亚产科医生威廉·麦克布里德在著名医学杂志《柳叶刀》上发表一篇报道:认为经他医治的 4 名海豹畸形患儿与他们的母亲在怀孕期间服用过反应停有关。此后又出现很多反应停致畸的临床报道,德国公司不得不于 1961 年 11 月召回反应停。至此,由于服用该药物而产生了 12 000 多名海豹畸形儿。

2. 思政案例育人成效 结合反应停事件,引出该事件的功臣——威廉·麦克布里德。学生对他肃然起敬,因为他敢于质疑的同时使用证据说话。从而培养学生的批判性思维和科学精神。

3. 教学方法、教学模式

(1)案例教学法:学生通过观看反应停事件视频,深刻认识到有些药物可以使人类发生严重致畸危害,药物上市前一定要做人体临床试验。

(2)启发式教学法:询问学生反应停事件中,我们应该感谢谁,原因是什么。教师对学生进行引导,并继续询问"我们从威廉·麦克布里德身上学到了什么?"学生积极回答,从而培养其批判性思维和科学精神。

案例四 雾霾天运动的利弊辨

1. 课程思政融入点 大气中主要污染物对人体健康的影响。

在"颗粒物"这一节中提到,运动会使呼吸加深加快,大大提高颗粒物在肺内的沉积。体育锻炼对人体健康有益,而吸入过量的颗粒物对健康有害。人们在雾霾天运动时,对健康是弊大于利还是利大于弊呢? 为回答这一问题,引入顶级期刊 *European Heart Journal* 中"Association of the combined effects of air pollution and changes in physical activity with cardiovascular disease in young adults" 一文的研究结果。该研究表明,在中/低颗粒物污染水平下,随着体力活动水平的增加,年轻人心血管疾病发生风险逐渐降低;而在高颗粒物污染水平下,随体力活动水平的增加,年轻人心血管疾病发生风险先降低后增加。这提示,颗粒物暴露和运动水平之间存在较为复杂的联合效应,人们应当避免在高污染天气下进行高强度运动。此外,还可以提供其他相关论文,鼓励学生课后进行拓展阅读,进一步加深对该问题的思考和理解。

2. 思政案例育人成效 学生通过对顶级期刊中最新研究成果的分析和解读,学习科研设计的思路,理解联合效应的复杂性,训练对复杂现象的归纳、总结和表述能力,锻炼思辨思维,激发进一步探索的动力。

3. 教学方法、教学模式

(1)案例教学法:以最新的研究成果为案例,培养学生分析问题,解决问题和进一步提出问题的能力。

(2)课堂讨论法:组织学生对研究成果的规律进行讨论,分析在不同颗粒物暴露水平下,随着运动量的增加健康风险的变化。通过课堂讨论,加深学生对问题的理解,引导学生主动投入凝练观点、发表见解、总结规律。

案例五　有一种蓝叫"北京蓝"

1. 课程思政融入点　大气污染控制措施。

北京作为中国的首都,由于城市规模庞大以及冬季供暖、工业活动、交通排放等,曾经面临严重的空气污染问题,雾霾天气频繁出现,这不仅影响了市民的日常生活质量,还对人们的健康构成了威胁。面对大气污染的严峻形势,2013 年国务院发布《大气污染防治行动计划》,北京市紧随其后发布了《北京市 2013—2017 年清洁空气行动计划》。此后,北京市通过加强空气质量监测,开展污染物溯源,发展清洁能源,严格车辆排放管理,强化扬尘治理等多项举措,成功将本市 $PM_{2.5}$ 年平均浓度从 2013 年的 89.5 $\mu g/m^3$ 降低至 2023 年的 32 $\mu g/m^3$,一微克一微克"抠"出北京蓝天。经过多年的努力,曾经难得一见的"奥运蓝""阅兵蓝""APEC 蓝",如今正逐渐成为常态的"北京蓝"。

2. 思政案例育人成效　通过讨论"北京蓝"现象,让学生认识到国家对环境治理的决心,意识到环境保护的重要性,树立可持续发展理念,理解专业学习的重要性,培养专业认同感。

3. 教学方法、教学模式

(1)课堂讨论法:首先展示北京市民邹毅从 2013 年起,坚持十年每天拍摄的北京天空照片,让学生直观感受到从"雾霾灰"到"常态蓝"的大气质量提升。接着,引导学生结合身边事例,如机动车限号、新能源汽车崛起、"煤改气、煤改电"、建筑防尘网等,讨论"北京蓝"出现的原因。一方面,培养学生的发散思维,提高课堂活跃度;另一方面,让学生认识到我国对环境保护的重视,坚持走可持续发展路线,全面谋划和推进生态环境保护工作。

(2)课堂讲授法:教师介绍新技术、新方法在大气污染监测中的应用,如污染溯源分析、个体暴露预测等,激发学生进一步探索的兴趣,加强专业认同感。

案例六　淮河水污染与治理

1. 课程思政融入点　水体的污染源和污染物。

淮河起源于河南省桐柏县与湖北省随县淮河镇的交界处,流经河南、湖北、安徽、江苏及山东 5 省、34 地(市)、182 县(市),是我国七大水系之一。受气象因素和地理因素影响,历史上淮河旱涝灾害频发,严重威胁淮河流域人民的生命和财产安全。为解决这一问题,20 世纪 60 年代前后,政府在河流中上游修建了大量闸坝。自 1979 年改革开放以来,随着沿岸工农业生产的快速发展,大量污水进入河流。而淮河上修建的闸坝阻断了河流上游污染负荷与下游水体的自然联系,切断了河流的清水补给,降低了水流速度,大量污水、泥沙及营养物质滞留在水体,各种污染物在闸坝前聚集形成污染团。在汛期,当河流开闸泄洪时,蓄积于河道的污染团集中下泄,污染下游水体,导致多次重污染事故。如 2004 年 7 月中旬,淮河支流普降暴雨,5.4 亿吨高浓度污水下泄形成长达 140 km 的污染带,严重破坏流域生态环境,威胁沿岸人群健康。自 2006 年,随着环境保护意识的加强和经济结构的调整,国家层面和流域所在地方政府加大了淮河治理力度,通过颁布法规,建立跨部门水环境保护协作机制,创新治理模式,研发污染控制技术,开展生态修复等多方面努力,流域内劣Ⅴ类水质占比明显下降,而优良水质(Ⅰ~Ⅲ类)占比逐渐上升。

2. 思政案例育人成效 使学生认识到以牺牲环境为代价的经济发展方式是短视的,是本末倒置的,是代价极大的。在发展过程中必须采取科学的理念,遵循自然规律,维护生态平衡。

3. 教学方法、教学模式 案例教学法:引入"淮河水污染与治理"案例,揭示传统发展模式的弊端,强调转变发展方式、走可持续发展道路的重要性,引导学生树立科学发展观,倡导生态文明理念,促进人与自然和谐共生。

案例七 企鹅体内的DDT

1. 课程思政融入点 水体的自净、转归和污染物转归。

DDT(全称是二氯二苯三氯乙烷)是一种有机化合物,自20世纪50年代曾作为一种广谱杀虫剂被广泛应用,来控制蚊子传播的疟疾和其他疾病,挽救了无数生命。然而,DDT化学性质稳定,不易被降解,且具有较好的脂溶性,一旦被动物机体吸收,易在体内产生蓄积。在食物链上,当高位营养级生物吃掉含有DDT的低位营养级生物时,DDT就会在前者体内进一步积累。这种累积效应在食物链中逐层放大,导致处于食物链顶层的捕食者体内DDT的浓度远远高于环境中的原始浓度。此外,DDT还可通过大气和水体进行远距离迁移。既往研究表明,南极企鹅体内DDT从20世纪60年代的44 ng/g增加到20世纪80年代中期的171 ng/g;尽管自70年代开始,许多国家和地区逐步禁止或严格限制了DDT的使用,但当前南极企鹅体内的DDT含量仍然达到101 ng/g。DDT会增加人群胰腺癌、乳腺癌等癌症的发生风险,干扰内分泌功能,引起神经、生殖等系统的疾病。

2. 思政案例育人成效 培养学生的辩证思维,认识事物的一体两面性;使学生认识到对环境化学物进行持续的监测和毒理学评价的重要意义,培养专业认同感;揭示环境问题的长远性和复杂性,强调了可持续发展的重要性。

3. 教学方法、教学模式

(1)启发式教学法:展示食物链上各营养级生物体内DDT浓度的图片,请学生总结随营养级增高,DDT浓度的变化规律,以加深对生物富集和生物放大概念的理解。

(2)课堂讨论、讲授法:引入南极企鹅体内DDT含量的研究结果,请学生分析讨论南极企鹅体内DDT的来源,回顾和应用"环境物质的迁移及其影响"这一知识点;在此基础上,教师进一步介绍DDT的使用历史、使用现状及健康危害。通过讨论和讲授,加深对知识点的理解,拓宽知识范围,同时培养学生的辩证思维、专业自信和可持续发展意识。

案例八 一"漕"飞架,让远水解近渴——南水北调工程

1. 课程思政融入点 饮用水的卫生学意义。

我国水资源整体呈现"南多北少"的自然分布特点,这一状况严重制约了北方地区的社会经济高质量发展,并导致了一系列生态环境问题。为应对这种局面,中国政府决定实施南水北调工程,将长江流域丰富的水资源调配至华北及西北地区。该工程由东线、中线和西线三大部分组成。其中,中线工程直接从长江最大支流汉江上的丹江口水库取

水,通过人工渠道输送,重点解决沿线河南、河北、天津、北京4省市的水资源短缺问题,促进了区域间的平衡发展,推动了生态文明建设,提高了人民生活质量。以郑州市为例,中线工程通水至今,已向该市累计供水超53.6亿立方米,成为主要水源。为了扩大丹江口水库的蓄水量,确保南水北调中线工程的有效运作,河南省南阳市16.5万居民搬离了世代居住的土地,迁往其他地方,谱写了"顾全大局,以人为本,负重拼搏,团结协作"的南阳移民精神。同时,作为全世界最大的调水工程,南水北调工程在建设中还取得了大量的新产品、新材料、新工艺、新装置等科技成果。

2. **思政案例育人成效** 南水北调这一举世瞩目的调水工程,体现了"集中力量办大事"的制度优越性以及国家层面的战略决策与执行能力;体现了中国政府以人民为中心的发展思想和库区移民"舍小家,为大家"的奉献精神;体现了中国在科技进步和工程技术领域的成就,国家对科技创新的支持和重视。

3. **教学方法、教学模式** 课堂讨论法:由"水源选择的原则"这一知识点切入,提出问题如"郑州市的饮用水水源有哪些?"进而引出南水北调工程。接着,教师引导学生结合前述知识点讨论南水北调工程建设的原因、意义和存在的困难。

案例九 标准中的变与不变

1. **课程思政融入点** 生活饮用水标准及用水量标准。

2022年,我国发布新一版《生活饮用水卫生标准》(GB5749—2022),用以指导饮用水的生产和卫生监督管理,旨在适应新时代背景下饮用水安全的新要求,进一步保障公众健康。相较于2006年发布的标准,新版标准对多项监测指标进行了调整,包括指标的添加和删除、指标名称的更改、指标限值的更改等。值得注意的是,氯化消毒副产物相关的6项监测指标由扩展指标改为常规指标,这意味着相关污染物的监测频率增加。氯化消毒副产物(DBP)是饮用水处理过程中氯化消毒剂和水中有机前体物反应生成的一类物质。目前,饮用水中可被鉴定的DBP已超过700种,其中三卤甲烷和卤乙酸类DBP含量最高。近年来,越来越多的流行病学研究表明,人体长期暴露于DBP可能会提高膀胱癌、直肠癌、早产、流产及出生缺陷等不良健康效应发生风险,亟需加强对此类物质的调控。对此,在新版标准中做出了相应调整。

2. **思政案例育人成效** 通过分析新旧两版《生活饮用水卫生标准》中监测指标的变化及相关原因,培养学生深入思考的能力,由知其然到知其所以然,同时也让学生切实体会到科学发展对于提高公共卫生安全,满足人民群众日益增长的美好生活需求的重要性。

3. **教学方法、教学模式** 课堂讲授法:展示新旧两版《生活饮用水卫生标准》的差别,引导学生思考监测指标变化的原因,培养学生主动思考、独立思考和深入思考的能力,认识到环境卫生学发展对环境卫生工作的促进作用。随后聚焦到常规监测指标中新增的DBP相关指标,由教师介绍此类物质的最新研究进展,提高课堂深度,拓宽学生视野。

案例十 小厕所改善大民生

1.课程思政融入点 粪便无害化处理和利用。

厕所是衡量一个国家或地区发展水平和文明程度的重要标志。我国农村传统旱厕卫生条件差,容易孳生蚊虫,引发传染病或寄生虫病;粪便管理不当也会使大量有机物及营养元素,如氮、磷、钾等进入水体,破坏生态环境;同时,厕所环境也是体现城乡差距的关键。因此,改善农村厕所环境面貌,解决农村卫生问题,减少水环境污染状况,对于改善农民生活品质的重要性不言而喻。2010年,中国启动了以乡村改厕为重点的全国城乡环境卫生整治行动;2018年,国家发布了《关于推进农村"厕所革命"专项行动的指导意见》,将厕所改革作为乡村振兴战略的一项具体工作来推进;2021年12月,国家相关部门在五年行动方案中指出,要扎实推进厕所革命,全面推进农村人居环境整治,扭转农村长期以来存在的脏乱差局面。经过多年努力,通过加强顶层设计,因地制宜推广不同类型无害化厕所,改进粪污无害化处理工艺,建立厕所改造标准体系及重要标准规范,截至2020年,农村无害化卫生厕所的普及率达到68%以上。

2.思政案例育人成效 通过讲述我国农村厕所改革,体现政府重视民生问题,关注人民群众的基本生活需求,贯彻落实以人为本的发展理念;培养学生的专业自信心和社会责任心。

3.教学方法、教学模式

(1)课堂讨论法:引导学生思考和讨论厕所卫生对人群健康、居住环境及生态环境的负面影响;近些年,自身周围厕所发生的变化;对于厕所改革的想法和建议。通过讨论,使学生认识到提高厕所卫生的意义,切身感受到公共卫生环境的不断提高,从专业角度积极为公共卫生事业的发展建言献策,提高学生的专业认同感和社会责任心。

(2)课堂讲授法:教师介绍中国厕所革命的历史,当前取得的成效及今后发展的方向,使学生了解我国对改善基层民生,缩小城乡差距,推进乡村振兴,贯彻落实以人为本的发展理念。

案例十一 分类回收两开花,莫使垃圾走错家

1.课程思政融入点 城市垃圾无害化处理和利用。

杭州市余杭区东湖街道采用"生活垃圾智能监管系统"助力垃圾分类回收。街道小区每户申领垃圾袋,在投放垃圾时要先扫描垃圾袋上的二维码,再称重、拍照,待人工检查后,垃圾才能扔到垃圾桶。同时所拍照片被传入系统后台,工作人员根据投放分类情况给投放垃圾的居民评分。所获积分可以兑换生活用品,包括肥皂、洗洁精、食用油等。居民如果经常被评定为低分,工作人员还会上门对其进行宣教、劝导。自2018年开始实行垃圾分类,该街道各小区垃圾分类正确率达到92%。而社区产生的垃圾会被集中运送到处置点进行进一步分拣,针对不同类型垃圾采用不同处理方法,以减少环境污染,提高资源利用效率。

2.思政案例育人成效 介绍垃圾分类回收典型案例,使学生认识到"没有垃圾,只有放错位置的资源",树立可持续发展理念,培养社会公德感和责任心,增强对新技术和新

方法、新理念的兴趣。

3.教学方法、教学模式

（1）课堂讨论法：组织学生结合既往章节知识点讨论垃圾处理不当会对生态环境和人群健康造成哪些不利影响,使学生认识到垃圾分类回收对于生态文明建设和可持续发展的重要性。

（2）情景模拟法：给出生活中常见的垃圾,请同学们对垃圾进行分类,并丢弃到相应的垃圾桶中。在课堂互动中,为学生普及垃圾分类知识,介绍辅助垃圾分类的小程序和APP,同时培养学生的社会公德心和责任感,点滴小事从自身做起,营造良好生活环境。

（3）案例教学法：通过播放视频为学生介绍东湖街道垃圾分类回收案例,使学生认识到互联网、大数据等新技术、新方法在提高垃圾分类回收效率,保护生态环境中发挥的重要作用。

案例十二　我国地方病防控治十年成长史

1.课程思政融入点　我国地方病防控治概述。

国家卫生健康委员会2022年9月16日在北京召开新闻发布会,介绍党的十八大以来地方病防控工作进展成效。一是防控工作机制不断完善,国家先后出台了“十二五”“十三五”全国地方病防治规划,2018—2020年,国家十部门联合实施地方病防治专项三年攻坚行动。二是实现了重点地方病控制消除阶段性目标。截至2021年底,全国2 799个碘缺乏病县、379个大骨节病病区县、330个克山病病区县、171个燃煤污染型氟中毒病区县、12个燃煤污染型砷中毒病区县、122个饮水型砷中毒病区县或高砷区县均达到控制或消除标准,达标率均为百分之百。三是地方病监测体系不断健全。四是防病扶贫与脱贫攻坚任务同步完成。将贫困地方病患者纳入低保、评残等社会保障制度,实施手术治疗补贴、药物治疗免费政策,现地方病患者全部建档立卡和应治尽治,病区家庭摆脱了因病致贫、因病返贫的状态。五是防治能力和科技防病水平不断提升。六是形成了地方病防治的“中国经验”。我国将地方病防治工作与乡村振兴战略和脱贫攻坚紧密结合,坚持预防为主、防治结合、分类指导、分省推进、综合施策、目标管理的地方病防治工作策略,并切实做好地方病的“防”“控”“治”工作,为推进实现健康中国行动提出的“到2030年,地方病不再成为危害人民健康的重点问题”这一规划目标而不懈努力。

2.思政案例育人成效　讲述党的十八大以来地方病防控工作进展成效,学生深刻感受到国家对地方病防控工作的重视,国家技术能力的提升,增强学生爱国意识和家国情怀。

3.教学方法、教学模式

（1）课堂讲授法：使用网页截图讲述党的十八大以来地方病防控工作进展成效,使学生了解目前中国地方病防治工作现状。

（2）比较教学法：在讲述党的十八大以来地方病防控工作进展成效时,与开始时讲述的地方病类型和患者图片进行对比,使学生深刻感受到国家对地方病防控工作的重视,国家技术能力的提升,增强学生爱国意识和家国情怀。

案例十三　我是郑州,请叫我"国家生态园林城市"

1.课程思政融入点　城乡规划卫生。

2020年6月30日下午,在河南省城市园林绿化规划设计建设现场会上,郑州获颁"国家生态园林城市"奖牌。至此,经过多年不懈努力,郑州市国家生态园林城市创建梦圆,成为长江以北地区首个获此殊荣的省会城市!

郑州从一座只有77棵行道树的"风沙城"起步,大力开展城市外围植树造林和中心城区园林绿化工作,上世纪80年代被誉为"绿城",2006年创建成国家园林城市,到现已建成1 785亩园博园、万亩龙湖生态文化公园、3 200亩象湖生态湿地公园、2 800亩龙子湖植物公园、南水北调带状生态文化公园,以及南环公园、西流湖公园、雕塑公园等大型综合性公园,打造了全长3 588公里、遍布全市的绿道网络系统。国家生态园林城市是国家园林城市的升级版,是国家园林城市的最高级阶段。

2.思政案例育人成效　引入郑州获批"国家生态园林城市"事件,增强学生自豪感,增强学生家国情怀同时引导学生保护环境,形成自觉保护生态环境的良好风尚。

3.教学方法、教学模式

(1)课堂讲授法:使用网页截图和郑州市标志性绿色地标讲述郑州获批"国家生态园林城市"事件,让学生获得视觉美感体验的同时,产生强烈的自豪感。

(2)比较教学法:在讲述郑州获批"国家生态园林城市"事件时,与20世纪六七十年代郑州老照片进行对比,增强学生家国情怀的同时引导学生保护环境,形成自觉保护生态环境的良好风尚。

案例十四　姚志麒指数法——I_1大气质量指数

1.课程思政融入点　环境质量现状评价。

姚志麒生于1926年,上海市人,教授、研究生导师。1949年毕业于上海交通大学工学院,获工学学士学位。1950年起在原上海医学院公共卫生科任教,主要从事大气、水环境质量研究。在1979年首次以发表论文形式建议使用I_1大气质量指数评价环境质量,详细列出推导原理和具体计算公式,为我国乃至全球环境质量评价作出了重要贡献。

姚志麒教授1991年底退休。曾兼任卫生部医药卫生重大科研成果评审委员会委员,高等院校预防医学专业教材评审委员会(第1,2届)副主任委员,医院污水消毒处理咨询委员会副主任委员,原中央爱卫会"国际饮水十年:农村改水贷款项目"技术顾问,中国环境卫生学会理事,中华预防医学会卫生工程分会副主任委员,上海市建委科技委员会委员,美国马萨诸塞州立大学访问教授。于2016年1月30日逝世,享年89岁。

2.思政案例育人成效　引入姚志麒教授生平介绍,重点突出姚志麒教授在环境质量评价领域的成就。让学生深刻认识到每个人在工作中要勇于钻研、发挥自己专业所长,为国家贡献自己一份力。增强学生职业素养,培养学生的科学精神和创新精神。

3.教学方法、教学模式　课堂讲授法:讲述I_1大气质量指数时,以配图的方式引入姚志麒教授生平介绍,提出姚志麒教授在环境质量评价领域的贡献,增强学生职业素养,培养学生科学精神和创新精神。

案例十五　婴儿爽身粉致癌事件的启示

1. **课程思政融入点**　家用化学品的卫生监督与管理。

美国强生是世界上规模最大的医疗卫生保健品及消费者护理产品公司,旗下拥有强生婴儿、露得清、可伶可俐、娇爽、邦迪、达克宁、泰诺等众多知名品牌,其婴儿爽身粉是其最畅销的产品之一。然而,自 2011 年以来,该公司就因为其婴儿爽身粉涉嫌致癌而被卷入了一场漫长的法律战。其中赔偿金额最大的一次是 2018 年 7 月,当时美国密苏里州法院陪审团裁定 22 名女性对强生婴儿爽身粉造成她们患卵巢癌的指控有效,责令强生赔偿 46.9 亿美元,包括 5.5 亿美元补偿性损害赔偿,以及 41.4 亿美元惩罚性损害赔偿。此后赔偿金有所下调,从原来的 46.9 亿美元(约合 312.1 亿元人民币)下调至 21.2 亿美元(约合 141 亿元人民币)。

美国强生公司面临的大多数诉讼都涉及滑石粉本身引起卵巢癌的说法。国际癌症研究机构(IARC)将爽身粉归类为"如在女性生殖器区域使用,则有可能致癌的物质",但是美国强生公司并没有在自己产品上添加类似标识。除此之外,2018 年裁定的 22 名女性认为美国强生公司滑石粉产品(包括强生婴儿爽身粉)包含石棉,国际癌症研究机构(IARC)将石棉归为致癌物,但是该公司否认此指控。美国强生公司仍面临多起类似诉讼,直到 2024 年 6 月 11 日,该公司同意支付 7 亿美元(约合人民币 51 亿元),与美国 42 个州及首都华盛顿哥伦比亚特区,就其婴儿爽身粉等产品涉嫌含有致癌成分的相关指控达成和解。并于 2023 年在全球范围内停止销售含有滑石粉的婴儿爽身粉。

2. **思政案例育人成效**　引入"强生婴儿爽身粉致癌事件",向学生清晰介绍该事件的始末,使学生深刻认识到化妆品也能对人体产生致癌损害,敲响心中警钟,重视化妆品的监管,重视科学研究,从而提高自身职业素养和培养科学精神。

3. **教学方法、教学模式**

(1)课堂讲授法:结合图片讲述"强生婴儿爽身粉致癌事件",使学生了解该事件的发展过程,使其认识到化妆品监管的重要性,以提高自身职业素养。

(2)启发式教学法:讲述"强生婴儿爽身粉致癌事件"时,询问学生:"研究数据显示,强生婴儿爽身粉的什么成分与卵巢癌有一定关系?"学生通过查询获得结果,从中认识到只有依据科学研究结果才能下结论,培养自身的科学精神。

第六章
临床营养学

■□□□□ 课程简介 □□□□■

　　临床营养学是一门研究营养与疾病的关系,并根据患者的心理、生理、代谢特征及疾病的病理特点将营养学知识用于疾病治疗,以增强机体抵抗力,促进康复的学科。这门学科不仅关注营养素的摄入,如蛋白质、脂类、糖类、维生素、矿物质和水等,还强调合理膳食的重要性,以及医院膳食和营养支持的原则。临床营养学的研究内容包括各系统常见疾病患者的营养相关因素、营养治疗的原则,以及诊断和试验用的特殊膳食。通过学习本课程,学生能够掌握营养学基础的基本内容,临床营养学的基本理论、基本知识和基本技能。不仅要解决营养性疾病,同时还要解决其他各系统疾病状态下的营养问题,即通过合理膳食和营养支持,以达到对疾病辅助治疗,促进康复的目的。通过该课程,培养学生良好的职业道德、严谨的科学态度和工作作风,加强学生的社会责任感。

■【教学目标】

（一）知识目标

1.掌握膳食营养素的基本知识和合理营养的要求,能指导各类人群的营养需求和食物选择;掌握不同病理情况下患者的营养治疗原则。

2.熟悉不同病理情况下各营养素的代谢特点。

3.了解各类疾病的病因和临床表现。

（二）能力目标

1.能够根据营养学基础知识,建立营养、食品与健康的关系,树立大健康观。

2.能够灵活运用膳食指南、平衡膳食宝塔等原理,为患者营养状况改善和促进疾病康复服务。

3.能够根据患者特点选择合理的营养风险筛查方法、医院膳食和营养支持手段,对患者进行营养治疗。

（三）情感目标（思政目标）

1. 树立学生的职业自信和自豪感，培养学生良好的职业道德。

2. 培养学生严谨求实的科学态度和工作作风，增强学生的责任意识和担当精神。

3. 厚植学生爱国情怀，增强文化自信，培养学生的社会责任感。

【课程思政教学资源计划表】

临床营养学课程思政教学资源计划见表6-1。

表6-1　临床营养学课程思政教学资源计划

章名	课程思政融入点	思政目标	案例资源	教育方法和载体途径
第一章 膳食成分与能量	临床营养学课程地位和基本任务	家国情怀 职业素养 创新驱动 科技强国 科学素养 辩证思维	健康中国，营养先行	课堂讨论法 启发式教学法
	食用油脂的作用		大国粮仓，油脂飘香	视频播放法 课堂讲授法
	富铁的主要食物来源		科学补铁，预防贫血	课堂讲授法 小组讨论法
第三章 各类食物的营养价值	豆类的营养价值	勤俭节约 核心价值观 文化自信 辩证思维	种豆南山下，草盛豆苗稀	诗词赏析法 课堂讲授法
第五章 营养配餐与食谱编制	食谱的应用	营养素养 批判思维	合理膳食	小组讨论法 情景演绎法
第九章 肠内营养	肠内营养患者的选择	社会公德 消防安全意识	肠内营养，生命支持	视频播放法 小组讨论法
第十三章 代谢性疾病的营养治疗	糖尿病的营养治疗	社会责任 职业认同 饮食文化	正确认识糖尿病，科学控糖	文献分析法 小组讨论法 现场体验法
第十五章 肝胆胰疾病营养治疗	肝癌的病因	亲民爱民 艰苦奋斗 科学求实 迎难而上 无私奉献	与民同苦，肝胆相照——焦裕禄精神	课堂讲授法 启发式教学法

续表6-1

章名	课程思政融入点	思政目标	案例资源	教育方法和载体途径
第十六章 心脑血管疾病营养治疗	冠心病的急救	医者仁心 职业素养 责任担当	跪地的她，很美	课堂讲授法 案例教学法 小组讨论法
第十九章 血液系统疾病营养治疗	白血病的病因	家国情怀 无私奉献 人文关怀	以身许国	课堂讲授法 案例教学法
第二十一章 神经精神疾病营养治疗	阿尔茨海默病的发病机制、诊断和营养防治	人文关怀 制度自信 创新思维 爱国情怀	守护记忆，传递爱	视频播放法 课堂讲授法 启发式教学法
第二十六章 恶性肿瘤的营养治疗	癌症患者的营养代谢特点	健康素养 未病先防 人文关怀 制度自信	饥饿疗法不可取——科学防癌抗癌	课堂讲授法 案例分析法 视频播放法

注：教学内容参照焦广宇,蒋卓勤.临床营养学.3版.北京：人民卫生出版社,2010.6.

案例一　健康中国，营养先行

1. 课程思政融入点　临床营养学课程地位和基本任务。

2016年10月25日,中共中央、国务院发布了《"健康中国2030"规划纲要》(以下简称《纲要》),党中央、国务院高度重视人民健康工作,习近平总书记指出,健康是促进人的全面发展的必然要求,是经济社会发展的基础条件,是民族昌盛和国家富强的重要标志,也是广大人民群众的共同追求。建设健康中国的核心是以人民健康为中心,以改革创新为动力,预防为主,中西医并重,把健康融入所有政策,推动人人参与、人人尽力、人人享有,落实预防为主,推行健康生活方式,减少疾病发生,强化早诊断、早治疗、早康复,实现全民健康。《纲要》坚持以人民健康为中心,站在大健康、大卫生的高度,紧紧围绕健康影响因素(包括遗传和心理等生物学因素、自然与社会环境因素、医疗卫生服务因素、生活与行为方式因素)确定了其主要任务等。

2017年5月22—24日,第十三届全国营养科学大会暨全球华人营养科学家大会在北京国家会议中心召开。本次大会由中国营养学会、中国疾病预防控制中心营养与健康所、农业部食物与营养发展研究所、中国科学院上海生科院营养科学研究所主办,国家食物与营养健康产业技术创新战略联盟、中国农业科学院农产品加工研究所和北美华人营养学会协办。大会主席、中国营养学会理事长杨月欣教授讲到,健康中国,营养先行,做好营养工作是建设健康中国的基础,是贯彻落实《"健康中国2030"规划纲要》的重要举措,更是确保 2020 年实现全面建成小康社会的基石。

2. **思政案例育人成效** 通过对《"健康中国 2030"规划纲要》政策的解读,带领学生深刻领悟党中央以人民健康为中心的立场和决心,潜移默化中根植爱国情怀,坚定道路自信和制度自信。做好营养工作是建设健康中国的基础,能帮助学生树立维护和促进健康的责任担当,增强专业自信。

3. **教学方法、教学模式**

(1)课堂讨论法:临床营养学是以通过饮食调节改善患者营养状况、预防和治疗疾病为目的的学科。通过对《"健康中国 2030"规划纲要》的解读,组织学生进行课堂讨论,如"营养与哪些健康问题有关?"通过课堂讨论,增强学生的社会责任感和专业自信,同时引导学生更好地利用专业知识维护人民健康,提高全民健康水平。

(2)启发式教学法:以《"健康中国 2030"规划纲要》为出发点,结合临床营养学的学科属性,联系我国慢性病发病趋势,启发学生将时代发展优势和自身专业融合,从而有效地发挥个人价值、职业价值和社会价值。

案例二　大国粮仓,油脂飘香

1. **课程思政融入点** 食用油脂的作用。

"开门七件事,柴米油盐酱醋茶。"食用油可以说是每个家庭厨房中不可或缺的重要角色。虽然各地人们的味蕾千差万别,但无论南北,锅灶上的煎、炒、烹、炸,万变不离其宗的是对食用油的需求。中国粮油学会首席专家王瑞元表示,2021 年我们消耗了 4 071 万吨食用油,人均消耗食用油 29.1 公斤。是什么力量支撑起 14 亿中国人如此巨大的食用油供应? 人们是如何走出那缺盐少油物资匮乏的年代的?

1949 年新中国成立,百废待兴,食用油原料产量仅为 256 万吨,其中产量位列前三的分别是 127 万吨花生、73 万吨油菜籽和 33 万吨芝麻,远远无法满足当时 5.4 亿人口的食用油需求。截至 20 世纪 60 年代中期,中国油料的种植面积虽然从 1949 年的 16 632 万亩扩大到了 26 397 万亩。但中国的人口也增加了 2 亿,食用油产量的增长远远赶不上人口增长的速度,所以食用油仍然是日常生活中的稀缺物资。1985 年元旦,《关于进一步活跃农村经济的十项政策》的中央文件下发,明确了粮食、棉花取消统购改为合同订购,这标志着中国农产品的市场化改革时代开始了。2001 年 12 月 11 日,中国正式加入世界贸易组织,更加开放的市场环境,也使国际食用油巨头纷纷涌入中国,近百家千吨以上的大型油厂拔地而起。2019 年,中央一号文件明确提出实施大豆振兴计划,多途径扩大种植面积。此外,在中国创新驱动发展战略、坚定不移走科技强国之路的道路上,一批高技术企业的崛起也是保证食用油供应的保障。

中国食用油生产已经一改过去供应不足的状况,在新时代中不仅保证了数量,还走向绿色化、优质化、特色化、品牌化的高质量发展道路;与此同时,消费市场的细分多样化也已经形成。稻米油、玉米油、橄榄油、牡丹籽油、茶籽油等健康小品种油脂消费占比将上升;另外具有独特风味和营养成分的小品种油发展迅速;大力发展木本油料作物等小品种油,有助于破除对进口油料的依赖。在新时代,人们的饮食更精致更营养,对食用油也提出了更健康的新要求。顺应不断升级的消费需求,提供更健康营养、更风味独特的食用油,是今天中国油脂产业在新时代中的新命题,丰富多元的食用油也是每一个中国家庭餐桌上的幸福密码。

2. 思政案例育人成效 讲授油脂的营养价值和主要食物来源时,借助央视纪录片《大国粮仓,油脂飘香》让同学们了解我国食用油的艰难发展历程,体会科技创新和改革带来的生活改变;结合脂肪的主要营养价值,引导学生认识食物的两面性,培养辩证思维。

3. 教学方法、教学模式

(1)视频播放法:使用纪录片《大国粮仓,油脂飘香》展示我国食用油从原料短缺、技术落后、用油紧张到破除进口依赖、精炼技术创新、高品质破局的过程,引导学生深刻认识"道路引领方向,创新驱动未来,科技改变生活",在未来职业过程中要敢于创新。

(2)课堂讲授法:讲授脂肪的营养价值和食物来源,帮助学生认识食用油脂的两面性,油脂既可以改善食物风味、提供能量,但摄入过量也会面临血脂升高和患心脑血管疾病的风险,培养学生的辩证思维,引导学生正确认识事物的两面性。

案例三 科学补铁,预防贫血

1. 课程思政融入点 富铁的主要食物来源。

据世界卫生组织统计:全球约有 30 亿人不同程度贫血,每年因贫血引起各类疾病而死亡的人数上千万。中国贫血的人口比例远高于西方国家。贫血的高危人群为儿童、老年人、育龄期妇女及特殊人群如肿瘤、血液病或围术期患者。一篇纳入 41 篇文献、共调查 79 736 例婴幼儿的荟萃分析,对 2010—2019 年间我国 0 ~ 3 岁婴幼儿缺铁性贫血(IDA)的患病情况进行了系统评价。结果显示我国总体贫血发生率为 25.1%;年龄越大,患病率越低;农村患病率高于城市;西北地区患病率最高。

2022 年 3 月 15 日,永康市市场监督管理局网络中队,接到了数十起对永康一些企业,在网络销售平台上,涉嫌虚假宣传"铁锅补铁功效"的举报投诉。上述企业在网络销售平台上宣传,其销售的铁锅能补充人体所需的铁元素。市场监督管理局工作人员对相关企业进行调查,这些企业均表示使用铁锅补铁做宣传是口口相传的说法,没有有效证明依据。市场监管局工作人员进一步调查证实发现,铁锅中的铁碎屑在烹饪过程中的确可以落进菜里,与菜里的酸性物质接触,变成铁离子,适当增加菜肴中铁的含量。但铁锅中分离出的并非人体所需的血红素铁,且能被人体吸收的比例不到 3%。即便是长期使用铁锅,也达不到补铁效果。商家大肆宣传"铁锅补铁"的效果是不准确的。

2. 思政案例育人成效 以我国缺铁性贫血现况导入,结合"铁锅炒菜补铁"的错误认知,引导学生提升科学素养,夯实专业基础知识,做好缺铁性贫血饮食预防和治疗的宣传者与实践者。

3. 教学方法、教学模式

(1)课堂讲授法:讲授铁元素在人体的分布、生理作用以及铁在体内吸收代谢过程,帮助学生深刻认识缺铁性贫血发病率高与膳食铁的吸收率低有关,引导学生透过现象观看本质。

(2)小组讨论法:组织学生课堂讨论"铁锅炒菜是否补铁",帮助学生纠正错误认知,引导学生识别伪科学的宣传手段,提升专业素养,做好预防疾病的宣传者和实践者。

案例四　种豆南山下，草盛豆苗稀

1. 课程思政融入点　豆类的营养价值。

归园田居（其三）
陶渊明

种豆南山下，草盛豆苗稀。

晨兴理荒秽，带月荷锄归。

道狭草木长，夕露沾我衣。

衣沾不足惜，但使愿无违。

豆类泛指所有能产生豆荚的豆科植物，同时，也常用来称呼豆科的蝶形花亚科中作为食用和饲料用的豆类作物。在成百上千种豆科植物中，至今广为栽培的豆类作物不超过20种。联合国大会第68届会议宣布2016年为"国际豆类年"。联合国粮食及农业组织被提名负责与各国政府、相关组织、非政府组织及所有其他相关利益相关方合作，推动国际豆类年的实施工作。国际豆类年旨在提高公众对于可持续粮食生产组成部分——豆类的营养价值的认识，以实现粮食和营养安全。国际豆类年将为加强整条粮食链上下的联系创造独一无二的机会，以促进豆类蛋白的更好利用，提高全球的豆类产量，更好地利用作物轮作，并应对豆类贸易所面临的挑战。国际豆类年的目标是：促进豆类在整个食物链中的价值和利用；提高人们对于豆类益处的认识，包括可持续的农业发展和营养；促进豆类相关联的全球化生产；加强研究；提倡在作物轮作中更好地利用豆类；应对豆类贸易中面临的挑战。

2. 思政案例育人成效　以经典诗词《归园田居》引出课堂，通过诗词鉴赏，让同学们体会田间劳作的艰辛，形成热爱土地、珍爱粮食、勤俭节约的品格；讲述豆类的生长过程和营养价值，帮助学生提升职业认同和社会责任感；豆类中的抗营养因子不仅干扰营养成分的吸收，还会引起食物中毒，启发学生辩证看待问题。

3. 教学方法、教学模式

（1）诗词赏析法：回顾经典诗词《归园田居》，让学生既坚定文化自信又能在诗词中感悟豁达释然的心态，发扬热爱土地、节约粮食的美好品格。

（2）课堂讲授法：讲授豆类的营养价值，用专业知识鼓励同学们增强职业认同感。以豆类引起的食物中毒为例，启发学生辩证看待问题，学会充分利用有益一面，规避有害一面。

案例五　合理膳食

1. 课程思政融入点　食谱的应用。

2021年12月28日下午，由河南省卫生健康委主办的营养健康厨艺大赛在郑州举行，"一菜一汤"尽显中国餐饮文化中包含的膳食营养奥妙。在"厨艺实操考核"环节，进入决赛的十名选手，需要在规定时间内完成指定题目"一菜一汤"的制作，然后再完成"一人份营养午餐"，并阐述个人配菜制作理念想法。其中，"一菜"即"炒胡萝卜丝"，"一汤"即"鸡蛋汤面"，均是家常饭菜。河南省卫生健康委员会副主任黄红霞表示，通过形式多样的比拼、竞技,以赛促学,以赛促建,号召全民重视合理营养膳食,传递科学的食品安全和营养健康知识,倡导卫生、文明、杜绝浪费的饮食习惯,传承中华优良饮食文化,树立健康饮食新风,推动合理膳食行动实施,助力健康中原建设。本次大赛利于引导全省居民合理膳食,增强免疫力,引领健康饮食新时尚,推动营养健康食堂试点建设工作,全面加强河南营养健康专业人才建设,为提升全省人民营养膳食质量与水平增添了动力和活力。

2. 思政案例育人成效 以生活中常见菜品为话题,小组讨论其制作过程,提升学生的日常生活技能和营养素养。情景演绎配餐步骤,并阐释配餐理念,经理论知识与实践相结合,增强学生的专业素养,提高学生的语言组织和表达能力。在"找茬"过程中,引导学生勇于表达自己的观点,建立批判思维。

3. 教学方法、教学模式

(1)小组讨论法:以河南省营养健康厨艺大赛主题"一菜一汤"为话题,分组讨论"炒胡萝卜丝"和"鸡蛋汤面"的制作步骤、搭配技巧和营养价值,提升学生日常烹饪技能和营养素养。不同地域的学生,其烹饪习惯可能不同,帮助学生理解饮食差异,有助于增强学生的包容性。

(2)情景演绎法:设定三个配餐对象,选定三名同学根据配餐对象的基本信息、健康状况进行配餐,并阐释其配餐理念,其余同学进行打分并指出其不合理之处。配餐演示过程可锻炼学生的实践操作能力,增强其专业素养。在分析不合理之处时,引导学生建立批判思维,敢于表达自己的观点。

案例六 肠内营养,生命支持

1. 课程思政融入点 肠内营养患者的选择。

2021年5月10日19时35分许,成华区朱家岭一路8号丛树家园小区9栋1单元1号电梯内发生电瓶车燃烧火情,龙潭街道专职队出动2车10人前往处置,19时50分左右火情被扑灭。据调查了解,现场电梯内5人不同程度受伤;起火原因初步认定为电瓶车着火引发,区公安分局、区消防救援大队正在进一步调查中。

受伤人群中有一名五个月大的婴幼儿,烧伤面积大约45%,主要是脸部、四肢烧伤。抱孩子的外婆,全身75%烧伤,是Ⅲ度烧伤,也很严重。祖孙情况都很不乐观,都在重症病房。由于口腔灼伤,肺部吸入大量灰烬,需要肠内营养。

2. 思政案例育人成效 课堂内容开始之前,组织学生观看电动车违规进入电梯引发火灾事故的短视频和烧伤女婴的后续治疗过程,引导学生遵守社会公德,文明乘梯,增强消防安全意识;视频结束后展开讨论,面部和口腔严重烧伤患者如何满足营养需要,引出本节内容肠内营养。

3. 教学方法、教学模式

(1)视频播放法:通过观看电梯火灾事件,引导学生关注公共区域用电安全问题,自觉遵守社会公德,文明乘梯,增强消防安全意识,勇于向不安全因素说不。

(2)小组讨论法:针对口腔和面部被严重烧伤的女婴,组织学生课堂讨论不能经口进食的患者如何满足营养需要。鼓励学生既要独立思考又要团结协作,同时培养学生的仁爱之心。

案例七　正确认识糖尿病，科学控糖

1.课程思政融入点　糖尿病的营养治疗。

根据"国际糖尿病联盟"发布的《2021 IDF 全球糖尿病地图》,2021 年全球约 5.37 亿成年人(20~79 岁)患有糖尿病(10 个人中就有 1 人为糖尿病患者);预计到 2030 年,该数字将上升到 6.43 亿;到 2045 年将上升到 7.83 亿。在此期间,世界人口估计增长 20%,而糖尿病患者人数估计增加 46%。我国糖尿病患者已达 1.4 亿,每 10 个成年人中就有 1 个糖尿病患者;每 3 个成年人中就有 1 个糖尿病前期,十年增幅 56%!

糖尿病并发症累及血管、眼、肾、足等多个器官,致残、致死率高,严重影响患者健康,给个人、家庭和社会带来沉重负担。《健康中国行动(2019—2030)》中要求,到 2022 年和 2030 年,18 岁及以上居民糖尿病知晓率分别达到 50% 及以上和 60% 及以上;糖尿病患者规范管理率分别达到 60% 及以上和 70% 及以上;糖尿病治疗率、糖尿病控制率、糖尿病并发症筛查率持续提高。2019 年 11 月 13 日,第 13 个"联合国糖尿病日",中国健康教育中心发布了《全家动员糖尿病防治倡议》,提倡关注个人及家庭成员血糖水平,如果家庭成员患有糖尿病,应注重营养治疗、运动治疗、药物治疗、健康教育和血糖监测,这五点是糖尿病防治的"五驾马车"。呼吁公众以家庭和个人健康为中心,以健康生活方式和定期检测为重点,让大家一起"防控糖尿病,保护你的家庭"。

2.思政案例育人成效　结合《2021 IDF 全球糖尿病地图》最新数据和《健康中国行动(2019—2030)》总体要求,促进学生准确理解糖尿病流行的现况和科学预防与控糖的迫切性,感受国家、社会、医院和家庭防控糖尿病的责任与压力,激发学生的职业认同和社会责任感。

3.教学方法、教学模式

(1)文献分析法:解析"国际糖尿病联盟"发布的《2021 IDF 全球糖尿病地图》数据,借助庞大患病数字,促进学生直观感受糖尿病带来的社会负担和公共卫生压力,激发学生树立健康观念,提升健康素养,用于承担预防疾病的社会责任。

(2)小组讨论法:结合《全家动员糖尿病防治倡议》,组织学生小组讨论如何从营养治疗方面进行科学控糖,针对学生发言,总结糖尿病患者营养治疗的八项原则和中国传统医学"药食同源"的学术思想,介绍日常具有治疗效果的食物,比如银耳、洋葱、黄瓜、苦瓜等。整个过程中增强学生的职业认同和饮食文化自信。

(3)现场体验法:课外活动者带领学生参加社区、学校和消防机构等单位的营养宣教活动,通过知识分享,一方面拓展新的教学途径,激发学生的学习兴趣和学习效果,另一方面在实践中提升学生的社会责任感和分析问题、解决问题的应变能力。

案例八　与民同苦,肝胆相照——焦裕禄精神

1.课程思政融入点　肝癌的病因。

一堂感人至深的党史课:管床大夫回忆焦裕禄的最后 53 天。

2021 年 5 月 14 日,是焦裕禄同志逝世 57 周年纪念日。每年临近 5 月 14 日,杨璧卿的内心就会起波澜。她是焦裕禄在郑州大学第一附属医院(原河南医学院附属医院)度

过"生命中最后 53 天"时的管床大夫。"把我运回兰考,埋在沙堆上。活着我没有治好沙丘,死了也要看着你们把沙丘治好!"说起焦裕禄临终前的这句话,杨璧卿哽咽了:"这是焦书记住院期间唯一一次向组织提要求。"

"在和焦书记相处的 50 多天中,他的言行深深地感动着我。"杨璧卿说,作为与焦书记接触最多的医生,她想把焦书记的感人故事讲给同事听,讲给新进人员和学生听,讲给来进修的学员听,希望大家听过之后再把这些故事讲给更多人听。

82 岁的杨璧卿,至今仍清楚地记得 57 年前那位特殊的患者焦裕禄。那是 1964 年,已是肝癌晚期的他被"强制"送到一附院治疗。当时,刚大学毕业一年多的杨璧卿担任焦裕禄的管床大夫。杨璧卿说,在兰考,有一把被焦裕禄顶破的藤椅,人们从这把藤椅上感受到信仰的崇高、精神的伟力。郑大一附院也有一把这样的藤椅,它是焦裕禄肝癌晚期为了缓解疼痛顶破的。"焦书记是一个非常顽强的人。"杨璧卿回忆,那时医疗水平有限,对晚期肿瘤患者没有特效疗法,焦书记忍着常人难以承受的剧烈疼痛,豆大的汗珠顺脸直流。他用木棍顶住肝部,硬是将病房里的藤椅顶出一个窟窿。他从不向医院提任何要求,坚持"把止疼药留给其他更需要的患者"。

2. 思政案例育人成效　讲授肝癌的临床表现和病因时,穿插焦裕禄故事,传递亲民爱民、艰苦奋斗、科学求实、迎难而上、无私奉献的焦裕禄精神。讲解营养与肝癌的关系,引导学生利用专业优势维护人民群众健康。

3. 教学方法、教学模式

(1)课堂讲授法:讲授肝癌的临床表现和诱因,以"焦裕禄故事"为切入点,重现兰考好儿女,人民好公仆的感人事迹,强调焦裕禄精神"过去是,现在是,将来仍然是我们党的宝贵精神财富,永远不会过时"。引导青年大学生做焦裕禄精神的践行者,坚定不移听党话、跟党走,怀抱梦想又脚踏实地,敢想敢为又善作善成,立志做有理想、敢担当、能吃苦、肯奋斗的新时代好青年,让青春在全面建设社会主义现代化国家的火热实践中绽放绚丽之花。

(2)启发式教学法:营养因素是肝癌发生、发展与死亡的重要因素,启发和引导学生利用专业知识做好肝癌预防和营养治疗工作,以减轻患者痛苦,延长生命,提高生活质量。

案例九　跪地的她,很美

1. 课程思政融入点　冠心病的急救。

2024 年 8 月 4 号早晨 7 点 40 分左右,河南中医药大学医学院 2021 级预防医学本科班学生吴美云在去往实习单位的路上看到一位老人躺在马路上。围观群众纷纷议论:"这可咋办,这老人怕是心脏病犯了吧。"现场一位女士也在拨打"120"求救。吴美云想到课堂上老师讲的心搏骤停的患者黄金抢救时间是 4~6 分钟。万一真是心搏骤停,距离救护车到达还有一段时间,那老人的性命就危险了。因为是医学生,学过心肺复苏,吴美云就快步走到老人身边,检查老人的呼吸和瞳孔扩散情况,同时用手感受了一下老人的心跳。不知道老人昏迷了多长时间,加之老人的呼吸逐渐消失,胸廓起伏也快没有了,同时老人周围地上还撒了豆浆和饼。吴美云迅速帮助老人清理口腔异物,防止异物堵塞呼吸道阻碍呼吸,紧接着找好按压位置开始进行第一轮心肺复苏。在第二轮心肺复苏后没多久,老人就恢复了意识,能够自己活动了。确认老人已无碍,吴美云默默离开了现场,赶去医院实习。事后,老人的家属通过视频和现场群众联系上了吴美云,要发送微信红包表示感谢。吴美云婉谢了家属的好意,她腼腆地说:"我学医就是为了治病救人,没有想过要得到奖励和回报,能挽救患者的生命比什么都重要。"事后,谈及救人时的场景,吴美云说:"第一次遇到这样的情况,说实话还是有些紧张和害怕的,但我更怕老爷爷会出事,我的第一反应就是运用所学赶紧救人。"作为一名大三的学生,在稚气未脱的青涩年纪,吴美云同学却以有力的行动诠释了医者精神。

2.思政案例育人成效 宣传河南中医药大学大三学生吴美云同学在实习途中,跪地心肺复苏挽救老人生命的事迹,培养学生急救意识、快速反应、沉着应变的职业素养,弘扬救死扶伤、医者仁心的大爱精神,将使命担当的职业本色内化于心,外化于行。

3.教学方法、教学模式

(1)课堂讲授法:引用冠心病发病和死亡数据,讲授冠心病带来的经济负担和健康危害,解析膳食因素与冠心病发生的关系,融入未病先防理念,引导学生坚定职业自信。

(2)案例教学法:以河南中医药大学大三学生吴美云的先进事迹为切入点,讲解冠心病急性发作时的急救知识,培养学生急救意识、快速反应、沉着应变、团队协作的职业素养,弘扬医者仁心、救死扶伤、不图回报的大爱精神和责任担当。

(3)小组讨论法:通过引入问题:"面对心搏骤停的患者,你敢施救吗? 你会施救吗? 怎么做才能施救成功? 是不是所有心脏搏停患者的施救方法都是一致的?"组织学生自主探究、合作研讨,逐步引出答案。面对患者时的急救技能是必需的,但也并非每个人都具有冲上去的勇气,可能也会担忧自己能否施救成功。通过思考、讨论、总结,激发学生的责任担当意识;引导学生对不同原因引起的心搏骤停进行具体分析、准确施救,用客观、全面的态度去分析问题。

案例十 以身许国

1.课程思政融入点 白血病的病因。

2019 年 9 月 30 日,电影《我和我的祖国》上映,其中《相遇》篇章以 1964 年中国第一颗原子弹爆炸为背景,讲述了国防科技战线上的无名英雄刻骨铭心的爱情故事,他们隐姓埋名、远离至亲至爱之人,将自己的青春奉献给了祖国。1964 年 10 月 16 日下午 3 时整,一声巨响响彻西北戈壁,万米高的蘑菇云腾空升起,中国第一颗原子弹爆炸成功。这一声"东方巨响"震惊世界,震碎了超级大国的核垄断和核讹诈。自此中国跨进了核大国行列,令全世界刮目相看,因此这枚原子弹也被亲切地称为"争气弹"。数年时间里,干惊天动地事,做隐姓埋名人;上不告诉父母,下不告诉妻儿;忍饥挨饿、流血牺牲、艰苦卓绝。由于当时防护措施有限,不少国防科技工作者由于接触过量辐射,因病离岗,患上白血病,甚至奉献了自己宝贵的生命。

2019 年 6 月,中共中央办公厅、国务院办公厅印发《关于进一步弘扬科学家精神加强作风和学风建设的意见》,对科学家精神作出全面概括。2021 年 9 月,科学家精神被纳入为第一批中国共产党人精神谱系的伟大精神。具体内容如下:

胸怀祖国、服务人民的爱国精神。

勇攀高峰、敢为人先的创新精神。

追求真理、严谨治学的求实精神。

淡泊名利、潜心研究的奉献精神。

集智攻关、团结协作的协同精神。

甘为人梯、奖掖后学的育人精神。

2.思政案例育人成效　课堂讲授白血病的发病诱因,介绍辐射因素时,结合电影《相遇》片段,传递以"爱国、创新、求实、奉献、协同、育人"为核心的科学家精神;讲授白血病的营养治疗时,借助临床案例,厚植医者仁心,培养学生人文关怀精神。

3.教学方法、教学模式

(1)课堂讲授法:核辐射是诱发白血病的重要因素,授课中穿插电影片段,让学生掌握知识点的同时,深刻感受老一辈科学家胸怀祖国、服务人民的爱国精神,勇攀高峰、敢为人先的创新精神,淡泊名利、潜心研究的奉献精神。

(2)案例教学法:借助临床真实案例,带领学生根据病情开展针对性营养治疗,培养学生以患者为中心,关爱患者的职业素养。

案例十一　守护记忆,传递爱

1.课程思政融入点　阿尔茨海默病的发病机制、诊断和营养防治。

2024年7月17日,《中国阿尔茨海默病报告2024》面世,数据显示中国现存的阿尔茨海默病及其他痴呆患病人数为1 699万。其患病率、死亡率略高于全球平均水平。随着年龄的不断上升,女性患病率和死亡率高于男性:女性患病率约为男性的1.8倍;女性死亡率是男性的2倍以上。

2023年6月,国家卫健委办公厅发布《关于开展老年痴呆防治促进行动(2023—2025年)的通知》,要求指导有条件的地区结合实际开展老年人认知功能筛查、转诊和干预服务,提高老年痴呆就诊率,实现早筛查、早发现、早干预,减少或延缓老年痴呆发生。

2016年由中国科学院自动化所脑网络组研究中心蒋田仔领衔的研究团队,联合国内外其他团队,通过6年努力,成功绘制出全新人类脑图谱——脑网络组图谱,首次建立了宏观尺度上的活体全脑连接图谱。脑网络组图谱不仅包含精细的大脑皮质脑区与皮层下核团亚区结构,而且在脑体定量描绘了不同脑区亚区的解剖与功能连接模式,并对每个亚区进行了细致的功能描述。脑网络组图谱的构建将引领人类脑图谱未来发展从标本走向活体,从粗糙走向精细,从单一的解剖结构描述到集成结构、功能和连接模式等多种知识的综合描述,为实现脑科学和脑疾病研究的源头创新提供基础。此外,脑网络组图谱能够提供个体化的精细脑区亚区以及定量的连接模式,不仅为神经及精神疾病的新型治疗技术提供准确的定位,而且还将为脑卒中损伤区域及癫痫病灶的定位、神经外科手术中的脑胶质瘤的精确切除以及对功能脑区更严格有效的保护做出贡献,从而能够极大程度的推动此类技术在临床神经精神疾病治疗的应用,提高诊断质量与治疗效果。

2.思政案例育人成效　用最新报告数据展示我国阿尔茨海默病发病率、患病率和死亡率迅速上升的事实,不露痕迹地将学生带入价值思考中,增强学生关爱老年人、温暖家人的意识,激励学生奋发上进,为建设健康中国做贡献。介绍《关于开展老年痴呆防治促进行动(2023—2025 年)的通知》,彰显国家层面对防治阿尔茨海默病的力度和政策,有效融入制度自信。通过穿插"全新人类脑图谱"的故事,将中国科学家的自主创新、文化自信、攀登科学高峰的精神融入课堂,帮助学生理解阿尔茨海默病的病理基础、诊断和治疗手段,激发学生追求真理、勇于创新的科学精神,树立学生的家国情怀。

3. 教学方法、教学模式

(1)视频播放法:课前播放公益广告《为爱正名》,让学生通过视频短片了解阿尔茨海默病的患病数据、临床症状、社会负担以及防治策略,在潜移默化中培养学生的仁爱之心和人文关怀。

(2)课堂教授法:讲授我国科学家蒋田仔团队历时 6 年绘制全新人类脑图谱,极大程度推动了神经和精神类疾病的诊断和治疗,以此宣传中国科学家献身于祖国健康事业,造福人民的奉献精神,主动探索的创新精神,激发同学们的科研意识和责任感。

(3)启发式教学法:阿尔茨海默病在我国被关注较晚,并存在错误认知,很多家属都认为患者是"老糊涂了",未能及时就诊,从而耽误了最佳治疗时机,有的家庭还存有"治不治都一样"的错误观念。通过课堂小节,启发学生思考如何正确看待"老年痴呆"。呼吁学生参与到关爱阿尔茨海默病的公益活动中去,并树立随着医疗技术手段进步,一定可以延缓甚至截停"记忆清零"的信心。

案例十二　饥饿疗法不可取——科学防癌抗癌

1. 课程思政融入点　癌症患者的营养代谢特点。

2022 年年初,中国国家癌症中心主任、中国医学科学院肿瘤医院院长赫捷院士团队在国家癌症中心杂志《癌症科学进展》(JNCC)发布了最新癌症报告——"Cancer Incidence and Mortality in China, 2016"。报告中显示:2016 年,我国新发癌症病例 406.4 万,世界卫生组织统计全球癌症发病率:186.46/10 万,男性高于女性。肺癌、肝癌、胃癌、结直肠癌和食管癌位列男性癌症发病率前五位,这些癌症占男性新发病例的 68.83%。其中,肺癌独占鳌头,占据男性新发病例的近 1/4。乳腺癌、肺癌、结直肠癌、甲状腺癌和胃癌为女性癌症发病率的前五位,这些癌症占女性新发病例的 56.11%。乳腺癌超过肺癌成为发病率最高的癌症,占女性新发病例的 16.72%。

于娟是复旦大学海归女博士,2010 年 1 月被确诊为乳腺癌晚期,在与病魔抗争一年多时,2011 年 3 月,于娟突然停止了在医院的正规治疗,来到安徽黄山脚下的大山村,找到了"杨神医"。在"杨神医"这里,随处可以见到他作为国际知名肿瘤专家的各种证明材料,一名在这里做义工的老李告诉他们,是"杨神医"救了他的命,所以自愿在这里工作,用余生来报答"杨神医"。按"神医"的要求,患者每天不能吃饭,只能吃极少量的葡萄和芋头。为了治好病,患者们忍饥挨饿,遭受着巨大的痛苦。为了配合"杨神医"的治疗,这些早已是癌症晚期的虚弱患者,除了放弃正常饮食与其他营养补给,每天还要喝下几碗"神医"叫人送来的秘方。经过这样的治疗之后,于娟的病情日渐恶化。尽管这样,"杨神医"依然继续着他的饥饿疗法,患者别无选择,只能苦苦强撑。在接受"杨神医"的"饥饿疗法"一个多月后,经检查,于娟体内的癌细胞已经发生转移,2011 年 4 月

19 日凌晨,年仅 32 岁的海归博士于娟不幸辞世。

2. **思政案例育人成效**　结合我国最新报告的癌症调查数据、视频、图片、案例,导入癌症的危害、发病机制和诱因,引入癌症患者发生营养不良的原因,并深刻解析原因,融入大健康观和未病先防理念,引导学生树立预防医学的专业优势。以癌症治疗误区"于娟之死——神医的饥饿疗法"为切入点,融入科学素养和科学研究与大众科普之间的桥梁建立,树立学生职业认同感和自豪感。以《健康中国宣传片》为切入点,融入制度自信、道路自信,激发学生的家国情怀和民族自豪感。

3. **教学方法、教学模式**

(1)课堂讲授法:引用我国最新报告的癌症发病和死亡数据,讲授癌症带来的经济负担、医疗负担、社会负担和家庭负担,融入未病先防理念和人文关怀精神,引导学生认识预防医学的专业优势和社会价值。

(2)案例分析法:以"于娟之死"为例,组织学生自由讨论"饥饿疗法"为什么不可取?讨论结束后总结学生发言,解析癌症患者的营养代谢特点,佐证"饥饿疗法"不可取的原因,帮助学生提高健康素养,引导学生在生活中发挥专业特长,向周边人宣传科学防癌抗癌的知识,避免进入抗癌误区,延误治疗。

(3)视频播放法:课堂最后播放宣传片《健康中国我行动》,展示党和中央相关部门为预防癌症等慢性病,在政策、医药制度、医疗报销比例等多个层面的改善,体现始终把人民群众生命安全和身体健康放在第一位的坚定立场,彰显社会主义制度的优越性。

第七章
毒理学基础

课程简介

　　毒理学基础课程是预防医学专业的重要基础课程,旨在研究外源性有害因素(化学、物理和生物因素)对生物系统的损害作用及其生物学机制。通过对本课程的学习,学生将系统掌握毒理学的基本理论、方法和技术,具备毒物筛选和毒性鉴定的基本实践技能,为从事食品和药品安全检测、化学品、药物、化妆品等新产品研发工作奠定基础。课程内容涵盖描述毒理学、机制毒理学和管理毒理学三个主要方面。学生通过学习毒理学的基本概念、基本理论和基本实验技能,了解外来化学物在体内的运转和代谢,掌握毒物的一般毒性、致畸性和致癌性的实验方法和评价,并熟悉管理毒理学、危险度评价及安全性评价的意义及基本内容。本课程采用线上与线下相结合的教学模式,理论授课与实践授课相结合,多种教学方法并用。通过对本课程的学习,学生应掌握毒理学基础知识体系,培养理论联系实际的能力,能够运用毒理学知识和思想解决实际公共卫生、食品安全和检验检疫等方面的问题,为日后服务于社会公共卫生和食品安全打下牢固的理论和实践基础。本课程立足于立德树人的总体目标,旨在引导学生热爱预防医学专业,培养学生的健康意识、责任意识、环保意识、法律意识。

【教学目标】

（一）知识目标

1. 掌握毒理学基本概念与原理。

2. 熟悉毒理学研究方法与技术;熟悉化学物的毒性作用与评价。

3. 了解毒理学应用领域与最新进展。

（二）能力目标

1. 能根据实际需求设计并分析毒理学实验,具有科研思维与创新能力。

2.能够运用所学知识对毒物进行筛选与鉴定。

3.能够在实际工作中运用毒理学原理进行独立思考和科学决策。

4.能够有效地与他人沟通和协作,具有团队协作能力。

(三)情感目标(思政目标)

1.引导学生热爱预防医学专业,培养学生对公共卫生和人类健康负责的意识。

2.加强学生的科学精神教育,培养学生对待科学研究的严谨态度和坚持真理、追求卓越的精神。

3.提高学生对环境污染物及其健康风险的认识,激发学生保护生态环境的意愿。

4.鼓励学生了解与毒理学相关的法律法规和标准,培养学生在未来的职业生涯中遵守相关法律法规的意识。

▶【课程思政教学资源计划表】

毒理学基础课程思政教学资源计划见表7-1。

表7-1　毒理学基础课程思政资源计划表

章名名称	课程思政融入点	思政目标	案例资源	教育方法和载体途径
第一章 绪论	毒理学简史	职业情感 职业道德 职业素养 家国情怀 生态保护	当代环境保护运动,从《寂静的春天》开始	课堂讲授法 启发式教学法
第二章 毒理学基本概念	毒物、毒性和毒作用	科学精神 创新精神 严谨求实	砒霜奇迹——张亭栋教授与白血病治疗的突破	案例教学法 课堂讨论法
第三章 化学毒物在体内的生物转运与生物转化	化学毒物在体内的生物转运	职业道德 生态保护	水俣之痛——汞污染与环境公害的警示	案例教学法 启发式教学法
第四章 毒作用机制	靶分子反应	职业道德 职业素养 大医情怀	警惕亚硝酸盐危害,远离食物中毒	案例教学法 课堂讨论法
第五章 毒作用影响因素	化学物因素	职业道德 社会责任 生态保护	欣赏美丽蓝天,守护生命之源	课堂讲授法 课堂讨论法

续表 7-1

章名名称	课程思政融入点	思政目标	案例资源	教育方法和载体途径
第七章 一般毒性作用	毒性实验	敬畏生命 职业素养 严谨求实	世界实验动物日——致敬"无名英雄"	课堂讲授法 启发式教学法
第八章 外源化学物致突变作用	致突变物	生命至上 职业道德 社会责任 生态保护	福岛核危机——放射性污水排放之忧	课堂讲授法 课堂讨论法
第九章 外源化学物致癌作用	人类致癌物	生命至上 家国情怀 民族自豪	橙剂遗毒——越南战争的跨代之痛	案例教学法 课堂讨论法
第十章 发育毒性与致畸作用	发育毒性与致畸性	职业素养 社会责任	孕期之戒——胎儿酒精综合征的警示	案例教学法 课堂讨论法
第十二章 管理毒理学	安全性评价	职业道德 职业素养 生命至上 家国情怀	三聚氰胺毒奶粉,中国乳业转折点	课堂讲授法 课堂讨论法
		职业道德 严谨求实	转基因争议——科技与安全的双刃剑	案例教学法 课堂讨论法

注:教学内容参照孙志伟.毒理学基础.7 版.北京:人民卫生出版社,2017.

案例一 当代环境保护运动,从《寂静的春天》开始

1. 课程思政融入点 毒理学简史。

《寂静的春天》是美国海洋生物学家蕾切尔·卡逊所著的一部具有里程碑意义的环保主题书籍,首次出版于 1962 年。这本书以一个寓言式的开头,描绘了一个因农药污染而变得寂静的村庄。通过这个寓言,卡逊揭示了农药、杀虫剂等化学药物滥用对人类生存环境所造成的严重危害。

书中不仅展示了化学农药对生态系统的破坏,还对农业科学家的科学实践活动和政府政策提出了质疑,号召人们改变对自然的看法,重新思考人类社会的发展问题。卡逊在书中讲述了农药、杀虫剂等化学药物的滥用对人类生存环境所造成的难以弥补的危害,是一本公认的开启了世界环境保护运动的奠基之作。1992 年被推选为 50 年以来全球最具影响力的著作之一,还被美国国会图书馆评选为塑造美国的 88 本书之一。

《寂静的春天》的出版,标志着人类首次广泛关注环境问题。它不仅是一本科普读

物,更是一份控告书,对 20 世纪 60 年代初期的环境污染问题提出了尖锐的批评。这本书的出版,对环境保护的立法、社会运动以及公众意识都产生了深远的影响,被认为是塑造了美国乃至全球环保运动的重要著作之一。

2. 思政案例育人成效 结合《寂静的春天》的出版及其影响,培养学生忧国忧民的家国情怀和绿色健康的生态保护意识。

3. 教学方法、教学模式

(1) 课堂讲授法:首先,通过介绍《寂静的春天》这本书的背景和作者蕾切尔·卡逊的简介,以及这本书如何揭示了农药污染的严重性,引起了公众对环境问题的广泛关注。然后,将《寂静的春天》中的环保意识与思政教育相结合,讨论如何将环保理念融入国家发展和社会进步中,培养学生的家国情怀和生态保护意识。

(2) 启发式教学法:首先,通过提出问题的方式激发学生的好奇心和思考,例如:"为什么《寂静的春天》被认为是环境保护运动的起点?""这本书对当时的社会和政策产生了哪些影响?"这样的问题可以引导学生主动探索和思考环境保护的重要性。鼓励学生讨论《寂静的春天》所体现的价值观,如对自然的尊重、对环境的责任感等,并将这些价值观与当代环境保护运动的起点联系起来,让学生理解保护环境是每个人的责任。

案例二 砒霜奇迹——张亭栋教授与白血病治疗的突破

1. 课程思政融入点 毒物、毒性和毒作用。

张亭栋教授是中国医学界一位杰出的科学家,他在中西医结合治疗白血病领域做出了开创性的贡献。张亭栋教授在 20 世纪 70 年代初开始对含砒霜的中药方进行研究,最终发现三氧化二砷(砒霜的化学成分)对急性早幼粒细胞白血病(APL)有显著疗效。这一发现不仅颠覆了传统对砒霜的认识,也开辟了白血病治疗的新篇章。

张亭栋教授的科研成就具有深远的影响。他的研究将传统中药的砒霜转化为治疗白血病的有效药物,这一创新性成果使砒霜成为全球治疗 APL 的标准药物之一。他的研究不仅提高了 APL 患者的治愈率,也为中医药的现代化和国际化做出了重要贡献。张亭栋教授因此获得了多项荣誉和奖项,包括国家自然科学二等奖、中国专利优秀奖、杜邦科技创新奖等,并在 2019 年荣获首届"以岭整合医学奖"。他的研究和发现,是中医药传承创新的重要里程碑,也是中国当代重要的医药发现之一。张亭栋教授的事迹和精神,激励着一代又一代的医学科研工作者,为人类的健康事业做出更大的贡献。

2. 思政案例育人成效 结合"药神"张亭栋事迹,培养学生攻坚克难的科学创新精神和严谨求实的科学态度。

3. 教学方法、教学模式

(1) 案例教学法:以"药神"张亭栋事迹引入,让学生认识到砒霜在特定剂量下可以治疗 APL。这一发现颠覆了人们对砒霜的传统认识,展示了毒物与非毒物之间的界限并不是绝对的。鼓励学生思考如何将这一案例的经验应用到其他领域,激发学生对科学探索和创新应用的兴趣,培养学生严谨求实的科学态度。

(2) 课堂讨论法:将学生分成小组,每组讨论以下问题:"张亭栋教授的发现如何挑战了我们对毒物的传统认识?""在什么条件下,一种物质可以被视为毒物或药物?""这个案例对我们理解毒物和非毒物之间的界限有何启示?"给每个小组一定的时间来讨论并分享观点。引导学生深入探讨剂量和用途等如何影响物质的毒性,让学生思考并讨论在其他领域中,是否有类似"化毒为药"的例子,强调求实创新科学精神的重要性。

案例三 水俣之痛——汞污染与环境公害的警示

1. 课程思政融入点 化学毒物在体内的生物转运。

水俣病是 20 世纪 50 年代发生在日本熊本县水俣湾的一个环境公害事件,由工业废水中的甲基汞污染造成,属于世界八大公害事件之一。这场灾难不仅给当地居民的健康和生活带来了深远的影响,还暴露了当时日本政府和企业在环境保护方面的重大缺失。

水俣病的起源与当地的窒素公司(后来的智索公司)有直接关系。该公司在生产过程中使用含汞催化剂,导致大量含有甲基汞的废水被排放到水俣湾中。这些含有甲基汞的废水随后进入了食物链,当地居民因长期食用受污染的鱼贝类而遭受健康损害。患者出现了手足麻痹、步行困难、运动失调、视野狭窄、听力受损等症状,严重者甚至出现痉挛、精神失常乃至死亡。

水俣病的受害者不仅包括成人,还有许多新生儿,他们在出生时就患有水俣病,这些患者往往存在运动和语言方面的障碍。这场公害事件对患者及其家庭造成了巨大的身心痛苦,同时也引发了社会对环境保护和公共健康问题的广泛关注。

2. 思政案例育人成效 结合水俣病事件,培养学生负责诚信的职业道德和热爱敬畏自然的生态环保意识。

3. 教学方法、教学模式

(1)案例教学法:以水俣病案例引入,分析水俣病案例中,汞是如何通过生物转运进入人体并造成损害的。讨论汞从工业废水到水俣湾的生物,再到人体的过程,特别是如何通过食物链累积和生物放大作用,最终影响人类的神经系统的。

引导学生讨论血脑屏障在甲基汞中毒中的作用,以及这种屏障如何被甲基汞破坏,导致神经损伤。让学生思考水俣病事件对环境保护和公共健康政策的影响,以及如何通过科学方法预防类似的环境灾难,培养学生的职业道德和生态保护意识。

(2)启发式教学法:首先,向学生介绍日本水俣病的历史背景,然后引导学生思考:"水俣病是如何发生的? 为什么汞会成为导致水俣病的原因?"进一步提问:"汞是如何通过生物转运进入人体并造成损害的?"介绍生物体内的特殊屏障,如血脑屏障、胎盘屏障等,它们如何影响物质的转运。鼓励学生将所学知识应用到其他环境问题中,思考如何保护环境,防止有害物质的生物转运和累积,培养学生的职业道德和生态保护意识。

案例四 警惕亚硝酸盐危害,远离食物中毒

1. 课程思政融入点 靶分子反应。

亚硝酸盐是一种广泛存在于自然环境中的含氮无机化合物。其与食盐的外观和味道相似,容易被误食而导致食物中毒。亚硝酸盐在食品加工中可作为添加剂使用,例如在肉制品中作为护色剂和防腐剂。然而,过量摄入亚硝酸盐会对人体造成危害,引起急性中毒,导致高铁血红蛋白血症,严重时可致死。

亚硝酸盐中毒的案例反映了这种化学物质对人体健康的巨大威胁。在常州,一名男子因食用过量的腌制咸菜导致亚硝酸盐中毒,出现了恶心、呕吐、嘴唇发紫等症状,经过医院抢救后恢复。在四川省巴中市,一起因误用亚硝酸盐引起的群体性食物中毒事件,造成30人中毒,其中2人死亡。此外,一项针对急性亚硝酸盐食物中毒的流行病学调查分析显示,亚硝酸盐中毒具有症状多、起病急的特点,强调了加强对生活饮用水管理的重要性,应保障用水合格,预防亚硝酸盐中毒事件的发生。

2.思政案例育人成效　结合生活中亚硝酸盐中毒的案例,培养学生恪尽职守的职业素养及生命至上的职业道德和大医情怀。

3.教学方法、教学模式

(1)案例教学法:以生活中亚硝酸盐中毒的案例引入,强调亚硝酸盐中毒的严重性,以及它对公共健康的影响。分析亚硝酸盐中毒案例中,亚硝酸盐如何通过氧化还原反应影响血红蛋白的电子转移,导致其失去携带氧气的能力。讨论亚硝酸盐如何作为氧化剂,与血红蛋白中的铁发生反应,形成高铁血红蛋白。让学生思考亚硝酸盐中毒事件对食品安全和个人健康的影响,以及如何通过科学方法预防类似的中毒事件,培养学生恪尽职守的职业素养及生命至上的职业道德和大医情怀。

(2)课堂讨论法:引入生活中亚硝酸盐中毒话题,将学生分成小组,每组讨论以下问题:"亚硝酸盐如何通过氧化还原反应影响人体健康?""在这个反应中,电子转移是如何发生的?""为什么血红蛋白对电子转移如此敏感?"让每个小组选派一名代表,向全班展示他们的讨论结果,鼓励其他学生对分享的内容提出问题或发表评论,以促进更广泛的讨论。引导学生深入探讨亚硝酸盐如何作为氧化剂,与血红蛋白中的铁发生反应,形成高铁血红蛋白,从而阻止血红蛋白正常携带氧气。强调理解这些反应对于预防食物中毒和保护公共健康的重要性,培养学生恪尽职守的职业素养及生命至上的职业道德和大医情怀。

案例五　欣赏美丽蓝天,守护生命之源

1.课程思政融入点　化学物因素。

"国际清洁空气蓝天日"是由联合国大会设立的,旨在提高公众对空气污染问题的认识,并促进和推动改善空气质量的行动。这个国际日首次在2020年9月7日庆祝,此后每年9月7日都会举行相关活动和宣传。

空气污染是一个全球性问题,对人类健康和气候都产生了严重影响。极其微小的颗粒污染物会深入我们的肺部、血液和身体,导致中风、慢性呼吸道疾病、肺癌和心脏病等多种健康问题。此外,空气污染还会产生地面臭氧,这是哮喘病和慢性呼吸道疾病的致病因素之一。短期气候污染物,如黑碳、甲烷和地面臭氧,不仅影响健康,还与全球变暖有关。

每年的"国际清洁空气蓝天日"都会有一个主题,例如2024年的主题是"进行投资,现在就要清洁空气"。这一主题强调了为应对空气污染及其对健康、经济和气候的严重影响,迫切需要增加投资、加强政策,并共同承担责任。

2.思政案例育人成效　结合生活中空气污染的案例,培养学生爱岗敬业的职业道德和保护环境的社会责任。

3.教学方法、教学模式

(1)课堂讲授法:简要介绍"国际清洁空气蓝天日"的背景和意义,强调其旨在提高公众对空气污染问题的认识,并促进改善空气质量的行动。详细解释粒径大小如何影响空气中污染物的传播、沉积和生物可利用性。例如,较小的颗粒物(如 $PM_{2.5}$)可以深入肺部,甚至进入血液,对健康造成更大的危害。引导学生探讨不同行业和活动中如何通过控制污染物的粒径大小来减少对空气质量的影响,例如工业排放控制、交通运输管理等,培养学生爱岗敬业的职业道德和保护环境的社会责任。

(2)课堂讨论法:引入国际清洁空气蓝天日话题,将学生分成小组,每组讨论以下问题:"空气污染中的颗粒物如何影响我们的健康?""粒径大小如何影响颗粒物的毒性和传播?""在'国际清洁空气蓝天日'的背景下,我们如何利用对粒径大小的理解来减少空气污染和保护人类健康?"向全班展示分享讨论结果。让学生思考并讨论在他们所在的城市或地区,空气污染问题如何体现,以及可以采取哪些措施来改善空气质量,培养学生爱岗敬业的职业道德和保护环境的社会责任。

案例六 世界实验动物日——致敬"无名英雄"

1.课程思政融入点 毒性实验。

"世界实验动物日"始于1979年,由英国反活体解剖协会(NAVS)发起,定于每年的4月24日,旨在倡导科学、人道地开展动物实验,减少不必要的动物实验。在这一天,全球范围内的动物保护者会举行各种活动,以纪念和感谢实验动物对人类健康所做出的巨大贡献。这些活动包括献花、科普讲座、文化艺术节等,旨在提升公众对实验动物福利的认识和关注。

实验动物在医学研究、药物测试和疫苗开发中扮演着不可或缺的角色。它们作为人类的"替身",帮助科学家深入理解疾病,开发预防和治疗策略,从而保护和促进人类健康。随着对实验动物福利的日益重视,科研人员被鼓励遵循"3R"原则——替代(replacement)、减少(reduction)和优化(refinement),以确保在符合科学目的的前提下,尽可能减少动物的使用和痛苦。通过"世界实验动物日"的活动,公众对实验动物的尊重和感激之情得到了提升。同时,这也促进了人们对实验动物伦理和福利的讨论,推动科学界在动物实验实践中更加注重动物福利。

2.思政案例育人成效 结合世界实验动物日案例,培养学生敬畏生命的职业素养和严谨求实的科学态度。

3.教学方法、教学模式

(1)课堂讲授法:将"世界实验动物日"案例与毒性作用的分类联系起来,讨论实验动物在这些不同类型的毒性研究中的作用。强调实验动物如何帮助科学家理解不同暴露时间下化学物质的毒性效应,以及如何通过这些研究来保护人类健康。介绍3R原则,这是国际公认的实验动物使用原则,也是实验动物福利的重要组成部分。讨论如何在毒性研究中应用3R原则,以减少动物的使用并提高实验的科学性和伦理性。让学生思考"世界实验动物日"案例对毒性研究的意义,以及如何平衡科学研究的需要与实验动物的福利,培养学生敬畏生命的职业素养和严谨求实的科学态度。

（2）启发式教学法：将"世界实验动物日"案例与毒性作用的分类联系起来，讨论实验动物如何帮助科学家理解不同暴露时间下化学物质的毒性效应。提问：在短期、亚慢性和慢性毒性研究中，实验动物扮演了什么角色？它们是如何帮助我们评估化学物质的安全性的？总结实验动物在毒性研究中的重要性，以及如何通过科学伦理的方法来提高研究的质量和动物福利。强调"通过'世界实验动物日'，我们不仅向实验动物致敬，也提醒自己在日常的科研工作中，要始终遵循伦理原则，尊重每一个生命"，从而培养学生敬畏生命的职业素养和严谨求实的科学态度。

案例七　福岛核危机——放射性废水排放之忧

1. 课程思政融入点　致突变物。

日本福岛第一核电站在 2011 年遭受地震和海啸后引发了核泄漏事故，导致大量核污染水的产生。日本政府决定将这些经过处理但仍含有放射性物质的核污染水排放到太平洋，这一决定引发了国际社会的广泛关注和担忧。

核污水含有多种放射性元素，这些元素对人体和环境都有严重的危害，如致癌、致畸、致突变等。核污水排海后，放射性物质通过污染环境直接影响动植物和人类，潜在的危害难以估量。日本政府的决定遭到了包括中国、韩国在内的多个国家的强烈反对。国际社会普遍担忧核污染水排海会对海洋生态系统和人类健康造成长期和不可逆的影响。

2. 思政案例育人成效　结合日本核污水排海案例，培养学生生命至上的职业道德和保护环境的社会责任感。

3. 教学方法、教学模式

（1）课堂讲授法：讲授日本核污水排海案例，强调核污水含有多种放射性元素，如氚、碳-14、锶-90 等，对人体和环境都有严重的危害。指出日本这一行为遭到了多个国家的强烈反对，国际社会呼吁日本政府应认真回应国内外关切的问题，切实履行自身责任，培养学生生命至上的职业道德和保护环境的社会责任感。

（2）课堂讨论法：简要介绍"日本核污水排海"的背景，包括福岛核事故、核污水的产生和日本政府的决定。将学生分成小组，每组讨论以下问题："核污水中的哪些成分可以被视为致突变物？""这些致突变物如何通过食物链影响人类和海洋生物？""长期暴露于这些致突变物中，可能会产生哪些健康风险？"向全班展示讨论结果。引导学生深入探讨核污水中的放射性物质如何作为致突变物，通过辐射能量破坏细胞内的 DNA 分子结构，导致基因突变。鼓励学生在课后继续探索和研究，发现更多与致突变物相关的环境和健康问题，并思考其解决方案，培养学生生命至上的职业道德和保护环境的社会责任感。

案例八　橙剂遗毒——越南战争的跨代之痛

1. 课程思政融入点　人类致癌物。

越南战争期间，美军在越南南部喷洒了大量含有二噁英的化学毒剂"橙剂"。这些化学毒剂原本是为了清除植被，使越南游击队员无处藏身，但同时它们也对环境和人体健康造成了长期的、毁灭性的影响。

在1961年至1971年间,美军在越南南部喷洒了约8 000万升的化学毒剂,其中61%是橙剂,含有高浓度的二噁英。橙剂的使用导致了480万越南人受到感染,即使战争结束近50年后,超过300万的第二代、第三代,甚至第四代受害者仍在承受痛苦和损失。橙剂中的二噁英可以通过土壤进入食物链。二噁英具有致癌性并危害人体健康,导致了许多严重的健康问题,包括先天畸形、癌症和其他致命疾病。目前,越南卫生部确定了17种与橙剂有关的疾病、残疾、畸形。

橙剂的使用不仅对当时的越南人民造成了伤害,而且其影响延续到了后代,许多家庭遭受了多代人的苦难。橙剂受害者的斗争引起了国际社会的关注,促进了对化学武器使用后果的全球认识和反思。

2. 思政案例育人成效　结合橙剂之痛案例,培养学生生命至上的大医情怀、保卫国家的家国情怀和民族自豪感。

3. 教学方法、教学模式

(1)案例教学法:以橙剂之痛案例引入,将橙剂案例与化学致癌物的概念联系起来,讨论橙剂如何作为化学致癌物对越南人民和环境造成了长期的伤害。鼓励学生在课后继续探索和研究,发现更多与化学致癌物相关的环境和健康问题,并思考其解决方案,培养学生生命至上的大医情怀、保卫国家的家国情怀和民族自豪感。

(2)课堂讨论法:简要介绍越南战争期间美军在越南南部喷洒的橙剂,特别是其含有的二噁英,这些化学物质对环境和人体健康造成了长期的、毁灭性的影响。将学生分成小组,每组讨论以下问题:"橙剂中的二噁英如何被归类为化学致癌物?""二噁英的致癌机制是什么? 它如何影响人体健康?""橙剂的使用对越南环境和公共健康造成了哪些长期影响?"给每个小组一定的时间来讨论并分享观点。引导学生深入探讨化学致癌物的分类、致癌机制,以及我国的国际关系主张,培养学生生命至上的大医情怀、保卫国家的家国情怀和民族自豪感。

案例九　孕期之戒——胎儿酒精综合征的警示

1. 课程思政融入点　发育毒性与致畸性。

胎儿酒精综合征是一种由于母亲在妊娠期间饮酒,特别是摄入过量酒精,导致胎儿出现的生长和发育问题。这种综合征会导致儿童出现永久性的脑损伤和生长发育问题,包括面部特征异常、生长迟缓、中枢神经系统破坏,以及认知和行为障碍。

具体来说,胎儿酒精综合征的症状可能包括:独特的面部特征,如小眼睛、薄上唇、短鼻子等;生长发育迟缓,包括出生时体重低、出生后生长缓慢;中枢神经系统问题,如智力障碍、学习障碍、记忆力差、注意力不集中等;社交和行为问题,如学习困难、社交技能差、情绪多变等。

由于孕期饮酒没有安全阈值,即使是少量饮酒也可能对胎儿造成伤害,因此建议所有育龄妇女在怀孕期间完全避免饮酒。胎儿酒精综合征目前无法治愈,但通过早期诊断和干预,可以帮助减少患儿出现长期问题的风险。

2. 思政案例育人成效　结合胎儿酒精综合征案例,培养学生专业求实的职业素养和关心民众的社会责任。

3.教学方法、教学模式

(1)案例教学法:以胎儿酒精综合征案例引入,将胎儿酒精综合征案例与发育毒性的概念联系起来,讨论酒精如何作为发育毒性物质影响胎儿的生长发育。

引导学生讨论胎儿酒精综合征对儿童和家庭的长期影响,包括健康问题、社会经济负担和心理影响,培养学生专业求实的职业素养和关心民众的社会责任感。

(2)课堂讨论法:简要介绍胎儿酒精综合征的背景,将学生分成小组,每组讨论以下问题:"孕期酗酒如何导致胎儿酒精综合征? 它展示了发育毒性的哪些特点?""胎儿酒精综合征对儿童的长期影响是什么?""我们如何通过教育和政策来预防胎儿酒精综合征?"讨论后分享观点。让学生思考并讨论在他们身边,是否有类似的问题,以及可以采取哪些措施来提高公众对孕期酗酒风险的认识,培养学生专业求实的职业素养和关心民众的社会责任感。

案例十 三聚氰胺毒奶粉,中国乳业转折点

1.课程思政融入点 安全性评价。

2008 年中国奶制品污染事件,是中国乳业历史上的一个重大转折点,对中国乃至全球的乳制品行业产生了深远的影响。

2008 年,中国多家奶制品企业,被发现在其生产的婴幼儿奶粉中非法添加了化工原料三聚氰胺,以提高蛋白质含量检测的虚假结果。这一行为导致数千名婴幼儿患上肾结石,引起了公众的极大关注和恐慌。该事件不仅对受害者儿童及其家庭造成了直接的健康伤害,还对中国乳业的信誉造成了毁灭性的打击。多个国家禁止了中国乳制品的进口,中国乳业面临严重的信任危机。事件促使中国政府加强了对乳制品行业的监管,提高了食品安全标准,并推动了乳品行业的改革和整顿。

事件发生后,中国政府取消了食品业的国家免检制度,并对相关责任人进行了严厉的法律制裁。同时,中国乳业开始重视奶源的建设和质量控制,努力恢复消费者的信心。十年间,中国乳业完成了脱胎换骨的改造,实现了凤凰涅槃、浴火重生。乳制品质量显著提升,行业监管更加严格,消费者对国产乳制品的信心逐步恢复。

2.思政案例育人成效 结合毒奶粉事件,培养学生诚信求实的职业道德、关心民众的职业素养和生命至上的家国情怀。

3.教学方法、教学模式

(1)课堂讲授法:首先,简要介绍三聚氰胺毒奶粉事件的背景,包括事件的发生、影响范围及其对中国乳业造成的重大影响。然后,介绍安全性评价的定义,包括对产品或物质的潜在危害进行系统评估,以确保其对人类健康和环境的安全。详细解释在三聚氰胺事件中,安全性评价的缺失如何导致了有毒物质的添加和广泛的健康问题。引导学生讨论安全性评价的流程,包括风险评估、暴露评估、风险特征化等步骤,培养学生诚信求实的职业道德、关心民众的职业素养和生命至上的家国情怀。

(2)课堂讨论法:简要介绍三聚氰胺毒奶粉事件的背景和影响,以及它如何成为中国经济社会发展中的一个转折点。将学生分成小组,每组讨论以下问题:"三聚氰胺毒奶粉事件中,安全性评价缺失的表现是什么?""如果进行了适当的安全性评价,这个事件是否

可能被避免?""安全性评价在食品安全管理中扮演着什么角色?"讨论后发言分享。鼓励学生在课后继续探索和研究,发现更多与食品安全和安全性评价相关的知识,思考如何在未来的工作中应用这些原则,培养学生诚信求实的职业道德、关心民众的职业素养和生命至上的家国情怀。

案例十一　转基因争议——科技与安全的双刃剑

1. 课程思政融入点　安全性评价。

转基因技术通过将特定基因转入生物体,使其获得新的性状,如抗虫、抗病、耐除草剂等。这一技术在提高农作物产量、减少农药使用等方面展现出巨大潜力,但同时也引发了公众对食品安全、生物多样性和生态安全的担忧。

转基因食品的安全性是公众最为关注的问题之一。一些研究和监管机构认为,通过安全性评价上市的转基因食品与传统食品一样安全。然而,也有观点认为,转基因食品可能存在未知的长期健康风险,需要更长期和深入的研究来评估。毒理学在评估转基因食品的安全性中扮演着重要角色。需要对转基因食品进行一系列的毒理学实验,包括急性、亚慢性和慢性毒性试验,以确定其对人体健康的潜在影响。

转基因食品的争议不仅仅是科学问题,还涉及社会、伦理和经济等多个层面。一方面,转基因技术可以提高农业生产效率,减少农药使用,有助于解决全球粮食安全问题;另一方面,公众对转基因食品的接受度受到信息传播、文化背景和个人价值观的影响。转基因技术的发展为农业带来了新的机遇,但同时也带来了挑战。如何在确保食品安全的前提下,合理利用转基因技术,平衡不同利益相关者的需求,是当前面临的重要任务。

2. 思政案例育人成效　结合转基因食品案例,培养学生生命至上的职业道德和严谨求实的科学态度。

3. 教学方法、教学模式

(1)案例教学法:首先,简要介绍转基因食品的争议背景。然后,将转基因食品争议案例与安全性评价的概念联系起来,讨论如何通过严格的安全性评价流程来保护消费者健康。引导学生讨论安全性评价的流程,包括风险评估、暴露评估、风险特征化等步骤,培养学生生命至上的职业道德和严谨求实的科学态度。

(2)课堂讨论法:简要介绍转基因食品的争议背景,包括公众对转基因食品安全性的担忧以及科学研究的进展。将学生分成小组,每组讨论以下问题:"转基因食品的安全性评价包括哪些步骤?""安全性评价如何帮助我们理解转基因食品的潜在风险?""在转基因食品的争议中,科学证据和公众意见如何相互作用?"讨论后发言,让学生思考并讨论在他们身边人群对转基因食品的态度如何,培养学生生命至上的职业道德和严谨求实的科学态度。

第八章
儿童少年卫生学

╴╴╴╴╴╴ **课程简介** ╴╴╴╴╴╴

　　儿童少年卫生学简称儿少卫生学,以保护、促进、增强儿童少年身心健康为宗旨,是预防医学专业必修课程之一,是高等预防医学教育不可缺少的重要组成部分。儿少卫生学通过研究不同年龄段儿童少年的身心发育规律和特点,分析影响生长发育的遗传、环境综合因素,研究儿童少年的机体与其学习和生活环境之间的相互关系,找出影响儿童少年健康的各种因素,提出相应卫生要求和适宜卫生措施;充分利用各种有利因素,减少和控制消极因素,预防疾病、增强体质,使儿童少年能良好地发育和健康地成长、促进个人潜能的发挥;为贯彻德、智、体全面发展的教育方针服务,同时为儿童少年实现社会化,维持终身良好的生命质量,奠定坚实基础。

【教学目标】

（一）知识目标

1. 掌握儿少卫生学基本理论、基本知识和基本技能。

2. 熟悉儿少卫生学的基本任务、学习内容。

3. 了解国内外儿少卫生学发展情况以及儿少卫生学领域的新技术、新方法和热点问题。

（二）能力目标

1. 具备整体观念,能根据儿少卫生学实践的内涵,阐述儿少卫生学的基本理论、基本知识和基本技能。

2. 能熟练掌握各项儿少卫生学技术操作。

3. 能够理论联系实际,运用所学知识和技能为不同年龄段儿童少年服务。

4. 能够持续关注儿少卫生学的新知识和新技术,并正确应用于儿少卫生学实践中,顺应学科发展需求。

(三)情感目标(思政目标)

1.激发学生热爱儿少卫生学的职业情感,培养学生良好的职业道德。

2.培养学生高度的责任心、同情心和爱心。

3.培养学生严谨求实的工作作风以及团结协作精神。

4.培养学生的创新精神。

➡【课程思政教学资源计划表】

儿童少年卫生学课程思政资源计划见表8-1。

表8-1 儿童少年卫生学课程思政教学资源计划表

章名	课程思政融入点	思政目标	案例资源	教育方法和载体途径
第一章 绪言	儿童少年卫生学课程地位和基本任务	家国情怀 人生观教育 社会责任感	少年强则国强	启发式教学法 课堂讨论法
第二章 儿童少年生长发育概述	儿童少年生长发育的一般规律	家国情怀 科学辩证法	中国儿童生长探秘	启发式教学法 课堂讨论法
第三章 儿童少年身体发育	儿童少年体格发育	家国情怀 社会责任感	"给"比"拿"快乐——糖丸爷爷顾方舟	课堂讨论法
第六章 生长发育影响因素	生长发育的社会环境影响因素	家国情怀	被爱浇灌,我国儿童少年生长发育蓬勃向上	启发式教学法
第七章 生长发育调查与评价	生长发育调查	人生观教育 社会责任感	失之毫厘,谬以千里——中国学生体质与健康调研	启发式教学法 课堂讨论法
第九章 儿童少年常见病	脊柱弯曲异常	社会责任感	医者仁心——"大海脊柱拯救行动"	启发式教学法
第十二章 儿童少年心理卫生问题	儿童少年常见心理障碍及其预防控制	人生观教育 社会责任感	一个都不能少——15岁精神障碍儿童的全方位救助历程	案例教学法 课堂讨论法
第十三章 儿童少年伤害与暴力	校园暴力	人生观教育 社会责任感	建设安全和谐校园,守护儿童少年健康成长	启发式教学法 课堂讨论法

续表8-1

章名	课程思政融入点	思政目标	案例资源	教育方法和载体途径
第十五章 教育过程卫生	脑力工作能力变化	人生观教育 健康观教育	跨越"白天不懂夜的黑":以科学规划点亮高效学习之路	启发式教学法 课堂讨论法
第十六章 学校教育教学设施与设备卫生	校址的选择	职业自豪感 社会责任感	校舍作为临时避难所的缘由	启发式教学法 课堂讨论法

注:教材内容参照陶芳标.儿童少年卫生学.8版.北京:人民卫生出版社,2017.

案例一 少年强则国强

1.课程思政融入点 儿童少年卫生学课程地位和基本任务。

2020年5月31日,习近平总书记寄语广大少年儿童时强调,少年强则国强。当代中国少年儿童既是实现第一个百年奋斗目标的经历者、见证者,更是实现第二个百年奋斗目标、建设社会主义现代化强国的生力军。希望广大少年儿童刻苦学习知识,坚定理想信念,磨炼坚强意志,锻炼强健体魄,为实现中华民族伟大复兴的中国梦时刻准备着。各级党委和政府、全社会都要关心关爱少年儿童,为少年儿童茁壮成长创造有利条件。共青团、少先队组织要着眼培养能够担当民族复兴大任的时代新人,顺应时代发展,不断改革创新,积极开展工作,为党的少年儿童事业作出新的更大的贡献。

2.思政案例育人成效 通过对习近平总书记寄语的解读,培养学生树立全心全意为人民服务的职业信念,为维护和保障人民群众健康保驾护航的责任担当,同时帮助学生自觉认同所学专业,不放弃对专业的追求。

3.教学方法、教学模式

(1)启发式教学法:通过学习习近平总书记对儿童少年的寄语,启发学生如何在寄语中看到自身专业的发展,从而有效地发挥个人价值。儿童青少年是祖国未来的栋梁,少年强则国强,儿童身心健康才能创建祖国美好未来。让学生体会到所学专业的重要性,从而在所学专业的某一领域内深入学习,有所建树,并推动专业和学科的发展。

(2)课堂讨论法:通过对习近平总书记有关寄语的解读,组织学生进行课堂讨论。在实现中华民族伟大复兴的中国梦的过程中,我们如何发挥专业优势,更好地为少年儿童茁壮成长创造有利条件。通过课堂讨论,使学生增强专业意识,同时也引导学生更好地利用专业优势维护儿童少年健康,为我国的少年儿童事业作出新的更大的贡献。

案例二 中国儿童生长探秘

1.课程思政融入点 儿童少年生长发育的一般规律。

生长长期趋势是19世纪以来,尤其是第二次世界大战后,发达国家全面出现的儿童少年群体身材一代比一代长得高、性发育提前、成年身高逐步增长的趋势,是近150年来人类生物学领域最突出的现象。当社会经济发展、生活水平和营养状况明显改善时,表现为正向增长;发生战争、社会动荡、经济萧条、生活水平下降时,表现为停滞甚至下降。

我国儿童少年生长长期趋势出现较晚,20世纪50年代开始,首先发端于沿海大城市,紧随其后的是内地大中城市,其后扩展到小城市和富裕乡村。生长长期趋势有一定限度。目前在发达国家人群,身高增长(除少数群体外)已大体停滞。但我国部分乡村地区还未完全消除贫困状态,儿童生长基数较低。季成叶等通过分析发现,长期趋势在我国正方兴未艾,预计就全国而言,该趋势还将持续30~50年。生长长期趋势是众多环境因素(如营养、疾病防治、文化教育、公共卫生水平等)和遗传因素(如大规模人口流动导致的远缘婚配现象)共同作用的结果。

2. 思政案例育人成效　结合我国儿童少年生长长期趋势,引导学生进一步加强热爱祖国、热爱人民的信念,提高民族自尊心和自豪感,同时帮助学生加深对科学辩证法的学习和理解。

3. 教学方法、教学模式

(1)启发式教学法:通过学习我国儿童少年生长长期趋势,启发学生理解该趋势的出现是伴随着经济的发展和人们生活水平的提高,是新中国成立、中国共产党带领全国人民共同努力奋斗的结果,尤其是改革开放使中国富起来的明显体现,使学生提高民族自尊心和自豪感。

(2)课堂讨论法:通过对我国儿童少年生长长期趋势的学习,组织学生进行课堂讨论,使学生充分认识到事物的两面性。通过课堂讨论,一方面使学生增强对科学辩证法的理解;另一方面,从专业角度,既要重视生长的重要性,也不能忽视其影响因素。

案例三　"给"比"拿"快乐——"糖丸爷爷"顾方舟

1. 课程思政融入点　儿童少年体格发育。

"糖丸爷爷"顾方舟是我国著名的医学科学家。在那个交通运输困难和物资匮乏的年代,顾方舟凭借坚定的信念和不懈的努力,成功研制出了我国首批"脊髓灰质炎"活苗,为我国的公共卫生事业作出了巨大贡献。1962年,顾方舟又牵头研制成功了闻名于世的糖丸减毒活疫苗。它的出现极大地降低了我国"脊髓灰质炎"的年平均发病率,使数十万名儿童免于致残的厄运。顾方舟教授在口述史中这样说:"我活这一辈子,不是说从别人那里得到了东西,而是我自己给了别人什么。"

2. 思政案例育人成效　结合"糖丸爷爷"顾方舟教授的光荣事迹,引导学生更加热爱中国共产党领导下的社会主义新中国,同时提高学生的民族自信和文化自信,培养学生正确的世界观和价值观,培养学生强烈的社会责任感。

3. 教学方法、教学模式　课堂讨论法:介绍糖丸爷爷顾方舟教授的光荣事迹,组织学生进行课堂讨论,不仅可让学生产生民族自豪感和荣誉感,同时引导学生乐于奉献、树立强烈的社会责任感,培养学生建立正确的世界观和价值观。

案例四 被爱浇灌，我国儿童少年生长发育蓬勃向上

1. 课程思政融入点 生长发育的社会环境影响因素。

社会环境指人类生存及活动范围内的社会物质、精神条件的总和，涵盖社会经济地位、医疗卫生保障、家庭因素、社会文化、教育、媒体等。这些因素相互交织，共同对儿童少年的生长发育产生影响。社会经济状况可对儿童少年生长发育产生直接影响。一个国家或地区的社会经济状况不断改善，儿童少年群体生长发育水平会逐步提高；反之，则出现群体生长发育的停滞或下降。

新中国成立后，尤其是改革开放以来，我国儿童的生长发育情况越来越好。国内14城市7~18岁男、女孩身高的调查数据显示，男、女每10年平均增高分别是2.8 cm和2.6 cm。其中学龄期和青春期是身高增长最为明显的阶段。从"50后"开始，年轻一代在成长过程中的平均身高稳步上升，呈现一条明显上升的"上扬曲线"。7到19岁儿童青少年的身高、体重等指标也增幅显著，这与社会环境密不可分。随着社会的发展，国家的富强，党和政府对儿童少年健康的高度重视，儿童少年的营养环境不断改善。例如按照我国义务教育阶段营养餐补助标准，农村义务教育公办寄宿制学校寄宿生营养餐补助为每生每年1 000元；城乡义务教育公办寄宿制学校家庭经济困难寄午生营养餐补助为每生每年1 000元；义务教育家庭经济困难学生生活费补助，家庭经济困难寄宿生，小学每生每年1 000元，初中每生每年1 250元；非寄宿的，小学每生每年500元，初中每生每年625元。正是由于党和政府对儿童少年的深切关爱，才有儿童少年生长发育情况的持续改善。

2. 思政案例育人成效 结合我国儿童生长发育现状，引导学生认识到儿童生长发育状况的改善与社会环境尤其是政治稳定、经济发展及党和政府对儿童少年的深切关爱密不可分。

3. 教学方法、教学模式 启发式教学法：通过学习社会环境对儿童生长发育的影响，了解我国儿童生长发育现状，启发学生理解社会环境因素对生长发育的决定性影响，激发学生热爱祖国的情怀。

案例五 失之毫厘，谬以千里——中国学生体质与健康调研

1. 课程思政融入点 生长发育调查。

中国学生体质与健康调研是我国国民体质监测体系的重要组成部分，是学校体育、卫生与健康教育工作的重要内容。开展该调研的主要目的是全面掌握我国学生体质与健康现状和变化发展趋势，指导各地和学校全面落实和贯彻新时代党的教育方针，科学开展学校体育、学校卫生与健康教育工作，助力教育强国、体育强国和健康中国建设。该调研工作自1985年起，每5年开展1次，分别于1991年、1995年、2000年、2005年、2010年、2014年和2019年开展了第二至第八次全国学生体质与健康调研工作。

中国学生体质与健康调研是我国儿童青少年的重要工作之一，调研过程是极其复杂、细致的工作。为保证调研结果的精确性，调研中使用的仪器必须按要求进行校准。同时，在体质与健康调研过程中，年龄偏小的学生的活泼、好动，会对数据采集工作造成

一定的难度,这就要求相关工作人员有高度的敬业精神来确保所获取数据的准确性。

2.思政案例育人成效　结合中国学生体质与健康调研事件,激发学生的社会责任感,引导学生树立正确的人生观,培养严谨的工作作风。

3.教学方法、教学模式

(1)启发式教学法:中国学生体质与健康调研过程涉及仪器的校准,若仪器未能及时、正确地校正,则会极大影响调研结果的准确性和可靠性,正所谓"失之毫厘,谬以千里"。由此启发学生爱岗敬业,要树立强烈的社会责任感和职业责任感。

(2)课堂讨论法:通过对中国学生体质与健康调研实践操作的了解和学习,组织学生进行课堂讨论。通过课堂讨论,使学生增强专业意识,培养科学严谨的工作作风。

案例六　医者仁心——"大海脊柱拯救行动"

1.课程思政融入点　脊柱弯曲异常。

2006年12月29日,中华慈善总会专项救助贫困地区脊柱侧弯青少年的爱心工程定点医院揭牌仪式在首都医科大学附属北京朝阳医院举行,"大海脊柱拯救行动"正式拉开帷幕。该公益行动由首都医科大学骨外科学系主任、首都医科大学附属北京朝阳医院骨科主任海涌教授倡导发起,致力于救治贫困地区的脊柱侧弯患者。2006—2015的十年中,"大海脊柱行动"联合多家国内外慈善机构,帮助了近500名来自祖国边远偏僻、条件恶劣地区的贫困脊柱侧弯患者挺直脊梁,为他们拨开云雾,带来最美好的希冀。

任海涌教授说道:"我们不能单单等他们来找到我们,我们要走出去,找到他们,给他们最专业的治疗!我们要到基层去,到边疆去,到需要我们的地方去。"此后,大海脊柱拯救团队踏过白雪皑皑,翻越崇山峻岭,攀上世界第三极,将足迹踏遍祖国大地。团队成员27批次远赴边远贫困地,其中16次穿行于云贵高原、"世界屋脊"等交通不便、环境恶劣的地区并进行脊柱侧弯筛查和救治;两次穿越人迹罕至的可可西里无人区,成为国内首个进入"生命禁区"的公益医疗团队。据统计,从2006年到2021年,"大海脊柱拯救行动"在贫困地区共筛查脊柱侧弯患者7 000余人次,为千余名脊柱侧弯患者实施脊柱矫形手术。

2.思政案例育人成效　结合"大海脊柱拯救行动",引导学生学习医者仁心、救困扶危的精神。

3.教学方法、教学模式　启发式教学法:以"大海脊柱拯救行动"为出发点,启发学生从这项公益活动中看到医护人员强烈的社会责任感,学习他们医者仁心、救困扶危的精神,充分利用自己的专业知识和技能为社会服务。

案例七　一个都不能少——15岁精神障碍儿童的全方位救助历程

1.课程思政融入点　儿童少年常见心理障碍及其预防控制。

2023年,15岁的学生小民(化名),患有精神疾病,确诊为智力二级,曾在医院接受康复治疗,由于身体原因,读到小学三年级辍学,家庭经济困难。小民情绪不稳定,抗拒交流,身体素质较差,社交能力弱。银川市春熙社会工作发展服务中心接案后派社工去干预。小民不愿与社工交流,多数表现为沉默和抗拒。通过走访,社工发现他喜欢玩魔方,便以此为契机建立信任关系。社工为小民提供心理疏导,帮助他提高自我情绪调节能力,形成正确的自我认知。同时,社工鼓励小民参与社区活动,提高人际交往能力,建立社会支持网络。

在社工的帮助下,小民逐渐开始参与社区生活,交到了朋友,改善了人际交往能力。社工还与小民的家庭成员进行沟通,缓和了亲子关系,营造了和谐的家庭氛围。小民的自信心逐渐增强,开始主动学习,社工继续关注特殊教育学校的信息,帮助小民继续接受教育,展示了社工在帮助困境儿童时的全方位介入和持续关怀,体现了社会工作的专业性和人文关怀。

2. 思政案例育人成效　结合小民的案例,引导学生树立正确的人生观,激发学生的社会责任感。

3. 教学方法、教学模式

(1)案例教学法:通过 15 岁精神障碍儿童的全方位救助历程案例展示,引导学生树立正确的人生观和社会责任感,不歧视、不欺负身边有精神类疾病的同学,并且积极帮助他们,为社会做出自己的贡献。

(2)课堂讨论法:通过 15 岁精神障碍儿童的全方位救助历程案例,引发学生讨论,学校是一个小社会,尊重他人,不能欺负弱小同学,激发学生的社会责任感,共同建设互帮互助的安全和谐校园。

案例八　建设安全和谐校园,守护儿童少年健康成长

1. 课程思政融入点　校园暴力。

校园暴力包括发生于校园内、上下学途中、学校组织的活动,以及其他所有与校园环境相关的暴力行为。校园暴力和人类许多行为不同。它并不伴随社会文明程度的提高而减少,反而表现为严重化。

我国每年受害于躯体暴力事件的中学生波动在 35% 左右,属世界中等水平。每年非正常死亡的学生总数约 1.6 万人,其中死于躯体暴力者的比例有逐步上升趋势。15~24 岁青少年犯罪占全国刑事犯罪总数的 55%;犯罪者中有相当部分是在校学生,且校园暴力一些新的发展动向令人担忧,如低龄化、团伙性和恶性化。另外,言语暴力、情感虐待等现象常被忽视,但由此导致的学生不安全感现象普遍存在。

校园暴力不仅会造成受害学生身心伤害和安全感丧失,还会引发恶劣的社会影响,如破坏教学秩序,危害师生安全,另外还会导致生活质量降低,社会福利负担增大,劳动生产率下降,对社会安定、和谐的破坏作用很大。因此,营造安全和谐校园,守护儿童少年健康成长,是全社会共同的责任和义务。

2. 思政案例育人成效　结合校园暴力现象,引导学生树立正确的人生观,激发学生的社会责任感。

3. 教学方法、教学模式

(1)启发式教学法:伤害和暴力针对的是弱势群体,在被别人欺负之后不能反过来去欺负其他更弱小的同学。引导学生树立正确的人生观,共同建设不欺负他人、和谐共处的校园环境。

(2)课堂讨论法:引入校园暴力事件,引发学生讨论,学校是一个小社会,每个人都应该遵守规则,同时尊重他人,不能恃强凌弱、欺负弱小,激发学生的社会责任感,共同建设互帮互助的安全和谐校园。

案例九 跨越"白天不懂夜的黑":以科学规划点亮高效学习之路

1.课程思政融入点 脑力工作能力变化规律。

脑力工作能力的学日变化通常表现为学日开始后工作能力逐步提高,约 2 小时后达到高峰,然后逐渐下降,午间休息后回升,随后又逐渐下降,到学日末下降到略低于学日开始时的水平。

如今熬夜现象在社会中普遍存在,有调查显示熬夜现象在学生群体中达 94% 以上,甚至有的学生因为白天任务没有完成而出现所谓的"报复性熬夜"。有同学认为晚上夜深人静没有其他杂事的打扰,可以使自己更加专注学习,学习效率更高。甚至有的同学过上了昼夜颠倒的生活,白天无精打采,或者干脆白天睡觉,晚上学习,其实熬夜不仅学习效率低下,还会对身体造成损伤,严重的甚至还会导致猝死的发生。如今社会中很多年轻的白领、青壮年由于长期熬夜导致突然猝死的事件时有发生,要给青年学生敲响警钟。

2.思政案例育人成效 结合熬夜现象,激发学生珍惜健康,引导学生树立正确的人生观、健康观。

3.教学方法、教学模式

(1)启发式教学法:通过熬夜现象的高发以及熬夜原因的分析,引导学生树立正确的人生观,共同建设不熬夜、提高白天工作效率的健康校园环境。

(2)课堂讨论法:引入熬夜猝死事件,引发学生讨论,如何提高白天学习效率,减少手机等电子产品带来的影响,共同建设健康和谐校园环境。

案例十 校舍作为临时避难所的缘由

1.课程思政融入点 校址的选择。

2021 年 7 月 20 日前后,某市发生历史罕见特大暴雨灾害天气。这场暴雨导致了严重的城市内涝、河流洪水、山体滑坡等多灾并发,造成了重大人员伤亡和财产损失。

在灾害发生后,众多救援力量迅速集结,投入紧张的救援工作中。为了妥善安置受灾群众,一个明智的选择是将学校作为临时避难所。这一决策背后有两个主要考量原因:其一,正值暑期,学校处于空置状态,提供了充裕的空间和设施;其二,学校选址的科学性,即遵循阳光充足、空气流动、场地干燥、排水通畅、地势较高的原则。对于那些因暴雨而受困的群众来说,学校地处高地,能够有效抵御洪水侵袭,为他们提供了一个温暖而安全的临时家园。

2.思政案例育人成效 结合某市特大暴雨时以学校作为救灾临时安置点现象,一方面引导学生建立专业自豪感,同时激发学生强烈的社会责任感。

3.教学方法、教学模式

（1）启发式教学法：通过某市特大暴雨学校作为救灾临时安置点，激发学生强烈的社会责任感，引导学生树立正确的人生观。

（2）课堂讨论法：引入某市特大暴雨学校作为救灾临时安置点事件，引发学生讨论，如何提高自身身体素质面对突发情况，共同建设大爱的校园环境。

第九章
健康教育学

　　健康教育学,以保护、促进、增强人群健康为宗旨,是公共卫生与预防医学专业重要的课程之一,是高等预防医学教育不可缺少的重要组成部分。健康教育学是一门以健康相关行为为研究对象,研究健康教育和健康促进理论与方法的科学与艺术;健康教育学是医学与行为科学相结合所产生的交叉学科,它力图在医学,尤其是在预防医学领域应用行为科学的方法和成就,研究人类行为和健康之间的相互联系及其规律,探索有效、可行、经济的干预策略及措施。本课程通过对健康教育基本理论、方法的讲授,结合相应的教学实践,使学生掌握健康教育学的基本结构、关键术语以及应用方法。

【教学目标】

（一）知识目标

1.掌握健康教育学基本知识、基本理论和基本技能。

2.熟悉健康教育学的基本任务和学习内容。

3.了解国内外健康教育学发展情况以及健康教育学领域的新技术、新方法和热点问题。

（二）能力目标

1.具备整体观念,能根据健康教育学的内涵,阐述健康教育学的基本知识、基本理论和基本技能。

2.能熟练掌握健康教育的意义、健康教育的工作步骤和行为的影响因素。

3.能够理论联系实际,运用所学知识和技能为提高人群健康水平服务。

4.具备一定的创新精神,能够持续关注健康教育学的新知识和新技术,并正确应用于健康教育学实践中,顺应学科发展需求。

（三）情感目标（思政目标）

1.激发学生热爱健康教育学的职业情感，培养学生良好的职业道德。

2.培养学生高度的责任心、同情心和爱心。

3.培养学生严谨求实的工作作风以及团结协作精神。

【课程思政教学资源计划表】

健康教育学课程思政教学资源计划表见表9-1。

表9-1　健康教育学课程思政教学资源计划表

章名	课程思政融入点	思政目标	案例资源	教育方法和载体途径
第一章 绪论	行为与健康	家国情怀 社会责任感	以健康为中心——健康素养提升计划	启发式教学法 课堂讨论法
第二章 健康行为	健康行为和健康相关行为	社会责任感	危言耸听？——行为模式能致病	启发式教学法 课堂讨论法
	健康行为的影响因素	社会责任感	矛盾共生——认知与行为一致吗	启发式教学法
第五章 阶段变化理论	决策平衡	人生观教育 社会责任感	权衡利弊——得失计较	启发式教学法
第六章 社会认知理论	社会认知理论的特点	科学辩证法	不信谣——对信息辩证理解	案例教学法
	目标形成	自主学习	循序渐进，不图"短平快"——诺贝尔奖获得者屠呦呦	课堂讨论法
第九章 创新扩散理论	面对创新人们呈现的不同反应类型	科学辩证法	识别舆论领袖，为健康教育成功保驾护航	案例教学法 课堂讨论法
第十一章 健康教育与健康促进项目的设计、实施与评价	格林模式	社会责任感	有的放矢——从结果入手	启发式教学法 课堂讨论法

续表 9-1

章名	课程思政融入点	思政目标	案例资源	教育方法和载体途径
第十二章 健康传播方法与技术	人际传播	人生观教育	会说会听，成功不远	案例教学法 课堂讨论法
	树立良好的传播者形象	人生观教育 社会责任感	网络红人——宋兆普医生	案例教学法 课堂讨论法

注:教材内容参照傅华.健康教育学.3 版.北京:人民卫生出版社,2017.

案例一 以健康为中心——健康素养提升计划

1. 课程思政融入点 行为与健康。

健康素养是指个人获取和理解健康信息,并运用这些信息维护和促进自身健康的能力。其包括了三方面内容:基本知识和理念、健康生活方式与行为、基本技能。

根据国家卫生健康委发布的数据,2018 年我国居民健康素养水平为 6.48%,并提出目标,于 2020 年达到 23.15%,比 2019 年提升 3.98%。2023 年调查结果显示我国居民健康素养水平达到 29.70%。2024 年 5 月 28 日,国家卫生健康委发布最新版《中国居民健康素养——基本知识与技能(2024 版)》,并提出开展全民健康素养提升三年行动(2024—2027 年),提出 2024—2027 年平均每年全民健康素养提升 2%,中国公民中医药健康文化素养水平持续提升。

2. 思政案例育人成效 结合我国公民健康素养提升计划,引导学生进一步了解我国居民历年调查的健康素养水平,帮助学生下定决心提高自身健康素养,从我做起,从小事做起,同时提高学生为提升中国居民健康素养贡献自己力量的决心。

3. 教学方法、教学模式

(1)启发式教学法:通过对《中国居民健康素养——基本知识与技能(2024 版)》和全民健康素养提升三年(2024—2027 年)行动的学习,启迪学生深刻认识到当前健康素养水平的提升空间依然广阔。促使学生开展自我审视,发现并弥补个人在健康知识与技能上的不足,从而不断提高自身的健康素养层次,并将这份对健康生活的热爱和追求传递给周围的人,为全面提升健康素养水平贡献自己的力量,提高学生的家国情怀和社会责任感。

(2)课堂讨论法:通过对历年调查的中国居民健康素养水平的了解和学习,组织学生进行课堂讨论,使学生充分认识到该水平需要提高的必要性。通过课堂讨论,使学生增强对提升自身健康素养水平紧迫性的理解,并且利用专业知识,对身边人开展宣教,为提升全民健康素养水平贡献自己的力量。

案例二 危言耸听?——行为模式能致病

1. 课程思政融入点 健康行为和健康相关行为。

健康相关行为包括促进健康的行为和危害健康的行为,其中危害健康的行为包括不良生活方式(吸烟、酗酒、不良饮食习惯、缺乏体育锻炼等)、致病性行为模式、不良疾病行为和违规行为。其中致病性行为模式包括两类容易致病的行为模式:A型行为模式和C型行为模式,分别为冠心病易发性行为和癌症易发性行为。

在日常生活中有一些人遇事爱好激动,说话也不注意方式方法,爱与人抬杠,凡事不三思而后行,结果导致身边的人际关系紧张,而且做事动作快,想在尽可能短的时间内完成尽可能多的工作,具有时间紧迫性,这就是A型行为模式,这类人群的冠心病发病率、复发率和病死率均比非A型行为模式高2~4倍;另外,C型行为模式表现为情绪压抑,性格自我克制,表面处处依顺、谦和忍让、回避矛盾,内心却是强压怒火,生闷气,C型行为模式者肿瘤发生率比非C型行为模式者高3倍左右。

2.思政案例育人成效　结合致病性行为模式的讨论,引导学生对照自身和身边人的行为模式,看是否有类似的致病行为,有则改之,从日常行为改变入手,尽量远离冠心病和肿瘤等疾病的高发,由个人辐射到人群,培养学生的社会责任感。

3.教学方法、教学模式

(1)启发式教学法:通过致病性行为模式的对比,启发学生认识到日常行为和疾病息息相关,从小事做起,改变自己的不良行为模式才可以保持长久健康,树立正确的健康观。

(2)课堂讨论法:介绍致病性行为模式,组织学生进行课堂讨论,引导学生对照自身和身边人的行为模式,看是否有类似的致病行为,有则改之,并且由己及人,辐射到社会人群,培养学生的社会责任感。

案例三　矛盾共生——认知与行为一致吗?

1.课程思政融入点　健康行为的影响因素。

个人认知会影响行为,但人们具备了相关的知识,却不一定有与之一致的行为,即认知不协调现象,这种现象产生需要多个动机冲突,使行为条件不具备。比如从众行为,众所周知,在当今社会,闯红灯的现象屡见不鲜,其中不乏众多人受从众心理驱使,盲目跟随众人一同穿越红灯,错误地认为这样"法不责众",同时还理所当然认为机动车应该无条件给行人避让,却忽视了现实情景中机动车因种种原因(如视线受阻、速度过快等)无法及时刹车的情况发生,从而导致交通事故的发生,以此告诫学生遵守交通规范的重要性,宁愿耐心等候两分钟,也绝不冒险闯红灯,给学生敲响警钟。

2.思政案例育人成效　结合闯红灯现象,引导学生认识到认知应该和行为保持一致,提高自身认知和正确行为的发生率,为和谐社会贡献自己的力量,激发学生的社会责任感。

3.教学方法、教学模式　启发式教学法:通过认知不协调现象中的从众闯红灯现象,激发学生的社会责任感。

案例四　权衡利弊——得失计较

1.课程思政融入点　决策平衡。

一个人对于行为改变后的利弊考量就是决策平衡。一个人针对行为改变做抉择时,需要对行为改变的好处及坏处同时考虑并比较分析。简单地说,好处是指行为改变能带来的利益,坏处就是行为改变要付出的代价,权衡利弊的过程,就是衡量自己得到的益处以及需要付出的代价。由此引申,告诫同学们在生活中不要过分计较得失,功利心太强,而应多付出,付出的时候不能只想着回报,使同学们形成正确的人生观。

2.思政案例育人成效　结合决策平衡,激发学生的辩证思维意识,引导学生树立正确的人生观,凡事不斤斤计较,功利心不要太强,在日常生活中要有舍弃小我为大家的社会责任感。

3.教学方法、教学模式　启发式教学法:在教学中引入决策平衡、权衡利弊的解释,启发学生思考,在日常生活中凡事都有双面性,有利就有弊,要告诫学生不斤斤计较,有舍弃小我为大家的社会责任感以及正确的人生观。

案例五　不信谣——对信息辩证理解

1.课程思政融入点　社会认知理论的特点。

驴耕田回来,躺在栏里,疲惫不堪地喘着粗气,狗跑过来看它。"唉,老朋友,我实在太累了。"驴诉着苦,"明儿个我真想歇一天。"狗告别后,在墙角遇到了猫。狗说:"伙计,我刚才去看了驴,这位大哥实在太累了,它说它想歇一天。也难怪,主人给它的活儿太多太重了。"猫转身对羊说:"驴抱怨主人给它的活儿太多太重,它想歇一天,明天不干活儿了。"羊对鸡说:"驴不想给主人干活儿了,它抱怨它的活儿太多太重。唉,也不知道别的主人对他的驴是不是好一点儿。"鸡对猪说:"驴不准备给主人干活儿了,它想去别的主人家看看。也真是,主人对驴一点儿也不心疼,让它干那么多又重又脏的活儿,还用鞭子粗暴地抽打它。"晚饭前,主妇给猪喂食,猪向前一步,说:"主妇,我向你反映一件事。驴的思想最近很有问题,你得好好教育它。它不愿再给主人干活儿了,它嫌主人给它的活儿太重太多太脏太累了。它还说它要离开主人,到别的主人那里去。"得到猪的报告,晚饭桌上,主妇对主人说,"驴想背叛你,它想换一个主人。背叛是不可饶恕的,你准备怎么处置它?""对待背叛者,杀无赦!"主人咬牙切齿地说道。可怜,一头勤劳而实在的驴,就这样被传言"杀"死了。

社会认知理论强调个人认知因素,在解释人体行为过程中并不是简单地接受外界刺激,而是把刺激进行认知层面的加工处理,组织成简要的、有意义的感知,且把已有的经验也运用于需要加以解释的对象。所以在听到别人传达的信息时要辩证思考,不能完全相信,尤其是网络上的信息,要思考其准确性。

2.思政案例育人成效　结合"驴是怎么死的"拟人化故事,引导学生加强辩证思考的能力,凡事不信谣不传谣,促进科学辩证思维的形成。

3.教学方法、教学模式　案例教学法:以"驴是怎么死的"故事为切入点,启发学生从这则拟人化的故事中看到别人说的话往往加入自己的理解和看法,会远离事实本身,提高学生辩证思维能力。

案例六 循序渐进,不图"短平快"——诺贝尔奖获得者屠呦呦

1. 课程思政融入点 目标形成。

1969 年 1 月开始,屠呦呦领导课题组从系统收集整理历代医籍、本草、民间方药入手,在收集 2 000 余方药基础上,编写了 640 种药物为主的《抗疟单验方集》,对其中的 200 多种中药开展实验研究,历经 380 多次失败,利用现代医学和方法进行分析研究、不断改进提取方法,终于在 1971 年获得青蒿抗疟发掘成功。1972 年,屠呦呦和她的同事在青蒿中提取到了一种分子式为 $C_{15}H_{22}O_5$ 的无色结晶体,一种熔点为 156~157 ℃的活性成分,他们将这种无色的结晶体物质命名为青蒿素。青蒿素为一具有"高效、速效、低毒"优点的新结构类型抗疟药,对各型疟疾特别是抗性疟有特效。1979 年,"青蒿素"获"国家发明奖",1986 年"青蒿素"获得了一类新药证书(86 卫药证字 X-01 号)。

屠呦呦在发现青蒿素的历程中,专心做科研,耐得住寂寞与枯燥,勇于面对质疑,不为世俗所动,不图"短平快",终于站在科学的巅峰,根据社会认知理论的原则,行为改变最好的方法是通过把目标分解为阶段性目标,逐步去实现,这个过程就是目标形成。在平时的学习和生活中也可以把目标分解成阶段性目标,逐步去实现,这就提醒同学们在学习过程中要学会自主学习,将学习目标进行阶段化、细化,进而达到自己的学习目标,另外也要学会制订自己的学习计划,比如长远计划和阶段性计划,还有每日计划,不至于漫无目的,另外也可避免出现事到临头拖拉或者完成质量不高的情况发生。

2. 思政案例育人成效 结合目标形成和制订计划,将学习目标进行阶段化、细化,进而达到自己的学习目标,引导学生树立自主学习的意识。

3. 教学方法、教学模式 课堂讨论法:引入目标形成概念的解读,引发学生讨论,胖子不是一口吃出来的,同样的目标也不是一步可以实现的,要学会分解目标,逐一实现。并且学习是终生的事业,每个人都应该养成终身学习的意识,同时要学会自主学习。

案例七 识别舆论领袖,为健康教育成功保驾护航

1. 课程思政融入点 面对创新人们呈现的不同反应类型。

20 世纪 90 年代,在我国南方某地的农村环境卫生项目中需要做推进厕所改良的健康教育工作。健康教育工作人员经调查研究对情况做了仔细分析后,认为在现有经济和社会条件下已经可以建议村民采用城市居民广泛使用的家庭坐式抽水马桶(节水型),而不再修建地面厕所建筑。但这对农村居民中是一种创新,需要帮助他们认识和接受这一观念。

健康教育工作人员首先在干部和村民中宣传"改厕"的卫生意义,进行必要的社会动员;在此基础上选择知识水平较高、认识较清楚、经济条件较好的人士(每村 10~20 位),如乡村教师、卫生人员、干部、乡镇企业负责人等作为"早期接受者";针对村民不愿改变原有习惯、对"厕所怎么能建在屋里"的顾虑和花钱建厕的犹豫,开展了讲解抽水马桶优点、说明其适合当地情况、展示城市居民的室内抽水马桶等活动,并使用项目预算经费对建抽水马桶者予以奖励性补贴(只相当于建抽水马桶所需费用的一小部分)。

这样第一批崭新的室内抽水马桶式卫生厕所在"早期接受者"的家里建起来了。然

后，以这些家庭为样板进一步开展工作，部分村民耳闻目睹后随即表示也要建这样的厕所，此时健康教育工作者宣布在某时以前建厕者还可以得到奖励性补贴，但只有"早期接受者"的一半。这些村民纷纷着手建厕，他们相当于"相对较早的大多数接受者"。再后，尽管健康教育工作者宣布不再有补贴，依然有更多的村民动手建这样的厕所，他们即是另一部分"相对较早的大多数接受者"和"相对较晚的大多数接受者"了。而且，非项目村的居民了解情况后也有许多开始建同样的新厕。这样，室内抽水马桶式卫生厕所很快在该农村地区普及起来。不过，到项目结束时还有少数村民不愿放弃传统马桶，他们属于"迟缓者"。

面对创新，人们呈现出不同的反应类型，总体上表现为先驱者、早期接受者、相对较早的大多数接受者、相对较晚的大多数接受者和迟缓者。其中早期接受者对后续的人群有较大的影响，有舆论领袖的作用，我们要学会找到舆论领袖使我们的健康教育项目事半功倍。

2. 思政案例育人成效　结合舆论领袖的带领现象，激发学生凡事会抓核心，能找到事物的关键点和突破口，要具备科学辩证的思维，识别人群中不同类型的人，为健康教育工作成功找到突破口。

3. 教学方法、教学模式

（1）案例教学法：通过人群中舆论领袖的剖析，引导学生树立科学辩证法，识别人群中不同类型的人，为健康教育工作成功找到突破口。

（2）课堂讨论法：引入人群中舆论领袖的剖析，引发学生讨论，如何在健康教育工作中找到人群中的舆论领袖，树立科学辩证思维意识。

案例八　有的放矢——从结果入手

1. 课程思政融入点　格林模式。

据世界卫生组织 2017 年报道，全球每年约有 17 亿例儿童腹泻，约 52.5 万例 5 岁以下儿童死于腹泻。儿童感染性腹泻是由多种病原体、多种因素引起的以大便次数增多、大便性状改变为特点的一组疾病，这是儿科常见病、多发病，尤其以 1 岁以下婴儿多见，且是发展中国家儿童死亡的第一位原因。1985—2004 年，我国农村 5 岁以下儿童患腹泻（2.01±0.03）次/（人·年），婴儿 4 次左右；城市（0.45±0.03）次/（人·年）。我国 5 岁以下儿童每年有 1.7 亿人次患腹泻，4 万多儿童因此死亡。从结果入手，调查儿童腹泻的原因，发现抚养者卫生知识缺乏、喝生水且上厕所之后不洗手等是主要的原因，故制定了健康信息传播、改水、改厕等干预措施。干预实施两年后，实验乡儿童腹泻防治知识知晓率上升。实验乡防治儿童腹泻正确行为形成率上升，且对实验乡干预起始和干预终末两年的 7 月份最后两周的 5 岁以下儿童腹泻患病率进行了比较，干预后较干预前患病率明显下降，干预成效明显。这个干预事件说明从结果入手找原因，再有的放矢实施干预措施，就能达到很好的效果。

2. 思政案例育人成效　结合 5 岁以下儿童腹泻防治案例，激发学生凡事找根源，从根源入手，从结果入手，有的放矢，树立追根溯源的意识品质。

3.教学方法、教学模式

(1)启发式教学法:通过 5 岁以下儿童腹泻防治案例,激发学生强烈的社会责任感,引导学生树立正确的人生观。

(2)课堂讨论法:引入 5 岁以下儿童腹泻防治案例事件,引发学生讨论,如何提高自身身体素质面对突发情况,共同建设大爱的校园环境。

案例九　会说会听,成功不远

1.课程思政融入点　人际传播。

在某医学院附属医院的一次诊疗日中,有一位老农在此就诊,当他问明挂号有 3 个价位后,就径直挂了一个最贵的号,当天坐诊的专家正好是该院老院长。老院长问老农何故挂最贵的号,老农说:"挂最便宜的号医生不让我说话,挂中档的号医生不听我说话,只有挂最贵的号,医生既让我说话,也听我说话。"

在人际交往中,要懂得说话的同时还要会倾听,要充分听取对方的话语,才能了解对方的真实意图,不能一味自以为是,自己滔滔不绝地说话,也不能不听完别人的讲话而断章取义,自以为是。

2.思政案例育人成效　通过对人际交往过程中说话和倾听关系的解读,培养学生会听会说的人际沟通意识,树立正确的人生观。

3.教学方法、教学模式

(1)案例教学法:通过人际交往过程中说话和倾听关系的解读,启发学生思考如何有效地发挥个人价值。让学生体会到所学专业的重要性,从而在所学专业的某一领域内深入学习,有所建树,并推动专业和学科的发展。

(2)课堂讨论法:通过对人际交往过程中说话和倾听关系的解读,组织学生进行课堂讨论。在实现中华民族伟大复兴的中国梦的过程中,我们如何发挥专业优势,以更好地为社会做贡献。通过课堂讨论,使学生增强专业意识,同时也引导学生更好地利用专业优势维护人民群众健康,为我国的健康事业作出新的更大的贡献。

案例十　网络红人——宋兆普医生

1.课程思政融入点　树立良好的传播者形象。

在河南省汝州市金庚康复医院儿童康复病区,有一群因为脑瘫而无法正常学习和生活的孩子。看到满头华发的宋兆普走进来,病房中的孩子们异口同声地喊着"爷爷、爷爷",纷纷张开双臂求"抱抱"。

该病区是金庚康复医院院长宋兆普为脑瘫患儿们建起的"家"。在这里,孩子们有专业团队为他们治疗,有护理人员照料他们的生活起居,有护工阿姨带领他们阅读绘本故事……宋兆普每天看完门诊后,雷打不动地来看望孩子们,了解孩子们的康复情况,提出有针对性的治疗意见。

一根银针,一手把脉绝技,从 2009 年宋兆普免费救治第一批被遗弃的脑瘫孤儿开始,他用祖传的中医技术为脑瘫患儿撑起了一片天,先后荣获"全国五一劳动奖章""全国劳动模范""全国优秀共产党员"等多项荣誉,连续三届当选为河南省人大代表,2020 年

1月当选为第十四届全国人大代表。

宋兆普在网络上经常讲一些疾病的健康知识,深受广大人民群众的喜爱,树立了良好的健康知识的传播者形象。

2.思政案例育人成效 通过对宋兆普医生救助脑瘫患儿事件和传播健康知识事件的解读,培养学生树立全心全意为人民服务的职业信念,为维护和保障人民群众健康保驾护航的责任担当。

3.教学方法、教学模式

(1)案例教学法:通过宋兆普医生救助脑瘫患儿事件和传播健康知识事件的解读,启发学生思考如何有效地发挥个人价值。让学生体会到所学专业的重要性,从而在所学专业的某一领域内深入学习,有所建树,并推动专业和学科的发展。

(2)课堂讨论法:通过对宋兆普医生救助脑瘫患儿事件和传播健康知识事件的解读,组织学生进行课堂讨论。在实现中华民族伟大复兴的中国梦的过程中,我们应该如何发挥专业优势,更好地为社会做贡献。通过课堂讨论,增强学生专业意识,同时也引导学生思考如何更好地利用专业优势维护人民群众健康,为我国的健康事业作出新的更大的贡献。

第十章
社会医学

========= 课程简介 =========

社会医学是医学和社会学之间一门新兴的边缘学科,它主要研究社会性医学问题和医学的社会学方面的问题。现代医学模式已经由生物医学模式向生物-心理-社会医学模式转变,要求医学生用新的医学思维思考和解决医学问题,社会医学正是促进医学生思维转变的重要学科。通过社会医学理论课教学使医学生建立起社会医学观念,了解社会诸多因素对人群健康与疾病的重要作用,了解当代社会卫生状况及医学所面临的重要社会医学问题,了解社会卫生策略和措施。学习社会医学调查、研究人群健康状况和评价卫生服务效果的基本方法、高危人群保健及主要社会病的防治措施,使之能更有效地应用医学科学技术,进行医疗卫生服务,提高卫生事业的社会效益。

【教学目标】

(一)知识目标

1.掌握社会医学的基本理论、基本技能和基本知识。

2.熟悉社会诸多因素与疾病和健康之间的关系。

3.了解当代社会卫生状况及医学所面临的社会医学问题。

(二)能力目标

1.具备跨学科合作的能力,能够与其他领域的学者和专业人士合作,共同解决健康和社会问题。

2.能够分析和解决社会因素对个体和群体健康的影响,提出合理的结论和建议。

(三)情感目标(思政目标)

1.培养学生正确的世界观、人生观和价值观。

2.培养学生的社会责任感和公民意识。

3. 引导学生关注国家和社会公众利益。

4. 培养学生的团队合作意识和沟通能力。

5. 培养学生的批判思维和创新能力。

➡ 【课程思政教学资源计划表】

社会医学课程思政教学资源计划见表 10-1。

表 10-1　社会医学课程思政教学资源计划列表

章名	课程思政融入点	思政目标	案例资源	教育方法和载体途径
第一章 概论	社会医学的概念、内容与任务	交叉融合 社会责任感	新冠疫情下社会医学的学科交叉实践	课堂讲授法 课堂讨论法
第二章 医学模式	医学模式的转变	科学发展 辩证思维	从现代医学模式的转变看未来医学模式的发展	课堂讲授法 案例教学法
第三章 健康社会决定因素	将健康融入所有政策的理念与实践	健康发展 社会责任感 职业道德	政策健康化,全民共建共享"大健康"	案例教学法
第四章 社会经济因素与健康	经济发展与健康	环境保护 社会责任 可持续发展	时尚背后的代价	课堂讲授法
第六章 社会文化因素与健康	文化影响健康的模式和特点	和谐 文化价值观、文化自信	《绿皮书》:跨种族和文化的友谊之旅	启发式教学法
第七章 行为心理因素与健康	烟草流行与控制	自律精神 健康责任	青春很贵,烟草不配	课堂讲授法 案例教学法 小组讨论法
第九章 卫生服务研究	卫生服务资源	国家情怀 社会责任感	紧密型县域医共体,让"医"路更畅通	课堂讲授法
第十三章 社会卫生状况	社会卫生状况指标	职业素养 职业信念 感恩之心	以健康为伴,以长寿为梦	案例教学法
第十七章 社区卫生服务	社区卫生服务的特点与内容	职业认同感 社会责任感 医者使命	百姓健康守门人·扎根社区好医生	案例教学法 主题讨论法

注:教学内容参照李鲁.社会医学.5 版.北京:人民卫生出版社,2017.

案例一　新冠疫情下社会医学的学科交叉实践

1. 课程思政融入点　社会医学的概念、内容与任务。

新冠疫情的暴发如一场风暴,席卷社会的各个角落,带来前所未有的挑战。在这个艰难时刻,社会医学学科与多学科的交叉实践,宛如一把多面之刃,为抗击疫情开辟出一条条新的道路。

(1)与公共卫生的交叉实践:社会医学与公共卫生学携手,共同开展疫情监测工作。公共卫生学利用其在疾病监测、流行病学调查等方面的专业技术手段,收集疫情相关数据,如感染人数、传播途径等。社会医学则从社会结构、社会行为等方面分析数据背后的社会因素。例如,通过分析发现老年人、医护人员等特定群体在疫情中的高风险状况,进而制订有针对性的防护和资源分配策略。

(2)与社会学的交叉实践:社会学对社会结构、社会分层等有深入研究,社会医学借助社会学的理论和方法,分析疫情下不同社会阶层、种族、性别等群体在健康方面的不平等现象。例如,研究发现低收入群体在疫情期间面临更高的感染风险、更少的医疗资源获取机会等问题,为制订公平的卫生政策提供依据。

(3)与经济学的交叉实践:经济学的资源配置理论和成本效益分析方法为社会医学在疫情期间的卫生资源分配提供了思路。社会医学与经济学合作,分析在有限资源下如何实现最大的健康效益。例如,评估不同地区、不同防控措施的成本效益,确定资源投入的优先顺序,确保医疗物资、疫苗等资源的合理分配。

(4)与心理学的交叉实践:心理学在心理健康评估、心理干预等方面具有专业优势。社会医学与心理学合作,识别疫情期间不同人群的心理健康问题,如患者的焦虑、医护人员的职业倦怠等,然后共同制订心理干预策略,如开展线上心理咨询、心理健康教育等活动,维护公众的心理健康。

在疫情的大考下,社会医学与这些学科的交叉实践,体现了知识融合的力量,也为未来应对复杂的社会问题提供了宝贵经验。

2. 思政案例育人成效　通过介绍疫情防控过程中社会医学与其他学科交叉融合实践,让学生理解到公共卫生措施的制订不仅要基于科学,还要考虑社会文化因素,从而拓宽学生的知识面和思维方式,培养学生在今后学习中注重学科间交叉整合的意识,培养出一批批能够服务国家重大战略需求的高素质人才。另外,学生通过这种交叉实践,可以深入认识到社会结构对健康的影响,培养社会责任感。

3. 教学方法、教学模式

(1)课堂讲授法:通过文字讲述、案例植入等讲授在疫情防控过程中的学科交叉应用,使学生明白单靠某一学科是无法全面应对疫情灾害的,培养学生的学科交叉意识,同时提高学生对交叉学科学习的积极性。

(2)课堂讨论法:课堂上给出新冠疫情相关的社会医学案例,让学生分组进行分析讨论。例如,分析某一地区疫情防控期间某一特定人群健康管理的成功经验与存在的问题,每个小组从不同学科角度(如公共卫生、社会学、心理学等)进行剖析,然后进行小组汇报和全班讨论。通过这种方式,培养学生的团队合作能力、综合分析能力和跨学科思维能力。

案例二　从现代医学模式的转变看未来医学模式的发展

1. 课程思政融入点　医学模式的转变。

未来医学模式的发展将是多维度的,既包括技术的进步,也包括理念的更新。通过综合考虑生物、心理、社会等因素,提供个性化的预防和治疗方案,未来的医学将更加以人为本,致力于提升全人类的健康水平。未来医学模式的发展方向如下。

(1)技术驱动的医学模式:现代医学的发展越来越依赖于技术的进步。大数据、人工智能、精准医疗等技术正在深刻影响着医学实践。例如,精准医疗通过基因组学等技术,对大样本人群与特定疾病类型进行生物标志物的分析与鉴定,实现个性化治疗。

(2)个性化医疗:未来的医学模式将更加注重个性化。每个人的身体状况、生活环境和遗传背景都是独特的,因此,未来的医疗将更加关注个体差异,提供量身定制的治疗方案。

(3)社会和心理因素的考虑:未来的医学模式将继续强调社会和心理因素在健康和疾病中的作用。这包括改善医疗服务的社会环境,提供心理健康支持,以及促进社区健康。

(4)综合性医疗体系:未来的医学模式将构建更加综合性的医疗体系,整合不同的医疗资源和服务,提供全方位的健康管理。这包括初级保健、专科医疗、康复护理等各个环节的无缝衔接。

2. 思政案例育人成效　通过介绍医学模式的发展,让同学们了解和意识到现代整体医学模式的发展不仅要求医学生拥有扎实的医学知识和精湛的医学技术,还需加强自己的人文素质教育,全面的知识结构有利于适应和推动现代整体医学模式的发展。与此同时,在现代整体医学模式指导下,未来的医务工作者需要树立以患者为中心的理念,适应时代发展的节奏,提升自身综合素质,也有利于增强自身竞争力。

3. 教学方法、教学模式

(1)课堂讲授法:按照医学模式的演变历程,如神灵主义医学模式、自然哲学的医学模式、机械医学模式、生物医学模式、生物–心理–社会医学模式的顺序依次讲授,让学生对医学模式的发展脉络有清晰的认识。

(2)案例分析法:选取一种疾病在不同医学模式下的诊断和治疗情况作为案例。先让学生自行分析案例,然后引导学生讨论不同医学模式在案例中的体现、优缺点以及未来可能的发展方向等。通过这种方式,促进学生理论与实践的结合,提高学生分析和解决问题的能力。

案例三　政策健康化,全民共建共享"大健康"

1. 课程思政融入点　将健康融入所有政策的理念与实践。

"将健康融入所有政策"是 2013 年 6 月世界卫生组织举办的第八届国际健康促进大会的主题。《"健康中国 2030"规划纲要》,在"指导思想"中明确"把健康融入所有政策,加快转变健康领域发展方式"。2018 年政府工作报告中,推进健康中国战略被纳入提高保障和改善民生水平的重点工作。"将健康融入所有政策"已经成为新时期卫生与健康工作的发展方向。

南阳坚持把体育发展作为高质量大城市建设的重要内容,实现了城市社区"15分钟健身圈"、公共体育设施布局日益完善、建设一批大型体育设施。积极组织开展多层次、多领域的群众体育活动,如年度全民健身大会、青少年系列体育比赛、青少年夏(冬)令营活动,乡级每3年、村级每2年举行一次农民体育运动会。积极推广居家健身方法,宣传居家科学健身知识,倡导非常时期的健康生活方式。

2021年,南阳市每千人体育指导员达到3.2人,经常参加体育锻炼人数比例达到42%,指标均超过全省平均水平。南阳市坚持全民健身和全民健康融合发展,以创建全国全民运动健身模范市为抓手,推动城乡全民健身公共服务全地域覆盖、全周期服务、全社会参与、全人群共享,形成浓厚的全民健身社会氛围。

2. 思政案例育人成效　"将健康融入所有政策"的理念,可以让学生认识到健康不仅仅是个人问题,还是一个社会问题,使学生在关注自身健康的同时,也关心社会整体的健康发展。让学生意识到自己的健康与整个社会环境息息相关,从而培养学生的社会责任感。

3. 教学方法、教学模式　案例教学法:以南阳市体育发展建设为例,使学生深刻理解健康事业在整个社会发展中的重要地位和作用,培养他们作为公卫人的职业道德和使命感。

案例四　时尚背后的代价

1. 课程思政融入点　经济发展与健康。

新塘,这座有着"中国牛仔之都"美誉的地方,其牛仔裤产业就像一把双刃剑。一方面,它是推动当地经济蓬勃发展的强大动力;另一方面,也带来了诸多亟待解决的问题。新塘牛仔裤产业规模庞大,年产量惊人,相关配套企业也随之兴起,形成了完整的产业链,这无疑为当地经济发展立下了汗马功劳。

然而,在新塘牛仔裤产业繁荣发展的背后,却隐藏着一个不容忽视的问题——环境污染。牛仔裤的生产过程是一个复杂的化学和物理过程,其中涉及大量的化学用品。染料是牛仔裤生产过程中不可或缺的元素,它赋予了牛仔裤丰富多样的颜色。然而,许多染料含有对环境有害的物质,例如一些偶氮染料,在自然环境中难以降解,一旦进入土壤或水体,会长期存在并对生态系统造成损害。生产过程中产生的废水更是环境污染的主要源头。这些废水中含有各种各样的重金属和有害化学物质。例如,在牛仔布的染色过程中,一些金属络合染料会导致废水中含有铬、铜等重金属离子。这些重金属离子具有毒性,如果未经处理直接排放到自然环境中,会对土壤和水源造成不可逆转的污染。这些污染物质还会随着水流的扩散,影响到更广泛的区域。

值得欣慰的是,近年来该产业在环保方面有了显著进步。实施了严格的污水排放指标和废水处理措施,采用新技术如激光水洗机器,减少用水和污染,朝着更环保的方向发展。政府也加强了对该产业的环保监管力度,提升了污水处理和排放标准,通过政策引导和支持产业转型升级,以促进经济发展与环境保护和健康的协调。

2. 思政案例育人成效　通过介绍新塘牛仔裤案例,让同学们认识到在追求经济发展的过程中,不能忽视环境保护,要秉持可持续发展的理念。另外,该案例可以让学生明白企业在追求利润的同时,必须承担相应的社会责任,包括保护环境、保障员工健康和安全等。这有助于培养学生的社会责任感,使他们在未来的工作或创业中能够树立正确的价值观。

3. 教学方法、教学模式　课堂讲授法:通过文字讲述、图片及视频展示等讲授新塘案例,引发学生对环境保护的思考,有意识地培养学生以"可持续发展"为追求,更有责任感地投身到学习实践中去,为努力成为未来国家生态文明建设的核心力量奠定坚实基础。

案例五　《绿皮书》:跨种族和文化的友谊之旅

1. 课程思政融入点　文化影响健康的模式和特点。

电影《绿皮书》是一部以 1960 年代美国社会为背景的剧情片,主要讲述了不同文化背景的两人(黑人钢琴家唐·雪利和白人保镖兼司机托尼·利普)之间相互影响、相互救赎的友谊故事。唐是一位非洲裔美国钢琴家和作曲家,从小就展现出了音乐天赋和才华,并成了一位著名的音乐家。尽管他在音乐上取得了巨大的成功,但是他经常面临种族歧视和孤独的挑战。在电影《绿皮书》中,唐雇用白人保镖托尼,开始驾车进行南部音乐巡演,在托尼的影响下,唐逐渐获得了更多文化自信以及他人的认可和支持,最终通过托尼的影响和支持,重新找到了自己的音乐信仰和自信。

《绿皮书》的主题围绕着"不同种族文化的两人彼此潜移默化互相影响以及相互救赎"展开。通过细腻的情节设计和人物塑造,向观众传递了跨越障碍、实现理解与和谐共处的重要性。文化潜移默化的力量在影片中得到了充分展现,唐与托尼之间的互动不仅改变了彼此的看法,也为观众提供了思考的空间。文化差异虽然带来了挑战,但也为人们提供了相互学习和理解的机会。唐通过音乐传递了对美好生活的向往,托尼则通过与唐的相处学会了欣赏艺术之美。这种文化的力量超越了种族和社会的界限,成为推动社会进步的重要力量。《绿皮书》所呈现的社会背景和人际关系对人们的心理健康有着深远的影响。研究表明,社会支持和人际关系质量对个体的心理健康至关重要。在《绿皮书》中,托尼和唐之间的相互支持和理解帮助他们克服了许多困难,这种正面的社会互动有助于提升他们的心理韧性。

2. 思政案例育人成效　通过介绍《绿皮书》这部电影,让同学们了解文化的潜移默化作用及其对心理健康的影响。电影中,唐·雪利和托尼·利普来自完全不同的文化和背景,但是他们通过旅途中相互学习、尊重和包容,最终成了朋友,使学生明白跨文化交流可以打破文化隔阂,促进理解和交流,从而建立起跨文化的友谊和合作。

3. 教学方法、教学模式　启发式教学法:通过文字讲述、图片及电影关键片段展示等讲述《绿皮书》中打破文化隔阂、互相影响的故事情节,引导学生对比电影中的文化差异,如唐和托尼的生活习惯、音乐品位等,探讨这些差异背后的原因。通过这种方式,学生可以更直观地感受到不同文化之间的碰撞与融合。

案例六　青春很贵，烟草不配

1. 课程思政融入点　烟草流行与控制。

烟草有害健康现已成了科学定论，吸烟行为也被世界卫生组织列为21世纪严重威胁人类健康的十大问题之一。青年大学生是国家的未来和民族的希望，是国家宝贵的人才资源，其吸烟问题已引起国家的广泛关注。《2021中国大学生烟草流行调查》显示，我国大学生吸烟率为7.8%，男生吸烟率（15.0%）高于女生（1.1%）。高职/高专吸烟率（11.6%）高于省属院校（5.0%）和部属或省部共建院校（3.0%）。大学生作为未来社会的主力军，其健康状况直接影响到国家的发展和社会的进步。因此，加强对大学生的烟草防控教育显得尤为重要。

另外，调查显示，大部分吸烟的学生低估了戒烟的难度，他们认为等工作、结婚后再戒烟就可以，所以尝试吸烟时也没有什么心理负担。然而，事实上戒烟通常比想象中更难。《中国烟草依赖的患病率与影响因素：基于2018年全国居民健康素养监测调查结果》在国际知名医学期刊《柳叶刀》子刊上发表。这项研究成果显示，我国约有1.835亿吸烟者患有烟草依赖，这一数字占现在吸烟者中的49.7%，患有烟草依赖的吸烟者，戒烟成功的可能性更低。并且，烟草依赖与吸烟行为显著相关，每日吸烟越多，开始吸烟年龄越早，患烟草依赖的风险越大。

2. 思政案例育人成效　青年大学生是民族的希望、是社会主义现代化事业的建设者。通过介绍《2021中国大学生烟草流行调查》数据，让同学们了解我国青年大学生吸烟现状，强调吸烟的成瘾性及危害性，让学生更直观地了解烟草的危害，并鼓励他们积极参与控烟活动，成为校园控烟的倡导者。每一位同学都应树立起"不吸烟，杜绝烟害"的意识。

3. 教学方法、教学模式

（1）课堂讲授法：通过文字讲述、数据、图片展示等讲授我国青年大学生吸烟现状，使同学们了解吸烟的危害性，加强学生的戒烟控烟意识。

（2）案例教学法：分享真实的案例，让学生从中汲取教训，增强自我保护意识。可以邀请戒烟成功的同学或者网络戒烟成功人士分享他们的经历，让正在吸烟的学生感受到戒烟的可能性和希望。

（3）小组讨论法：分组讨论烟草问题，鼓励学生发表自己的观点，增强团队协作能力。小组讨论还可以促进学生之间的互动，帮助他们更好地理解和掌握控烟知识。

案例七　紧密型县域医共体，让"医"路更通畅

1. 课程思政融入点　卫生服务资源。

大医院人满为患，小医院门可罗雀，相信每个去过医院的人都深有体会。尽管我国医疗卫生服务能力整体提高，但医疗资源不充分、不均衡的发展和人民日益增长的健康需求之间的矛盾是导致这一现状的主要原因之一。2023年12月，国家卫生健康委、中央编办等10部门联合印发的《关于全面推进紧密型县域医疗卫生共同体建设的指导意见》提出，到2027年底，紧密型县域医共体基本实现全覆盖。

紧密型县域医共体是将县域内的县级医院、乡镇卫生院,通过建立一定的管理和运行机制,形成责任、管理、服务、利益几方面的共同体。紧密型县域医共体建设是能够实现优质医疗资源不断下沉,实现"小病不出村,常见病不出镇,大病不出县,疑难危重病再转诊"的就医新模式。紧密型县域医共体建设能让群众就近便捷地就医、获得全面服务、节省医药费用,是惠民、利民的改革;能够让县乡医疗服务能力明显增强,资源使用效率明显提升,老百姓就医感受更加优化,可以增强人民群众的健康获得感和安全感;医疗卫生资源配置进一步优化,健康中国建设得到进一步推进,人民也会得到更多健康福祉。

2.思政案例育人成效　引入"紧密型县域医共体"概念,一是让学生了解卫生服务的进展。二是培养学生的家国情怀,强化实施健康中国战略的责任感与使命感。

3.教学方法、教学模式　课堂讲授法:通过图片展示、视频播放等方式讲授"医共体"政策的出台历程,加深学生对卫生资源配置的印象,引导学生思考"医共体"政策实施的多部门协作会面临的困难。

案例八　以健康为伴,以长寿为梦

1.课程思政融入点　社会卫生状况指标。

健康,是全人类共同的追求。习近平总书记指出,健康是促进人的全面发展的必然要求,是经济社会发展的基础条件,是民族昌盛和国家富强的重要标志。新中国成立初期,我国人均预期寿命仅35岁,到2023年人均预期寿命提高到78.6岁,人均预期寿命翻了一倍有余,中国人民创造了卫生健康领域的"中国奇迹"。

为持续推动人均预期寿命增长,党中央把人民身体健康作为全面建成小康社会的重要内涵,推动卫生健康事业取得长足进展。例如,为降低孕产妇和新生儿的死亡风险,国家大力推广孕期保健服务,提高产前检查覆盖率,及时发现和处理高危妊娠,推广新生儿疾病筛查和早期干预项目。同时,不断提升医疗机构的产科急救能力,特别是在农村和偏远地区,积极培训本地医务人员和建立转诊网络。国家深入实施健康优先发展战略,健全覆盖全人群、全生命周期的人口服务体系,加强重大慢性病管理,提高人均预期寿命,稳步提高人口健康素质。

2.思政案例育人成效　课前观看央视新闻频道的"追梦七十五载,从35岁到78.6岁,中国创造健康奇迹",体会75年来的成就背后是几代人不求回报、无私奉献的成果。培养学生对前辈们的感恩之心,"敬佑生命、救死扶伤、甘于奉献、大爱无疆"的医者精神和职业素养,树立全心全意为人民服务的职业信念。

3.教学方法、教学模式　案例教学法:通过新闻案例,让学生认识到国家为提高人均预期寿命所做的努力,培养学生的家国情怀,增强制度自信。

案例九　百姓健康守门人·扎根社区好医生

1.课程思政融入点　社区卫生服务的特点与内容。

蔡鸿鹏,杭州市拱墅区长庆潮鸣街道社区卫生服务中心全科医生,从事全科诊疗工作20余年,因"知识好、态度好、脾气好"被社区居民冠以"三好医生"的称号。有一天,一名中年人走进蔡鸿鹏的诊室,他红着眼圈儿说:"蔡医生,我受母亲之托来谢谢您。母亲在临终前说:你们一定要去看看蔡医生!他每周都会来看我,要告诉他我走了,谢谢蔡医生这么多年对我的照顾。"

蔡医生仅仅是70万社区卫生服务中心医护工作者的一员。他们把千家万户的健康深深植根于心中,治小病、管慢病、防大病,多讲、多问、多帮,只为乡亲们少生病、不生病。他们是家庭健康的守护者,在每一个平凡的日子里,在城市的每一个角落,始终坚守岗位,成为居民心中最可靠的"健康守门人"。

2.思政案例育人成效　课前观看央视新闻频道,树立全心全意为人民服务的职业信念。医生的工作往往琐碎而繁杂,但他们的责任心促使他们坚守岗位。培养学生的奉献精神,使他们愿意到基层去,像蔡医生一样,在群众最需要的地方贡献自己的青春和才华。

3.教学方法、教学模式

(1)案例教学法:通过蔡医生的案例,介绍社区全科医生及其工作内容。引导学生思考在基层医疗工作中如何践行医生的使命,培养学生的职业认同感和责任感。

(2)主题讨论法:设置"你认为的社区好医生"等主题讨论,让学生在讨论中深入理解扎根社区、服务百姓健康的意义,增强学生的社会责任感,使其认识到自己作为未来的医生,肩负着守护百姓健康的重要使命。

第十一章
卫生微生物学

▨▨▨▨▨▨▨ 课程简介 ▨▨▨▨▨▨▨

　　卫生微生物学课程深入探讨了微生物在公共健康领域的多功能性,包括它们在环境中的分布、传播途径以及对人类健康的潜在影响。本课程提供了关于细菌、病毒、真菌和寄生虫等方面的深入知识,并广泛覆盖了微生物学的基础知识、微生物如何引发疾病、相关的卫生法规、微生物检测与鉴定技术、消毒和灭菌策略、食品微生物学、环境卫生学以及微生物风险评估等关键领域。通过结合课堂教学、实验操作、案例分析和团队合作项目,该课程致力于提升学生的科学探究能力和实际操作技能,为学生未来从事公共卫生监测、食品安全管理、饮用水质量保障、医疗感染预防和环境质量改善等关键领域发挥专业作用打下了坚实基础,进而为维护和提升公共健康安全作出贡献。

【教学目标】

（一）知识目标

1. 掌握微生物的基本分类、结构、生理功能和生态特性,以及它们在自然界和宿主中的分布和生存策略。

2. 熟悉微生物的检测、鉴定、消毒、灭菌方法,以及如何在公共卫生实践中应用这些技术来预防疾病和维护环境卫生。

3. 了解微生物如何引起疾病,包括传染病的流行病学原理,以及微生物在食品、水和环境中的作用,从而学会评估和控制与微生物相关的健康风险。

（二）能力目标

1. 能够将所学的微生物学理论知识应用于分析和解决公共卫生领域的实际问题,如评估微生物污染风险和制订相应的控制措施。

2. 学会微生物检测和鉴定的基本实验技术,包括样本的采集、分离、培养、计数和鉴定等。

3. 能掌握实验室生物安全操作规程,能够安全地进行微生物学研究和检测工作。

4. 能根据微生物学指标和调查方法来制定和修订卫生标准,为环境卫生管理提供科学依据。

(三)情感目标(思政目标)

1. 通过学习卫生微生物学,学生能够认识到公共卫生专业人员在保护和促进公众健康方面所承担的责任,激发他们为社会健康和疾病预防控制工作贡献自己的力量。

2. 培养学生的职业道德,包括诚实守信、尊重生命、敬业奉献等价值观,使他们在未来的职业生涯中能够严格遵守行业规范,以高度的责任心和伦理标准进行工作。

3. 通过对微生物与环境关系的学习,学生能够树立环境保护的意识,认识到维护生态平衡对人类健康的重要性,并在个人和社会层面上采取行动,促进可持续发展和健康生活方式的普及。

▶【课程思政教学资源计划表】

卫生微生物学课程思政资源计划见表11-1。

表11-1　卫生微生物学课程思政资源计划

章名	课程思政融入点	思政目标	案例资源	教育方法和载体途径
第一章 绪论	卫生微生物学的发展历史	科学素养 人文情怀 创新精神 社会责任	学伟大科学家事迹,悟科学创新精神	案例教学法
第二章 微生物生态学	生态平衡规律	生态保护 科学辩证观	绿水青山就是金山银山	案例教学法 课堂讨论法
第四章 微生物危害的预防与控制	感染性疾病的特异性预防	生命至上 科学精神 家国情怀 民族自豪	中国疫苗助力消除全球"免疫鸿沟"	案例教学法 课堂讨论法
第六章 水微生物	水微生物的来源、种类、分布及其卫生学意义	社会责任	中非水缘分,共筑生命之泉	案例教学法 小组讨论法
	水微生物污染的预防与控制	民族自豪 文化自信 社会责任	中国"热水"故事	案例教学法 实验演示法

续表 11-1

章名	课程思政融入点	思政目标	案例资源	教育方法和载体途径
第八章 空气微生物	空气生境特征	职业道德 生态保护 家国情怀 民族自豪	美丽中国,从健康呼吸开始	案例教学法 启发式教学法
第九章 公共场所微生物	公共场所微生物污染的预防控制	职业道德 职业素养 社会责任 奉献精神	后勤战线的英雄	案例教学法 课堂讨论法
第十一章 极端环境中微生物	极端环境微生物的应用及研究前景	科学精神 创新精神 民族自豪	青藏高原微生物研究,推动科学发展	案例教学法 课堂讨论法 启发式教学法
第十三章 药品微生物	细菌内毒素检查法	科学精神 创新精神 生态保护	内毒素检测守"鲎"新方法——重组 C 因子检测法	案例教学法 启发式教学法

注:教学内容参照曲章义.卫生微生物学.6 版.北京:人民卫生出版社,2017.

案例一　学伟大科学家事迹,悟科技创新精神

1.课程思政融入点　卫生微生物学的发展历史。

卫生微生物学的发展历史是一段充满探索与发现的壮丽篇章,其中众多科学家以其卓越贡献奠定了这一学科的基础。列文虎克利用自制的显微镜,经过无数次的观察,首次揭示了微生物世界的存在,他的坚持和耐心是科学探索精神的典范。约瑟夫·李斯特在无菌手术技术尚未被广泛接受时,坚持推广这一理念并亲自实践,大大降低了手术感染率,为医学进步作出了巨大贡献。路易斯·巴斯德通过实验证明了微生物与某些疾病的关系,开创了微生物生理学,他的疫苗研究和巴斯德杀菌法为预防传染病提供了有效手段。罗伯特·科赫提出了著名的科赫法则,为确定病原体提供了科学依据,他的研究方法和思路对后来的微生物学研究产生了深远影响。爱德华·詹纳是牛痘疫苗的发明者,通过广泛接种疫苗,成功控制了天花的流行,他的研究成果不仅挽救了无数生命,还体现了科学家对社会的责任感和使命感。亚历山大·弗莱明发现了青霉素,这一发现为治疗细菌感染提供了新途径,然而他并没有将这一发现用于商业目的,而是无私地分享给了全世界,他的行为彰显了科学家的伦理精神和社会责任感。这些科学家们的卓越贡献不仅推动了微生物学的发展,还为人类健康和公共卫生事业的进步奠定了坚实的基

础。他们的科学精神和探索勇气,是我们今天学习和传承的宝贵财富。

2.思政案例育人成效　讲述卫生微生物学发展历史中各位奠基人的重要贡献,融入思想政治教育,培养学生的科学素养和人文情怀。通过了解这些科学家的事迹,学生不仅能够掌握卫生微生物学的基本理论,还能深刻理解科学创新精神的重要性,增强社会责任感和伦理意识。

3.教学方法、教学模式　案例教学法:通过讲述具体科学家的生平和事迹,如弗莱明发现青霉素的故事,详细分析他们的科学成就和创新精神,让学生深入了解科学发现的过程和背后的艰辛,使学生更直观地感受科学家的探索精神和科学态度,引导学生思考科学创新精神的重要性,以及科学家在科学研究中的伦理责任。

案例二　绿水青山就是金山银山

1.课程思政融入点　生态平衡规律。

习近平总书记提出的绿水青山就是金山银山理念深刻影响了我国生态文明建设,成为政策法规的重要指导思想。通过《生态环境保护法》《国土资源法》等政策文件的实施,我国明确提出了生态保护优先的战略方针,强调了经济发展与环境保护的协调。在这一框架下,学生们能够理解生态保护的重要性及其对可持续发展的影响,从中培养出环保意识和责任感。

2.思政案例育人成效　学习与"绿水青山"相关的生态保护政策,增强了学生们生态环保的使命意识,认识到自身专业在实现生态文明建设中的重要作用。这一过程帮助他们树立了以自然为本、尊重生态的价值观,增强了参与环境保护行动的动力和责任感,为未来从事生态相关工作的职业生涯奠定了基础。

3.教学方法、教学模式

(1)案例教学法:通过介绍生态保护成功案例及其政策背景,帮助学生理解理论与实践结合的重要性,增强他们对生态学专业的认同感和责任感。

(2)课堂讨论法:围绕绿水青山就是金山银山的理念,组织学生讨论经济发展与生态保护的关系,鼓励他们思考在专业学习中如何找到二者的平衡点,提高其批判性思维能力。

案例三　中国疫苗助力消除全球"免疫鸿沟"

1.课程思政融入点　感染性疾病的特异性预防。

中国疫苗的研发和生产,不仅保障了国内疫情防控的需要,还积极向国际社会提供援助。中国已经向120多个国家和国际组织提供了超过20亿剂疫苗,占全球疫苗使用总量的1/3,成为对外提供疫苗最多的国家。中国疫苗的安全性和有效性得到了广泛认可,多国领导人公开接种中国疫苗,展示了对中国疫苗的信任。

此外,中国还积极参与全球疫苗合作,推动疫苗作为全球公共产品,提高疫苗在发展中国家的可及性和可负担性。中国支持本国疫苗企业向发展中国家进行技术转让,开展合作生产,让更多国家特别是发展中国家能够早日用得上疫苗。

通过这些行动,中国不仅帮助各国抗击疫情,还促进了全球疫苗的公平分配,为构建人类卫生健康共同体作出了实质性贡献。这些举措体现了中国对人类命运共同体理念的坚定践行,展现了中国在全球抗疫合作中的积极形象和重要作用。

2. 思政案例育人成效 该案例展示了中国在全球公共卫生事件中的积极角色,强调了国际合作的重要性。学生从中学习到,通过科技的力量和国际社会的共同努力,可以有效地预防和控制感染性疾病的传播。这不仅增强了学生对特异性预防措施如疫苗重要性的认识,也成功培养了他们对于全球健康挑战的责任担当意识和协同合作的精神。

3. 教学方法、教学模式

(1)案例教学法:在讲授感染性疾病的特异性预防时,引入此案例,讲述中国如何通过疫苗国际合作,帮助发展中国家提高疫苗接种率,减少全球疫苗分配不公。引导学生讨论中国疫苗国际合作中的爱国精神、国际合作精神和责任感。

(2)课堂讨论法:将学生分成小组,讨论中国疫苗国际合作的意义,以及它如何体现了人类命运共同体的理念。每个小组选派一名代表,向全班分享他们的讨论结果,包括中国疫苗国际合作的启示和挑战。通过讨论和分享,深入理解特异性预防的重要性和疫苗国际合作的意义,并且能够学习到如何在实践中体现人类命运共同体的理念。同时,这也有助于学生理解和接受社会主义核心价值观,激发他们对科学探索和全球健康事业的热情。

案例四 中非水缘分,共筑生命之泉

1. 课程思政融入点 水微生物的来源、种类、分布及其卫生学意义。

因为贫穷,非洲多个地方缺少供水设施,缺少安全饮用水,极易感染介水传染病,尤其是霍乱。据不完全统计,非洲每年有50万人死于霍乱引起的腹泻,他们死亡时浑身脱水,骨瘦如柴,非常悲惨。近年来,中国企业在非洲承建的众多供水设施,为非洲国家开发水资源、缓解吃水难题提供了"中国方案",帮助越来越多的非洲民众喝上了期盼已久的"放心水"。在卢旺达,中国援助的200口水井为民众提供稳定、充足的清洁饮用水,并服务农业灌溉;在坦桑尼亚,姆万扎卫星城供水项目自2019年11月投产以来,已为当地约15万居民解决了用水难题,用水成本降至原来的五分之一;在肯尼亚,卡瑞曼纽大坝供水项目于2022年投入运行,极大缓解了首都内罗毕及周边城镇近百万人口的用水问题。中国在非洲多国家援建水井项目,是中国政府为支持非洲国家改善民生、促进经济发展而实施的一项重要举措。这是中国与非洲国家共建"一带一路"的生动案例,也是构建中非命运共同体的具体体现。

2. 思政案例育人成效 通过对本案例的学习,学生不仅能够加深对卫生微生物学相关知识的理解,还能够增强全球公共卫生意识、激发科技创新热情、培养人道主义精神和可持续发展理念。这种融合思政元素的教学模式,有助于培养具有全球视野、创新精神和社会责任感的卫生微生物学人才,为推动全球卫生事业的发展作出贡献。同时,开展"一带一路"主题思政教育,引导学生在生动的案例中开展文化溯源,深入了解国家重大方略。

3. 教学方法、教学模式

(1)案例教学法:通过详细介绍中国在非洲援建水井项目的背景、过程、成果和影响,引导学生深入思考和讨论,使学生认识到全球卫生问题的复杂性和严峻性,以及国际合作在解决此类问题中的重要性。同时,使学生感受到中国对非洲人民的深情厚谊,培养他们的人文关怀精神和国际视野。

(2)小组讨论法:组织学生对案例进行深入讨论,分享个人见解,培养批判性思维和团队合作能力,引导学生思考如何在发展中实现环境保护和公共卫生的平衡,树立可持续发展的观念,关注全球卫生事业和环境保护问题。

案例五 中国"热水"故事

1.课程思政融入点 水微生物污染的预防与控制。

在中国,喝热水已经成为一种深入人心的生活习惯,这背后不仅蕴含着丰富的历史、文化和科学内涵,还与我们的民族精神、社会责任紧密相连。考古发现显示,中国人在远古时代就开始使用陶器烧热水,这不仅是出于取暖的需要,也体现了古人对卫生的初步认识。古代中医理论认为,温热的水可以养胃养身,因此热水在中医药文化中占有重要地位。唐朝时期,茶文化的兴起推动了热水的普及,泡茶需要热水,这使得热水逐渐成为日常生活中不可或缺的一部分。随着茶文化的传播,喝热水的习惯逐渐深入人心,成为中国人的一种生活方式。近代以来,随着西方细菌学说的传入,中国人逐渐认识到热水在杀菌消毒方面的重要作用。特别是在民国时期,为了防范传染病,政府大力倡导喝热水,这有效降低了水源性疾病的发病率。新中国成立后,全国性的爱国卫生运动进一步推广了喝热水的习惯。这一运动不仅提高了人民的卫生意识,还显著改善了公共卫生状况。通过中国"热水"故事,探讨其在卫生微生物学中的意义,由此引出水微生物污染的预防与控制方法,并结合思政教育元素,引导学生理解中国文化的独特性,培养健康的生活习惯,增强民族自豪感和文化自信。

2.思政案例育人成效 讲中国"热水"故事,使学生了解中国文化的独特性和卫生微生物学的重要性,还深刻体会到了健康生活习惯对个人和社会的重要意义,引导学生理解健康生活习惯的重要性,同时培养他们的文化自信和社会责任感。作为新时代的大学生,应该继承和发扬这一优良传统,关注全球公共卫生问题,为推动构建人类命运共同体贡献自己的力量。

3.教学方法、教学模式

(1)案例教学法:对推广喝热水以降低传染病发病率进行深入剖析,引导学生认识到健康生活习惯的重要性。

(2)实验演示法:通过简单的实验演示,如使用显微镜观察热水对细菌、病毒的杀灭作用,让学生直观理解热水在卫生微生物学中的科学原理。

案例六 美丽中国,从健康呼吸开始

1.课程思政融入点 空气生境特征。

《中华人民共和国"十四五"规划和2035年远景目标纲要》中明确提出,要加快推进美丽中国建设,增强人民群众的幸福感和获得感。在这一政策的指引下,空气质量的改善被列为重中之重,强调要改善空气质量,推动绿色发展。通过关注环境因素对健康的

影响,学生能够在专业学习中体会到空气质量与公共健康的密切关系,从而更好地理解自身学习的意义与价值。

2.思政案例育人成效　对"美丽中国"政策的深入解读,让学生们认识到良好的空气质量对人类健康的重要性,激发他们参与环境保护和公共健康事业的热情。这一学习不仅能够提升学生们对专业知识实用性的理解,还能提升学生的社会责任感,为建设美丽中国贡献自己的力量。

3.教学方法、教学模式

(1)案例教学法:通过政策背景和案例分析,使学生真正理解美丽中国建设对公众健康的深远影响,增强他们对专业的认同感与实践动机。

(2)启发式教学法:引导学生在思考美丽中国的建设过程中,探讨如何将所学专业知识应用于实际环境治理与健康促进中,以发掘出自身职业发展的新路径。

案例七　后勤战线的英雄

1.课程思政融入点　公共场所微生物污染的预防与控制。

郑州圆方集团的全体员工在疫情期间,展现了非凡的勇气和责任感。他们把"后勤"做到了"前线",在保洁、物业等岗位上坚守,许多员工主动请战。他们的故事体现了"平凡亦英雄"的理念,彰显了在关键时刻挺身而出的奉献精神。

圆方集团的员工们,通过自己的实际行动,为抗击疫情汇聚起了强大的力量。他们的故事激励着每一个人,无论身处何种岗位,都能够为社会作出贡献,成为抗击疫情的幕后英雄。这些普通工作者的付出和牺牲,展现了中国人民在面对困难时的团结与勇气,是践行人类命运共同体理念的生动体现。

2.思政案例育人成效　学习圆方集团员工的无私奉献和勇于担当的精神,让学生深刻理解在公共卫生事件中,每个个体的作用和重要性。不仅可以增强学生的专业技能和责任感,还可以培养他们在面对未来公共卫生挑战时的奉献精神和团队合作意识。同时,案例强调了社会主义核心价值观在实际工作中的应用,激励学生为构建人类卫生健康共同体贡献力量。

3.教学方法、教学模式

(1)案例教学法:在讲授公共场所微生物预防和控制时,引入郑州圆方集团的案例,讲述他们在疫情期间如何将"后勤"工作做到"前线",在保洁、物业等岗位上坚守。引导学生讨论圆方集团员工的行为如何体现了社会主义核心价值观,如奉献、责任、团结等,以及这些价值观在公共卫生事件中的重要性。

(2)课堂讨论法:将学生分成小组,讨论圆方集团员工的工作如何体现了微生物预防和控制的重要性,以及这些工作对维护公共健康的影响。每个小组选派一名代表,向全班分享他们的讨论成果,包括对圆方集团员工行为的分析和评价。引导学生讨论圆方集团员工的行为如何体现了社会主义核心价值观,如敬业、奉献、团结和勇气,以及这些价值观在公共卫生事件中的重要性。

案例八　青藏高原微生物研究，推动科学发展

1.课程思政融入点　极端环境微生物的应用及研究前景。

青藏高原作为地球上极端环境之一，其独特的生态系统和微生物群落引起了科学界的广泛关注。《国家自然科学基金管理办法》明确支持极端环境微生物的研究，以推动科学进步。政策的引导帮助学生理解极端环境下微生物的应用潜力，激励他们对微生物科学研究的热情，并引导他们关注科技进步对环境保护的重要作用。

2.思政案例育人成效　研究青藏高原的微生物生态，学生们可了解到极端环境生物的适应机制以及其在生态修复、环境监测中的应用。这一过程可激发他们对科学探索的兴趣，培养其科学思维和实践能力，增强其为推进科学进步而努力的责任感。

3.教学方法、教学模式

（1）案例教学法：通过分析青藏高原微生物研究的成功案例，彰显国家对科学研究的支持，激发学生探索未知领域的热情与专业意识。

（2）课堂讨论法：组织学生讨论微生物研究在生态保护和科技进步中的作用，鼓励他们交流创新想法，并提升综合应用能力。

（3）启发式教学法：引导学生在研究中发现问题、解决问题，鼓励他们独立思考，探索自己专业的创新和发展，推动科学研究的深入开展。

案例九　内毒素检测守"鲎"新方法——重组C因子检测法

1.课程思政融入点　细菌内毒素检查法。

重组C因子试剂盒利用体外重组的鲎凝血级联反应中的C因子，通过激活的C因子剪切荧光底物，实现内毒素的高灵敏度检测。该方法具有高特异性，减少了β-1,3-葡聚糖的干扰，避免了假阳性。它不依赖动物源成分，提高了供应安全性，同时符合3R原则，保护了濒危动物鲎。重组C因子法的批间一致性好，检测范围广，已被多国药典推荐。这一技术不仅提升了检测效率和准确性，还对医药行业和环境保护产生了积极影响。

2.思政案例育人成效　该案例展示了科技进步如何促进生态保护，通过替代传统鲎试剂检测法，减少对濒危动物的依赖，体现人与自然和谐共生的理念。同时，它强调了创新在解决实际问题中的重要性，激励学生在科研中追求创新和突破。此外，案例中所体现的责任感和对生物多样性的尊重，有助于培养学生的环保意识和社会责任，引导他们在专业实践中践行社会主义核心价值观。

3.教学方法、教学模式

（1）案例教学法：在课堂上讲授细菌内毒素检测的重要性，以及传统鲎试剂检测法的应用和局限性时，引入此案例，详细叙述重组C因子检测法相对于传统鲎试剂检测法的优势，如更高的特异性、不依赖动物源成分、重组表达生产的批间一致性及被多国药典推荐的情况。引导学生讨论案例中的创新精神、环保意识和社会责任，以及这些品质如何体现在个人发展和职业规划中。

（2）启发式教学法：提出一系列问题，如："重组 C 因子检测法为何能减少对鲎的依赖?""这种方法对环境保护有何意义?""它如何体现可持续发展的理念?"引导学生深入思考。将学生分成小组进行讨论发言。总结学生的讨论，强调创新在解决科学问题中的重要性，以及科研人员在推动科技进步的同时，应考虑环境保护和可持续发展。

第十二章
卫生法规与监督学

▨▨▨▨ 课程简介 ▨▨▨▨

　　卫生法规与监督学是适应我国法治建设与卫生监督工作需要应运而生的一门学科,是将卫生法学与卫生监督学融为一体的一门交叉学科。该课程主要研究卫生监督制度和卫生监督实践,揭示卫生监督工作一般规律。从卫生监督管理的实践需要出发,立足于我国卫生监督实际情况,将行政学、管理学、法学、监督学等社会科学与预防医学等自然科学的内容有机地联系在一起,阐明卫生监督学的基本理论、监督程序、具体监督事项等内容。本课程坚持立德树人的根本任务,全面提高学生基本法律素养,增强依法治国、建设社会主义法治国家的理念,为预防医学专业学生未来从事卫生监督管理工作打下坚实的基础。

【教学目标】

（一）知识目标

1. 掌握卫生事业相关的法律法规和方针政策。

2. 熟悉卫生法规与监督学的基本知识、基本理论及卫生监督执法的基本程序。

3. 了解卫生监督机构的设置、职能及运行机制,明确各级卫生监督部门的职责范围。

（二）能力目标

1. 培养学生深入思考、融会贯通的能力。

2. 培养学生分析问题和解决问题的能力,运用卫生法学和卫生监督学的基本方法与技能分析处理卫生监督执法过程中常见问题的基本能力。

3. 能够有效利用课外学习资源,拓宽学生视野,培养学生独立获取知识、协作学习和知识迁移的能力。

4. 能持续关注新颁布的卫生相关法律法规,以顺应卫生工作变化的需求。

5. 关注国内外卫生法治建设的新动态,及时更新知识结构,以适应不断变化的社会需求和技术进步带来的挑战。

（三）情感目标（思政目标）

1.强化职业道德观念,确保在执行卫生监督任务时能够依法依规行事,促进公共卫生事业的发展,保障人民群众的生命健康权益。

2.培养学生的团队协作精神,在学习和工作中强调团队合作的重要性,促进学员之间的相互支持与协作,共同完成卫生监督任务。

3.培养学生热爱医学事业的精神,提升其依法应对重大突发公共卫生事件的能力,引导学生树立正确职业素养与责任感。

4.引导学生坚持拥护党的领导,自觉遵守党纪国法,积极践行社会主义核心价值观,落实预防为主方针,实施健康中国行动,提高全民健康水平。

➡【课程思政教学资源计划表】

卫生法规与监督学课程思政教学资源计划见表12-1。

表12-1 卫生法规与监督学课程思政教学资源计划

章名	课程思政融入点	思政目标	案例资源	教育方法和载体途径
第十章 医疗机构法律制度与监督	医疗机构执业监督	正确认知 善于思考 不忘初心 坚守职业道德	铁腕治理,重拳出击,打击非法行医	案例教学法 角色扮演法 理论讲授法
	医疗执业人员监督		不忘初心,"医"路前行	案例教学法 理论讲授法
	医疗美容服务监督		擦亮双眼,美丽不迷路	案例教学法 理论讲授法
第十四章 职业卫生法律制度与监督	职业健康监护监督	坚定理想信念 坚守职业道德	坚持预防为主,守护职业健康	案例教学法 理论讲授法
第十九章 食品安全法律制度与监督	食品相关概念	家国情怀 珍惜粮食 制度自信 爱岗敬业 学以致用 社会使命感	食品安全大于天,守护舌尖上的安全	案例教学法 理论讲授法 小组讨论法
	食品生产安全		应对全球粮食安全,中国在行动	案例教学法 理论讲授法
	食品安全监督主体及其责任		守底线,保安全,维权益,促发展	案例教学法 理论讲授法 角色扮演法

注:教学内容参照樊立华.卫生法律制度与监督学.4版.北京:人民卫生出版社,2017.

案例一 铁腕治理,重拳出击,打击非法行医

1. 课程思政融入点 医疗机构执业监督。

为进一步整顿和规范全成都市医疗服务市场秩序,切实维护人民健康权益,2024年5月24日,成都市卫生健康委员会组织全市开展打击非法行医的专项行动。此次行动由成都市卫生健康委员会牵头,联合市公安局、市场监管局、市城管委及各区(市)县相关职能部门,并邀请相关媒体共同参加。成都市卫生健康委员会综合监管处相关负责人在动员会上强调:要从严打击,严肃查处;要密切配合,形成合力;要加强宣传,巩固成果。

截至2024年5月23日14时,23个区(市)县上报数据显示:在检查中,现场发现"黑诊所"6家,"游医""流动牙医"等29处,发现涉嫌非法行医人员6名,拟立案6起;现场收缴药品、器械23箱。执法人员通过悬挂宣传条幅、发放宣传册页和提供咨询服务等方式,向群众宣传打击非法行医的相关知识。

非法行医的案例真实地发生在我们身边,非法行医不仅严重破坏了医疗服务市场秩序,还可能导致传染病、残疾、生命危险等严重后果,也因此,每个人都应该能够辨别"黑诊所""假医生",自觉抵制非法行医行为。

2. 思政案例育人成效 了解成都市开展打击非法行医专项活动,引导学生辨别、抵制非法行医行为,提高自我保护意识。通过角色扮演,培养学生与人沟通,自我表达,相互认知等社会交往能力,也能激发学生维护人民健康权益、构建法治社会的决心。

3. 教学方法、教学模式

(1)案例教学法:以成都市开展打击非法行医专项活动的引入,结合层层深入的提问:哪些属于非法行医? 对社会、对自身健康的危害是什么? 该如何辨别? 作为卫生监督员的职责是什么? 这一系列的思考,既有利于对知识的理解与掌握,也能培养学生知识迁移和运用能力,此过程自然融入思政元素,提高了学生对生命的敬畏之心和对卫生监督职业的崇敬之情。

(2)角色扮演法:通过观看视频,转换角色,模拟在日常监督执法过程中卫生监督员对医疗机构监督检查的内容、程序和步骤,给学生更清晰的认知。一方面,这有助于提升学生的学习兴趣,激发学生学习的动力和从事卫生监督员的愿望;另一方面,能够将书本上的知识应用在模拟执法过程中,加深学生对知识的理解和印象。

(3)理论讲授法:结合问题导入,提高学生的积极性,激发学习热情,结合视频、图片等多种方式,层层剖析,帮助学生深入理解基础知识,构筑知识之间的逻辑性。

案例二 不忘初心,"医"路前行

1. 课程思政融入点 医疗执业人员监督。

他93岁高龄,仍坚持每周出诊三次;他带教无数,培养了数以万计的中医人才,他就是国医大师张磊。

行医70多年,张磊崇尚"致中和平",一生以治病救人为怀,以仁慈之心、平静之心、平等之心对待患者,从不计较个人得失,诊治患者不分贫富,一视同仁。坚持每周一、三、五上午到医院坐诊,这个习惯张磊已经保持了30多年。张磊认为,中医看病要有中医的

思维模式,主要从辨证上体现,"不仅要看人的病,还要看到病的人,这是中医的最大特点"。他强调把人当做一个整体看待,不仅要医病,开好"有药处方",还要重视为患者"医心",开好"无药处方"。

"为医者不仅要有精湛的医术,即'精';还要有高尚的品德修养,即'诚'。"张磊说。医生是治疗疾病的主动者,患者是被动者,医生对待患者要有仁慈之心、平静之心和平等之心,不要被势位富厚、贫贱丑陋所影响,更不能以术谋私,"医德体现在各个方面,要落到实处"。为了提醒自己行医务"精诚",张磊还给自己写了几句行医格言:"书要多读,理要精通,自知不足,勤学莫止。医德务必高尚,医术力求精湛。患者为本,热诚清廉。"

新冠疫情时期,张磊多次献出抗"疫"良方。悠悠为民情,拳拳爱国心,张磊老师仁心仁术、实事求是的严谨医风,体现了张磊为国担难、为民尽责的大医担当和鲜明品格,值得每一位医学生学习。

2.思政案例育人成效 结合国医大师张磊教授事迹,培养学生大爱无疆、无私奉献的家国情怀以及医者仁心、爱岗敬业的职业素养,引导学生弘扬中医药文化,坚定文化自信。

3.教学方法、教学模式

(1)案例教学法:以国医大师张磊为典型案例的引入,引导学生思考医疗执业人员应该怀有崇高的责任感,以及对生命的关爱之情、仁德之心。鼓励学生学习张磊教授大医精诚、患者为本、热诚清廉的精神,坚定前进信心,立大志、明大德、成大才、担大任,为患者健康保驾护航。

(2)理论讲授法:结合问题导入,提高学生积极性,激发学习热情,结合视频、图片等多种方式,层层剖析,帮助学生深入理解基础知识,构筑知识之间的逻辑性。

案例三 擦亮双眼,美丽不迷路

1.课程思政融入点 医疗美容服务监督。

爱美之心人皆有之。近年来,随着经济社会的发展,人民群众多层次多样化健康需求日渐增强。医疗美容行业发展迅速,美容整形者趋之若鹜,部分不法分子抓住大多数人"爱美"的心理,为了迎合市场,鱼龙混杂的从业人员和来路不明的药品器材充斥着美容整形市场。不少爱美人士难以分辨,在从业人员的哄骗下稀里糊涂地做了项目,整容成毁容的情况屡见不鲜。

据报道,杜某经人介绍认识了美容工作室经营者林某。2022年6月,林某为杜某实施了面部提升、填充项目等十五天一个疗程的美容项目。三个疗程后效果不佳,林某又为杜某做了补充胶原蛋白、填充鼻基底法令纹项目,不料却造成杜某全脸肿胀、红肿发热。几经调整依然没有改善,林某只能带杜某前往江苏、上海治疗,但异物取出术、面吸、黄金微调、筋膜悬吊手术等一系列治疗依然没有改变"毁容"后果。

这里提醒各位同学,生活美容不等于医疗美容,许多不具备医疗机构执业许可证或医师执业证书的黑心机构和从业人员非法从事医美服务,加之一些生活性医美机构违规开展医疗美容服务,对消费者的身心健康造成潜在的风险,也严重扰乱了社会秩序。外表的美丽只能取悦人的眼睛,而内在的美却能感染人的灵魂。不要被美丽的外表蒙蔽了双眼,健康自信才是我们一生的追求。

2.思政案例育人成效 结合整形失败的案例,引导各位同学提高认知,注意辨别生活美容和医疗美容的区别,告诫同学们注重内在品质提升,每个人都有自己的独特之处,不要随波逐流而失去自我,人生路漫漫,良好修养、正直人品、出色才干、丰厚学识、积极的态度和健康的身体才是我们一生的财富。

3.教学方法、教学模式

(1)案例教学法:以医美乱象引入课程,引导学生思考生活美容与医疗美容的区别,如果选择医疗美容机构应该注意什么,如何把握"三个正规"的原则,如何进行监管等。层层深入的提问,既涵盖了知识内容,又能培养学生分析问题、思考问题的能力,同时自然融入了思政元素,美丽除了外表美外,还可以通过丰富的知识,人生的阅历,内在的涵养等各方面的修炼来增加,内心更充实,才会自信,由内到外散发美丽,健康自信才是每个大学生最好的"医美"。

(2)理论讲授法:结合问题导入,提高学生积极性,激发学习热情,结合视频、图片等多种方式,层层剖析,帮助学生深入基础知识,教学过程注重知识的逻辑性、条理性和实用性,在教学过程中留下一些问题让学生独立思考,把传授知识的过程转变为进行素质教育的过程。

案例四 坚持预防为主,守护职业健康

1.课程思政融入点 职业健康监护监督。

2022年,浙江省玉环市卫生健康执法人员在例行职业卫生检查时来到一家铸造厂,该厂生产环境恶劣,一进入车间就遭到充斥整个空间的噪声和粉尘的"轰炸"。在查阅了职业病危害因素检测检验报告后,执法人员发现,噪声和粉尘已经成为严重影响该厂职工健康安全的两大职业病危害因素。然而在现场,执法人员却看到多数劳动者并没有做好完备的防护措施,未佩戴专业防尘口罩和耳塞,从事体力劳动时完全暴露在高风险环境中。口说无凭,劳动合同见"真章",执法人员调查了该厂所有员工历年的劳动合同,发现合同中均未写明工作过程中可能产生的职业病危害及其后果、职业病防护措施等信息。

依据《中华人民共和国职业病防治法》第七十一条第三项"用人单位违反本法规定,有下列行为之一的,由卫生行政部门责令限期改正,给予警告,可以并处五万元以上十万元以下的罚款:订立或者变更劳动合同时,未告知劳动者职业病危害真实情况的"的规定,执法人员对该企业处以警告及罚款人民币65 000元的行政处罚。

工作过程中可能产生的职业病危害及其后果,是用人单位在劳动合同中必须履行的一项告知义务,也是劳动者享有的一项重要权利,用人单位与劳动者订立劳动合同时,应当将工作过程中可能产生的职业病危害及其后果、职业病防护措施和待遇等如实告知劳动者,并在劳动合同中写明,不得隐瞒或者欺骗。

2.思政案例育人成效 国家实行职业卫生监督制度,体现了国家对劳动者健康的高度重视和关爱,帮助学生树立"预防为主"的健康理念,培养学生遵纪守法的道德观念和

爱岗敬业的职业素养。

3.教学方法、教学模式

(1)案例教学法:结合某用人单位违反《中华人民共和国职业病防治法》的案例,提出相关问题,既涵盖了知识内容,又能培养学生分析问题、思考问题的能力,同时自然融入了思政内容,强调我国高度重视职业病防治工作,通过制定和完善法律法规,从源头上保障劳动者的健康权益,践行健康中国行动。

(2)理论讲授法:结合问题导入,提高学生积极性,激发其学习热情,结合视频、图片等多种方式,层层剖析,帮助学生深入理解基础知识,教学过程注重知识的逻辑性、条理性和实用性,在教学过程中留下一些问题让学生独立思考,把传授知识的过程转变为素质教育的过程。

案例五　食品安全重于天,守护舌尖上的安全

1.课程思政融入点　食品相关概念。

2021年8月下旬,江苏连云港市公安局海州分局路南派出所接到一位市民举报,原因是有家凉皮店卖的产品口味很不正常。

连云港市公安局海州分局路南派出所民警张靠山介绍说,该市民经常在这家店买东西吃,近期看到有关于食品安全的宣传,有的麻辣烫里可能添加含有罂粟壳的调料,让味道更好,他就怀疑经常吃的这一家是不是也有。所以他把当时吃剩下的一份凉皮带来了派出所,说怀疑里边有罂粟壳。

民警联系了海州公安分局食药环侦大队以及相关检测机构。结果证实,该凉皮内确实含有罂粟碱、那可丁等成分。随即,路南派出所协同食药环侦大队对这家店铺进行了全面搜查,扣押了一大盆辣椒油。经鉴定,辣椒油里有罂粟成分。目前,商家李某由于涉嫌生产、销售有毒有害食品,已被警方依法采取刑事强制措施。

俗话说:民以食为天。食品代表着人们最基本的物质需求,是民众的基本生活和健康保障,也是整个社会和谐稳定健康发展的重要基础。食品安全关系着国计民生,不容忽视和懈怠,我国坚持"最严谨的标准、最严格的监管、最严厉的处罚、最严肃的问责",确保广大人民群众"舌尖上的安全"。同学们也要注意增强防范意识,外出用餐时,感到食品味道不对可以保留证据并及时向相关部门举报。更重要的是,不能主动接触毒品,别把自己的生命当儿戏!

2.思政案例育人成效　"罂粟壳"凉皮的案例,培养学生重视食品安全的理念,增强自身防范意识,珍爱生命,远离毒品。

3.教学方法、教学模式

(1)案例教学法:结合非法添加"罂粟壳"凉皮的案例,提出相关问题,既涵盖了知识内容,又能培养学生分析问题、思考问题的能力,同时自然融入思政内容,强调食品安全是民生大计,我国一向高度重视食品安全问题,通过政府、企业、社会组织、公众和新闻媒体等多元共治,形成人人参与、共同守护食品安全的良好局面。

(2)理论讲授法:结合问题导入,提高学生积极性,激发学习热情,结合视频、图片等多种方式,层层剖析,帮助学生深入基础知识,教学过程注重知识的逻辑性、条理性和实

用性,在授课过程中留下一些问题让学生独立思考,把传授知识的过程转变为素质教育的过程。

(3)小组讨论法:在教师的指导下,学生以小组为单位,围绕"什么是添加剂""哪些属于非法添加剂"等问题,各抒己见。通过讨论活动,培养合作精神,激发学生的学习兴趣,提高学生学习的独立性。

案例六　应对全球粮食安全,中国在行动

1. 课程思政融入点　食品生产安全。

在中国,用不到10%的耕地,生产了世界四分之一的粮食,养活了世界五分之一的人口,这的确是一个了不起的成就,甚至可以说是一个壮举。截至2023年,我国的谷物(如小麦、大米和玉米)、水果、蔬菜、肉、禽、蛋、渔业产品产量均居世界第一。

从2018年以来,我国的粮食供应,先后经历了中美贸易摩擦、疫情、地缘冲突和极端天气的干扰。世界粮食安全也受到了巨大冲击。作为世界主要粮食出口地,拉美地区的粮食安全同样面临风险和负面影响。据联合国粮食及农业组织预测,8 300多万拉美民众或将陷入饥饿。但幸运的是,我们顶住了这些挑战,通过国内加国际的双循环战略,确保了国内的粮食供应和安全。

在应对这场世界性粮食危机、保障全球粮食安全的战役中,中国一直在积极贡献着自己的力量,发挥着重要的作用。中国不仅向联合国粮农组织提供捐赠,用于开展农业"南南合作",而且还向广大发展中国家派出了农业专家,提供技术援助。中国始终致力于在全球范围内生产更安全、更健康的粮食,建设更好的环境和生活。此外,作为世界产粮大国和粮食进口大国,中国在维护世界粮食价格上也发挥了举足轻重的作用。作为负责任的世界大国,未来中国在端牢自己饭碗的同时,也将与世界各国携手奋进,在全球粮食安全治理舞台上发挥着更加积极的作用,为促进世界粮食安全,共同创造一个无饥饿、无贫困和可持续发展的世界作出新的更大的贡献。

2. 思政案例育人成效　讲述中国在保障全球粮食安全过程中展现的大国力量、大国精神、大国担当,教育学生珍惜粮食,勤俭节约,提高粮食安全意识,坚决扛稳粮食安全重任,培养有家国情怀和团结合作精神的时代新人,共同构建人类命运共同体。

3. 教学方法、教学模式

(1)案例教学法:结合中国在保障全球粮食安全的案例,自然融入思政元素,强调粮食是人类生存发展的基础,粮食安全关系到世界和平与稳定。应对全球粮食安全风险,在全球范围内消除饥饿,需要世界各国和相关国际组织的共同努力及通力合作,中国成功保障了14亿人的粮食安全,为世界提供了中国方案,在全球粮食事务中担负着重要角色,发挥着举足轻重的作用。

(2)理论讲授法:结合问题导入,提高学生积极性,激发学习热情,结合视频、图片等多种方式,层层剖析,帮助学生深入基础知识,教学过程中注重知识的逻辑性、条理性和实用性,在授课过程中留下一些问题让学生独立思考,把传授知识的过程转变为素质教育的过程。

案例七　守底线,保安全,维权益,促发展

1.**课程思政融入点**　食品安全监督主体及其责任。

在"3·15国际消费者权益保护日"来临之际,某市市场监督管理局开展食品专项活动。活动中,执法人员对辖区内的超市、商店和餐饮店等食品经营场所进行重点检查,逐户入店查看了从业人员健康证是否过期、是否有食品流通许可证,是否存在不合格产品,指导商户自查问题,督促进行整改。开展食品专项检查,让商家也能依法、知法、守法,对自己的商品进行严格把控,坚决守住食品药品安全底线。同时,通过发放宣传资料,向群众广泛宣传消费者维权知识,提醒群众在合法权益遇到侵害时,要及时拨打维权电话"12315"来维护自己的合法权益。

市场监管总局持续组织开展食品安全专项行动,坚持预防与治理、处罚与教育、执法与普法"三结合",刚柔并济。对于严重危害生命健康安全的违法行为毫不手软,加大案件曝光力度,充分释放警示震慑效应,把体现人民利益、反映人民愿望、维护人民权益、增进人民福祉落实到市场监管执法各领域、全过程,聚焦群众身边"关键小事",加强民生领域案件查办,集中优势力量精准打击群众身边性质恶劣的违法行为,让市场监管长出"牙齿",切实解决老百姓的烦心事、揪心事,努力营造安全放心的消费环境,不断提升人民群众的满意度和获得感。

2.**思政案例育人成效**　通过以上案例,教育学生食品安全共同治理需要政府监管部门、食品生产经营企业、消费者、行业协会等各主体充分发挥各自的作用,通过协同合作、完善机制等方式,全面提升食品安全保障水平,为公众提供安全、放心的食品,形成全社会共同关注、共同监督消费环境的良好氛围,进一步保障消费者权益和促进市场健康发展。

3.**教学方法、教学模式**

(1)案例教学法:结合某市市场监督管理局开展3·15专项活动的案例,提出相关问题,既涵盖知识内容,又能培养学生分析问题、思考问题的能力,同时自然融入了思政内容,强调食品安全是民生大计。我国一向高度重视食品安全问题,通过政府、企业、社会组织、公众和新闻媒体等多元共治,形成人人参与、共同守护食品安全的良好局面。

(2)理论讲授法:结合问题导入,提高学生积极性,激发学习热情,结合视频、图片等多种方式,层层剖析,帮助学生深入学习基础知识。教学过程中要注重知识的逻辑性、条理性和实用性,在过程中留下一些问题让学生独立思考,把传授知识的过程转变为素质教育的过程。

(3)角色扮演法:通过观看视频,转换角色,模拟执法人员现场监督执法的场景。通过角色扮演,有助于提升学生的学习兴趣,能够使学生更加深入地了解食品安全监督执法工作的程序和内容,激发学生对专业知识的学习动力与从事食品卫生监督执法工作的期待愿望。

第十三章
科研思路与方法

　　科研思路与方法课程致力于提升学生的科研素养和创新能力,旨在通过科研思维训练、科研方法论学习、科研项目管理、科研伦理与学术规范教育以及科研论文写作与发表指导,培养学生的科学思维、创新意识、问题解决能力、严谨的科研态度和团队合作精神。课程采用讲授与讨论相结合的教学方法,结合案例分析和实践活动,如科研项目设计和模拟答辩,以增强学生的实际操作能力。这门课程适用于临床医学、中医学、预防医学、中药学和食品营养与卫生学等多个专业,对于本科生具有重要的指导意义,为学生未来的学术发展和职业生涯奠定了坚实的基础。

▶【教学目标】

（一）知识目标

1.掌握科研基本原理和方法。

2.熟悉科研伦理和论文撰写规范。

3.了解科研项目的规划与管理。

（二）能力目标

1.能够对现有的知识和研究进行客观分析,并在此基础上提出创新性的想法和解决方案。

2.能够独立进行科学研究的能力,包括设计实验、制订研究计划、执行实验操作以及分析和解释实验结果。

3.能够清晰、准确地表达自己的研究成果,包括撰写科学论文、报告以及在学术会议上进行口头报告。

4.能够在多学科团队中有效沟通、协调资源,并共同推进科研项目的实施。

5.能够养成终身学习的习惯,不断更新知识,跟踪科研领域的最新发展,以适应快速变化的科研环境和需求。

(三)情感目标(思政目标)

1.激发学生对科学探索的热情,培养学生对科学研究的尊重和责任感,以及对科学真理的追求。

2.强化学生的学术诚信意识,使学生理解科研伦理的重要性,学会在研究过程中遵守伦理规范,诚实守信,公平竞争。

3.培养学生的团队合作精神,让学生意识到团队协作在科研工作中的价值,同时鼓励他们将科研成果应用于社会实践,服务于社会的发展和进步。

【课程思政教学资源计划表】

科研思路与方法学课程思政资源计划见表13-1。

表13-1 科研思路与方法学课程思政教学资源计划

章名	课程思政融入点	思政目标	案例资源	教育方法和载体途径
第一章 绪论	医学科研的基本方法	科学精神 创新精神 坚持不懈 家国情怀 民族自豪	跨越千年,来自传统中药的礼物——青蒿素	案例教学法 启发式教学法
	医学科研的基本步骤		非议和沉痛下的坚持——炸药的发明	案例教学法
第二章 医学文献检索与文献综述	文献综述	科学精神 创新精神 社会责任 家国情怀	一个河南小镇青年的"自我突围"	课堂讲授法 启发式教学法
第四章 医学科研设计的基本要素	试验效应	科学精神 严谨细致	稀有气体的发现,第三位小数的胜利	案例教学法 课堂讨论法
第五章 医学科研设计的基本原则	重复的原则	科学精神 勇于探索 严谨细致 职业素养	十年磨一剑,百回攻一关	课堂讲授法 启发式教学法

续表 13-1

章名	课程思政融入点	思政目标	案例资源	教育方法和载体途径
第七章 流行病学调查研究	调查的范围与方式	生命至上 职业素养 无私奉献 家国情怀	鼠疫终结者——伍连德	案例教学法
第八章 单因素试验研究	完全随机设计及其衍生类型	勇于探索 实事求是	大航海时期的噩梦——坏血病	案例教学法 启发式教学法
第十一章 医学科研数据管理与统计分析方法	统计分析方法的应用	敬畏生命 勇于探索	生命起源之谜,一个小概率的偶然事件	课堂讲授法 课堂讨论法
第十二章 医学科研相关文献的撰写	实验研究论文	家国情怀 民族自豪 社会责任 守正创新	扬帆远航——中国科技期刊的国际化蜕变与自主崛起	课堂讲授法 课堂讨论法

注:教学内容参照魏高文,魏歆然.医学科研方法与循证医学.北京:中国中医药出版社,2019.

案例一　跨越千年,来自传统中药的礼物——青蒿素

1. **课程思政融入点**　医学科研的基本方法。

越南战争期间,因疟疾和战争导致北越遭受严重的士兵损失,根据其领导人请求,中国政府紧急寻找疟疾的治疗方法。1967 年 5 月 23 日,一个名为 523 项目的秘密组织成立,旨在开发抗疟疗法。1969 年初,屠呦呦被上级任命为该研究团队的负责人。屠呦呦团队梳理古代文献和民间疗法,希望找到可能的疟疾治疗方法。

在当时艰苦的科研条件下,屠呦呦团队从 200 种不同的中草药中筛选出 380 种提取物,并评价其抗疟效果。受葛洪《肘后备急方》的启发,屠呦呦猜想"传统提取步骤中的加热可能会破坏活性成分,在提取过程中可能需要降低温度来保持活性"。于是她重新设计了使用低沸点溶剂的提取工艺,最终从中药青蒿中提取出抗疟新药青蒿素。这一重大发现使得全世界每年因疟疾死亡的人数下降 38%,极大地降低了疟疾患者的病死率,成功挽救了全世界特别是落后国家和地区数百万人的生命。到目前为止,全世界已经有数十亿人从中受益。屠呦呦也因此成为第一位获得诺贝尔科学奖项的中国本土科学家。

2. **思政案例育人成效**　屠呦呦从古代文献中汲取灵感,通过对《肘后备急方》的研究,采用了低温提取的方法,最终成功分离出了青蒿素,让学生意识到文献研究法在科研中的重要作用。青蒿素的发现,经历重重困难,但屠呦呦及其团队并未放弃,体现了百折不挠的科研精神,可以用来激励学生在遇到困难时,也要保持坚韧不拔的意志力,并敢于创新。

3．教学方法、教学模式

（1）案例教学法：青蒿素的发现过程及其曲折，但屠呦呦及其团队不畏艰难，将文献研究法与现代科研技术相结合，体现了文献研究法在科学研究中的重要作用，同时体现了科学研究中的探索和创新精神，激励学生在科研过程中要不畏艰难、勇于创新。同时，青蒿素的发现是中国科学家为世界医学作出的重大贡献，体现了中国科研人员在国际舞台上的地位和影响力，激发学生的自豪感和爱国情怀。

（2）启发式教学法：该案例不仅可以传递科学知识，还能够传递一种积极向上的价值观，包括对科学探索的热情、对传统文化的尊重、对社会的责任感以及团队合作的精神，这些价值观对于培养学生的全面发展具有重要意义。

案例二　非议和沉痛下的坚持——炸药的发明

1．课程思政融入点　医学科研的基本步骤。

诺贝尔（1833—1896），瑞典化学家、工程师、发明家、军工装备制造商和炸药的发明者。他一生拥有355项专利发明，他在欧美等五大洲20个国家开设了约100家公司和工厂。1862年夏天，诺贝尔开始了对硝化甘油的研究。这是一个充满危险和艰苦而又漫长的过程。在一次进行炸药实验时，发生了惊人的爆炸事件，实验室被炸得灰飞烟灭。5个助手在这次灾难中丧命，他最小的弟弟也在这次实验中牺牲。这次出乎意料的爆炸事件，不仅使诺贝尔失去了最亲的弟弟，连他的父亲不久后也离开了人世，痛苦一次又一次降临于他。政府也不允许诺贝尔在市内进行试验。但是，诺贝尔百折不挠，他把实验室搬到市郊湖中的一艘船上继续实验。经过长期的研究，他终于发现了一种非常容易引起爆炸的物质——雷酸汞。他用雷酸汞做成炸药的引爆物，成功地解决了炸药的引爆问题，这就是雷管的发明。随后，他又发明以硅藻土为吸收剂的安全炸药，供矿山开发、河道挖掘、铁路修建及隧道开凿之用，以及后来不断改进，有了新型胶质炸药和新型无烟火药。1895年，在他逝世的前一年，他立下遗嘱将自己财产的大部分（约920万美元）作为基金。将每年所得利息分为5份设立物理、化学、生理学或医学、文学奖及和平奖（诺贝尔奖）。从1969年起，瑞典国家银行增设了经济学奖金。授予在各个领域为人类做出贡献的人。从1901年开始，奖金每年都在诺贝尔逝世的时间——12月10日下午4点颁发。

2．思政案例育人成效　以伟大科学家诺贝尔发明炸药为例，向学生展示进行科研须有百折不挠、不畏艰险、勇于探索、不断创新和无私奉献的精神，为学生奠定良好的科研精神基础。

3．教学方法、教学模式　案例教学法：通过此案例的导入，让学生认识到任何一项伟大的发明都不是凭空而来，需要科学家付出超出常人的辛苦与努力，从而培养学生百折不挠、不畏艰辛的科研精神和探究未知、追求真理、勇攀高峰、无私奉献的责任感与使命感。

案例三　一个河南小镇青年的"自我突围"

1.课程思政融入点　文献综述。

施一公,一位从河南小镇走出的青年,通过不懈的努力和对知识的渴求,实现了自我突围,成为世界生物医学领域的杰出科学家和教育家。他的个人经历和成长故事,为无数追求梦想的年轻人提供了启示和鼓舞。

施一公于1967年出生在河南省郑州市的一个知识分子家庭。他的早年经历颇为丰富,曾随父母下放到河南省中南部的驻马店市汝南县老君庙乡,也就是现在的光明公社。在那里,他度过了童年的一部分时光。1972年,由于父亲工作调动,全家搬迁到驻马店市。施一公的教育经历同样令人印象深刻,他在河南省实验中学毕业后,因在全国高中数学联赛中获得一等奖,被保送至清华大学生物科学与技术系。在清华,他不仅以本专业第一名的成绩提前一年毕业,获得生物学学士学位,同时也修完了数学系的双学位课程。

施一公的国际学术生涯同样辉煌。他在美国约翰斯·霍普金斯大学获得分子生物物理博士学位后,在美国纪念斯隆·凯特琳癌症中心进行博士后研究。1997年,他被普林斯顿大学分子生物学系聘为助理教授,2001年获得终身教职,2003年成为正教授,是普林斯顿大学分子生物学系历史上最年轻的正教授。施一公的科研成就同样令人瞩目。他在细胞凋亡研究领域做出了杰出贡献,荣获2014年爱明诺夫奖(Gregori Aminoff Prize)。他的团队在世界上率先解析出RNA剪接体的空间三维结构,这一成就被国际学术界高度评价。除了科研成就,施一公在教育领域也有着卓越的贡献。2007年,他全职回到清华大学工作,担任生命科学学院院长。2015年,他参与提交了《关于试点创建新型民办研究型大学的建议》,并在同年出任清华大学副校长。2018年,施一公成为西湖大学的首任校长,这是一所由社会力量举办、国家重点支持的新型研究型大学。

2.思政案例育人成效　以施一公院士事迹引入,激励学生爱国、探索科学、担当责任、创新思维、树立正确价值观,并培养国际视野,全面提升学生素质。

3.教学方法、教学模式

(1)课堂讲授法:首先介绍成就性综述的概念,然后以施一公院士的综述论文举例说明,进而讲述他如何从一个河南小镇的普通青年成长为国际知名的科学家,后来又放弃国外职位,回国担任清华大学教授,并推动中国科研和教育发展的故事。鼓励学生分享自己的"自我突围"故事,培养学生的爱国主义精神、科学探索精神和社会责任感。

(2)启发式教学法:以施一公院士的综述论文介绍成就性综述的概念,进而介绍他的出生背景、教育经历、科研成就和回国服务的经历。提出一系列问题,引导学生思考他成功的关键因素,培养学生的爱国主义精神、科学探索精神和社会责任感。

案例四　稀有气体的发现,第三位小数的胜利

1.课程思政融入点　试验效应。

"第三位小数的胜利"是指英国物理学家瑞利(Rayleigh)和化学家拉姆齐(Ramsay)在研究氮气密度时的一个重大发现。瑞利在测量不同来源的氮气密度时,注意到了一个

微小的差异:从空气中得到的氮气密度为 1.2572 g/L,而从氨分解得到的氮气密度为 1.2508 g/L。这个差异虽然只有 0.0064 g/L,相当于一个跳蚤的重量,但却引起了瑞利的极大关注。

瑞利没有忽视这个小差异,他怀疑这可能是由于空气中存在一种未知的较重气体。他与拉姆齐合作,通过精密的实验研究和光谱分析,最终在 1894 年发现了这种新气体——氩(Argon)。这是一种非常不活泼的气体,因此被称为"懒惰的气体"。这一发现不仅填补了元素周期表的空白,还推动了对原子结构和元素分类的理解。

随后,拉姆齐和他的团队继续研究,相继发现了氦(Helium)、氖(Neon)、氪(Krypton)、氙(Xenon)等其他稀有气体,彻底改变了人们对元素周期表的认识。这些气体的发现,被称为"第三位小数的胜利",因为它们是由于对小数点后第三位的精确测量而被发现的。瑞利和拉姆齐因此分别获得了 1904 年的诺贝尔物理学奖和化学奖,以表彰他们在稀有气体领域的开创性工作。

2.思政案例育人成效 瑞利和拉姆齐对氮气密度微小差异的敏感和不懈追求,学生能够学习到他们在科研中对数据精确性的极端重视,以及对异常数据背后可能隐藏的新现象的好奇心和探索精神。此案例展示了即使是小到第三位小数的误差也不容忽视,因为它们可能预示着重大的科学发现。这种教育不仅提升了学生对科研细节的关注,也激发了他们对科学探索的热情,培养了严谨的科研态度和创新思维,从而在学生的科研生涯中发挥长远的育人影响。

3.教学方法、教学模式

(1)案例教学法:以瑞利和拉姆齐的故事引入,详细叙述瑞利如何注意到从不同来源制得的氮气密度存在微小差异,以及他如何没有忽视这个第三位小数的差异。强调这个案例展示了在科研中对数据精确性的极端重视,以及对异常数据背后可能隐藏的新现象的好奇心和探索精神。引导学生思考如何在科研中应用这种对误差的敏感性,以及如何设计实验来验证微小的差异是否具有科学意义,培养学生如严谨细致、求知若渴、坚持不懈的科学精神和合作精神。

(2)课堂讨论法:课前发布有关瑞利和拉姆齐发现稀有气体的背景资料,以及他们在科研过程中如何关注到了微小的密度差异,要求学生仔细阅读。课堂上讲到误差这个知识点时提出引导性问题,如:"为什么瑞利没有忽视这个微小的密度差异?""这个发现对我们理解科研中的误差有什么启示?"将学生分成小组,每组讨论上述问题,向全班分享他们的讨论结果。引导学生深入讨论误差在科研中的作用,如何识别和处理误差,以及如何从误差中发现新的科研线索,培养学生严谨细致的科学精神。

案例五 十年磨一剑,百回攻一关

1.课程思政融入点 重复的原则。

"十年磨一剑,百回攻一关"是对中国工匠精神的生动写照,它强调了长期专注、持续改进和精益求精的工作态度。以下是几个体现这一精神的案例简述。

王光拯是一位在模具行业工作 28 年的高级技师,他通过不懈努力,将模具打磨精度从 0.02 mm 提升至 0.01 mm,相当于头发丝直径的 1/5,达到了航天级别的精度。他的故事体现了对工艺的极致追求和持续改进的工匠精神。

杨金龙在 2015 年世界技能大赛中获得汽车喷漆项目冠军,实现了中国在该赛事金牌零的突破。他放弃了高薪职位,选择回到母校成为一名教师,传承工匠精神,培养了众多技能人才。

张霁明是国网浙江省宁波市鄞州区供电公司的专家,他将一场原本需要 50 分钟的抢修缩短至 50 秒,甚至更短,刷新了电网速度。他的故事展现了工匠精神中的创新和效率。

这些案例中的工匠们以他们的专业技能、对质量的执着追求和对创新的不懈探索,体现了"十年磨一剑,百回攻一关"的工匠精神,他们的贡献不仅在技艺上达到了高超水平,还在精神上激励了一代又一代的劳动者。

2. 思政案例育人成效　从王光拯等工匠的故事,学生能体会到在科研中反复试验、不断改进的重要性,学会在面对挑战和失败时保持坚持和耐心。这种精神鼓励学生在科研过程中追求卓越,不断优化实验设计和方法,直至达到最精确的结果,从而在科研领域培养出高标准、严要求的工作作风。同时,这也强化了学生对社会主义核心价值观中敬业精神的认同,激励他们为科技进步和社会发展贡献力量。

3. 教学方法、教学模式

(1)课堂讲授法:在讲到重复原则时,强调其在确保实验结果可靠性和有效性中的重要性。引入"十年磨一剑,百回攻一关"的案例,并通过具体工匠案例,如王光拯的故事,展示工匠精神在实际操作中的体现。将工匠精神与科研中的重复原则相联系,说明在科研实验中,通过不断重复实验来验证假设、排除偶然因素、提高结果可靠性的必要性。强调工匠精神中的坚持和精益求精与科研人员在探索科学真理时所需的精神是一致的,鼓励学生培养这种精神,并将其应用到科研学习和未来的工作中。

(2)启发式教学法:分析工匠案例,如王光拯如何通过无数次的重复和改进,达到极高的工作精度。让学生理解重复是提高技能和质量的必要过程。将学生分成小组,讨论其在科研中如何实践重复原则,以及这与工匠精神的相似之处。鼓励学生反思在活动中的体验,如何将工匠精神应用到科研的重复原则中,以及这种精神对他们未来科研工作的启示。

案例六　鼠疫终结者——伍连德

1. 课程思政融入点　调查的范围与方式。

1910 年秋天,中国东北地区突然暴发了一种传染病,该病传播迅速,病死率极高,所过之处尸横遍野。地方政府虽然采取了一些防疫措施,但没能阻止瘟疫的扩散。更让人担心的是,东北有当时中国最发达的铁路网,疫情极易沿交通线迅速蔓延。日本、俄国以卫生防疫为由,随时准备干涉东北事务,抢夺对东北的控制权。因此,东北疫情不仅关系到民众生死,而且涉及国家主权。危急关头,伍连德在天津被委任为东北防疫全权总医官,依靠卓越的微生物知识,伍连德在抵达哈尔滨 6 天内即确定此次瘟疫为鼠疫。在判断本轮鼠疫的传染源是旱獭后,伍连德迅速组织力量,杀灭患病旱獭,及时进行疫源地消毒,随后将鼠疫患者和带菌者进行隔离,并调来 1 300 节火车车皮建立隔离病院,由于疫情死亡人数庞大,清政府迅速批准了伍连德的集体火化请求。在采取控制传染源、切断传播途径、保护易感者等一系列举措之后,伍连德迅速消除了鼠疫流行。该轮鼠疫共吞噬 6 万余人生命,而参与防疫的 2 943 名工作人员中有 297 人殉职。

2. 思政案例育人成效　结合案例,引导学生要有心系祖国,赤诚的爱国主义精神;献身医学,忘我的人道主义精神;勇于探索,敢于创新的科研精神;奋不顾身,崇高的救死扶伤精神;命运与共,团结的携手防疫精神。

3. 教学方法、教学模式　案例教学法:作为年仅 31 岁的青年医生,伍连德在祖国需要的时候,挺身而出,义无反顾,体现了赤诚的爱国主义精神。他在鼠疫传染源、感染传播途径、流行病学调查、病原学研究等问题上,均深入一线进行科学细致的调查研究,获取第一手资料,为采取合理的防控措施奠定了科学基础。体现了献身医学,忘我的人道主义精神和奋不顾身、崇高的救死扶伤精神。特别是在抗疫过程中,"焚烧尸体"举措的提出,对当时深受传统文化影响的中国人是极具现实挑战的,被视为"莫大亵渎,罪不可恕",然而此举却使 110 年前的那场鼠疫得到有效遏制,体现了其勇于探索、敢于创新的科研精神。参与防疫的 2 943 名工作人员中有 297 人殉职,体现了命运与共、团结携手的防疫精神。

案例七　大航海时期的噩梦——坏血病

1. 课程思政融入点　完全随机设计及其衍生类型。

1740 年,当时称雄海上的大英帝国为了炫耀强大的国力,派出了由海军上将乔治·安森率领的由 6 艘战舰、2 000 多名船员组成的庞大舰队进行了一次环球航行。1744 年,当舰队归港时,人们拥挤到港口,纷纷想要一睹皇家海军的荣光。然而,人们发现,原本应是 6 艘的舰队只回来了一艘。船员也只剩下几百名水手,这些幸存者们因罹患坏血病,都是一副羸弱、疲惫的模样,他们脸上布满疤痕、脸色发青,甚至出现嘴角溃烂、双腿肿胀、肌腱萎缩的现象。英国政府命令海军军医赶紧找到控制坏血病的方法。这时,31 岁的海军外科医生詹姆斯·林德站了出来。

1747 年,林德作为军医登上了索尔兹伯里号军舰,随着船只的远航,坏血病如约而至。林德发现,得坏血病的主要是中下级水手,军官们很少因为坏血病倒下。在调查原因时,他注意到,军官们可以享用船上限量供应的蔬菜和水果,而普通水手则只能吃面包和腌鱼。林德猜想,饮食上的问题或许就是坏血病的病因。林德医生购买柑橘类水果,为了进一步验证,他还让患者两人一组做对照试验,其中一人食用柑橘柠檬,另一个人服用苹果酒、肉豆蔻甚至稀硫酸等当时认为有效的物质。结果发现,柑橘柠檬是最有效果的,苹果酒有轻微疗效,其他的都会使病情加重。柠檬汁对预防和治疗坏血病有显著效果,但由于价格不菲,英国海军部拒绝了这一方案。后来,英国海军军官詹姆斯·库克南下寻找传说中的"南方大陆",在长达数年的航行中,由于他采用了林德医生防治坏血病的措施,结果船上无一人因坏血病倒下。这在当时引起了轰动。看到效果的英国海军部终于采纳了林德的方案,将柠檬列为英国海军的常备食物,这才使得坏血病从此不再可怕。1912 年,人类终于发现维生素 C,才彻底战胜了坏血病。

2. 思政案例育人成效　通过引入以上案例,使学生意识到科学方法的重要性,采用正确的科研方法可以解决关乎国计民生的大问题,培养学生勇于探索、实事求是、不断创新的科研精神,同时培养学生的社会责任感和对科研的热情。

3. 教学方法、教学模式

(1)案例教学法:林德医生的实验体现了科学探索中的创新精神和求实态度,他不满足于现状,敢于质疑传统做法,并勇于尝试新的解决方案。该案例不仅能够让学生了解到科学方法的重要性,还能增强学生对科学的兴趣和尊重,激发他们积极参与科学探索的热情。

(2)启发式教学法:林德的发现不仅推动了医学的发展,还直接影响了英国海军的健康状况,从而增强了海军的实力,表明科学方法的价值、科学研究的重要性以及科学成果对人类社会发展的积极影响,从而启发同学们作为科学工作者不仅要有追求真理的精神,还要具备服务社会的责任感。

案例八　生命起源之谜,一个小概率的偶然事件

1. 课程思政融入点　统计分析方法的应用。

生命起源之谜一直是科学界探讨的重要课题,它涉及一系列复杂而又精细的化学和生物过程。根据现代科学的研究,生命起源被普遍认为是一个小概率的偶然事件,是在地球早期特定环境条件下,经过极其漫长的时间,由非生命物质经过复杂的化学过程逐渐演化而成的。这个过程被化学进化论所描述,该理论认为在原始地球的条件下,非生命物质逐渐形成了生命。其中,米勒实验是验证这一理论的重要实验,通过模拟原始大气和闪电等自然条件,成功地从无机物合成出了有机化合物,如氨基酸,这是生命起源研究的重大突破。

除了化学进化论,还有其他一些理论试图解释生命的起源。例如,有的理论认为生命可能起源于深海热液喷口,那里的环境提供了生命起源所需的能量和物质条件。还有的理论,如宇生说,认为生命的某些组成部分可能来源于宇宙空间,通过陨石或彗星等方式到达地球。然而,生命的起源具体是在怎样的环境和条件下发生的,目前还没有定论。科学家们仍在不断地研究和探索,试图揭开这一千古之谜。尽管存在多种假说和理论,但它们都有一个共同点,即生命的起源是一个小概率事件,需要大量的偶然性。从历史的长河来看,在无数可以孕育生命的环境"点"中,大自然的不断实验使得这种偶然事件变成了必然。

2. 思政案例育人成效　此案例教会学生即使在科学研究中面对极小的可能性,也要坚持探索和实验。通过米勒实验等,学生学习到如何设计实验模拟和重现生命起源的化学过程,理解在远古地球环境下,生命的诞生虽是小概率事件,但通过不断的自然"实验",最终成为必然。这鼓励学生在科研中要保持耐心和坚持,即使面对重复和失败,也要继续追求科学真理。同时,案例还可以培养学生的好奇心和创新思维,激发他们对未知领域的探索热情。

3. 教学方法、教学模式

(1)课堂讲授法:在讲到小概率事件概念时,强调在科学研究中,即使是小概率事件,也可能具有重大的科学意义。引入生命起源的案例,简述生命起源的多种假说,如化

学进化论、深海热液喷口假说等,指出这些假说都涉及小概率事件。详细叙述米勒实验和其他相关实验,展示科学家如何通过实验模拟地球早期环境,从而验证生命起源的化学进化论。学生能够深入理解小概率事件在科研中的作用,同时受到生命起源探索精神的启发,培养出在科研工作中追求卓越、持之以恒的态度。

(2)课堂讨论法:课前发布有关生命起源的资料,包括化学进化论、深海热液喷口假说等,以及相关的科学实验,如米勒实验,要求学生认真阅读。课堂上讲到小概率事件的概念时,强调它们在科学发现中的潜在重要性。将学生分成小组,讨论生命起源案例中的小概率事件,以及这些事件如何被科学家通过实验验证。讨论小概率事件在科研中的意义,以及如何在科研中设计实验来观察和利用这些小概率事件。每个小组选派一名代表,向全班分享他们的讨论结果,培养学生勇于探索的科学精神。

案例九 扬帆远航——中国科技期刊的国际化蜕变与自主崛起

1. 课程思政融入点 实验研究论文。

在过去,中国的许多优秀科研成果往往需要通过发表在国际期刊上才能获得认可,这种"借船出海"的方式虽然在一定程度上提升了科研成果的国际可见度,但也存在一定的局限性,包括对国外出版平台的依赖、缺乏自主性和控制力等问题。为了改变这一局面,中国科技期刊界开始着力于提升自身的办刊水平和国际化程度,通过集群化发展,形成规模效应,提升整体竞争力。

这一过程中,中国科协等机构发挥了重要作用,通过推动科技期刊集群化发展,打造了一批具有国际影响力的科技期刊。例如,有科期刊出版(北京)有限公司作为"卓越计划"的集群化试点单位之一,通过推进期刊资源的融合发展,探索了跨地域协作模式,构建了科技期刊集团化发展路径。经过几年的建设,该公司的期刊数量和影响力都得到了显著提升,SCI期刊影响因子平均提升达到了219.66%。

此外,科学出版社等机构通过国际并购、中外合资的方式扩展了期刊规模,打造了综合型科技期刊出版集团,刊群规模达到了568种,营收位列全球科技出版公司第八位。这些举措不仅提升了中国科技期刊的国际地位,还为全球学术交流提供了更多来自中国的声音和选择。

总体而言,"造船出海"战略的实施,标志着中国科技期刊界在国际舞台上的自信和成熟,为中国科技文化的国际传播和影响力提升奠定了坚实的基础。

2. 思政案例育人成效 此案例体现了国家对科研和教育的重视,以及对提升国家科技竞争力和文化软实力的决心。这有助于激发学生的爱国情感和责任感,鼓励他们在科研和论文写作中追求卓越,为国家的科技进步和文化繁荣作出贡献。通过这样的教学,学生不仅能够提升自己的科研能力,还能够树立正确的价值观和科研道德,为未来的科研工作打下坚实的基础。

3. 教学方法、教学模式

(1)课堂讲授法:课堂上介绍论文写作在科研中的重要性,以及如何通过论文写作展示科研成果。引入中国科技期刊的发展案例,特别是从单刊到集群的转型,以及这一转型如何加速了中国科技期刊的国际化进程。强调科技期刊的发展不仅体现了科研人员的专业精神,也体现了国家科技自信和文化自信。学生能够深入理解论文写作的策略和技巧,同时受到中国科技期刊发展案例的启发,培养出在科研工作中追求卓越、团队合作的态度。

(2)课堂讨论法:将学生分成小组,讨论中国科技期刊的发展案例,分析其成功的关键因素,如团队合作、创新思维、持续改进和国际视野。每个小组选派一名代表,向全班分享他们的讨论结果,包括科技期刊发展案例对论文写作的启示。鼓励其他小组提出问题或发表评论,以促进更深入的讨论。引导学生讨论科技期刊的发展如何体现了科研人员的爱国精神、敬业精神和创新精神。

第十四章
医学文献检索与论文写作

▨▨▨▨▨▨ **课程简介** ▨▨▨▨▨▨

　　医学文献检索与论文写作是一门集文献检索、论文写作、信息收集等为一体的综合应用型课程。课程主要内容包括国内外常用的中外文文献数据库、引文数据库、全文数据库的特点和使用方法;阐述了毕业论文写作的基本知识,论文的结构构成,写作技巧,论文选题、撰写、修改、答辩等有关毕业论文的流程。学习本课程,学生需要掌握文献检索的基本理论知识,掌握国内外文献检索数据库的使用方法,掌握毕业论文的写作流程,完成符合规范的学术论文任务。

　　医学文献检索与论文写作是医学工作者必须掌握的重要知识,是开展课程思政的重要平台。该课程致力于增强学生的奋斗精神、民族复兴使命感,增强科研强国自信,增强学生学术诚信意识。

▶【教学目标】

（一）知识目标

1. 掌握医学文献检索的基本原理、检索技巧与方法、文献评价与分析。

2. 熟悉常用医学文献检索工具、检索策略构建以及文献管理软件的使用。

3. 了解医学文献检索的常见问题及解决方案;学术诚信与版权知识。

（二）能力目标

1. 能独立完成医学文献检索与论文写作任务。

2. 在面对实际科研问题时,能够灵活运用检索技巧和文献分析方法,快速定位关键信息,为科研设计提供有力支持。

3. 能从多角度分析文献,提出新颖的研究假设,并在论文写作中展现个人见解和创新点,培养创新思维和解决问题的能力。

（三）情感目标（思政目标）

1. 激发学生对医学文献检索与论文写作的兴趣，认识到其在医学科研中的核心价值。

2. 激发学生的爱国情怀，增强学生为医学事业贡献力量的责任感和使命感。

3. 强调科研诚信的重要性，引导学生树立正确的学术道德观念，培养学生在文献检索和论文写作中坚持实事求是、严谨治学的态度。

4. 引导学生关注医学研究的社会意义，思考研究成果如何服务于人民健康，培养他们的社会责任感和人文关怀精神。

5. 鼓励学生勇于探索未知领域，敢于提出新观点、新方法，培养他们的科学精神和创新思维，为医学科学的进步贡献力量。

▶【课程思政教学资源计划表】

医学文献检索与论文写作课程思政教学资源计划见表14-1。

表14-1　医学文献检索与论文写作课程思政教学资源计划

章名	课程思政融入点	思政目标	案例资源	教育方法和载体途径
第一章 绪论	信息与信息素养	伦理道德 科学精神	基因编辑新纪元：诺奖荣耀与治愈希望	案例教学法
第三章 医学文献检索基础	文献检索方法、途径、技术与步骤	自主学习 学术诚信	检索迷宫——信息海洋中的研究生之困	案例教学法
第四章 文摘型数据库资源	Pubmed	学术诚信 专业责任 科研创新	数据库陷阱——科研道路上的盲点与失误	讲授法
第五章 全文型/事实型数据库资源	英文全文型数据库	勇于探索 积极创新	抗肮伉俪：逆命人生路	案例教学法 课堂讨论法 实践操作法
第六章 引文检索系统	引文分析工具	树立正确的价值追求	根植沃土，以笔绘梦——把论文写在祖国大地上	案例教学法 小组讨论法
第七章 网络信息资源	网络信息资源	不畏艰辛、埋头苦干的创新精神	蔡磊：以生命之名，破冰渐冻症	案例教学法 课堂讨论法

续表 14-1

章名	课程思政融入点	思政目标	案例资源	教育方法和载体途径
第九章 医学论文写作	论文写作规范	学术诚信	科研诚信警钟:诺奖得主的撤稿风波	案例教学法 课堂讨论法
		学术规范	科研界的"阳光偏好"	案例教学法 课堂讨论法

注:教学内容参照郭继军.医学文献检索与论文写作.5 版.北京:人民卫生出版社,2018.

案例一 基因编辑新纪元:诺奖荣耀与治愈希望

1. 课程思政融入点 信息与信息素养。

2024 年,诺贝尔生理学或医学奖颁给了两位在基因编辑领域取得非凡成就的科学泰斗。他们的研究显著提升了基因编辑的精确度与效率,开启了基因编辑的新纪元,为生物医学的前沿发展作出了巨大贡献。他们的研究成果应用广泛,从遗传病修复到癌症治疗,甚至覆盖农业改进。这不仅为科学界带来了重大突破,也为提升人类生活质量和健康水平提供了坚实保障。

2022 年 8 月,*Nature Medicine* 在线发表了上海邦耀生物科技有限公司刘明耀教授和吴宇轩博士科研团队协作完成的论著——*CRISPR/Cas9-mediated Gene Editing of the BCL11A Enhancer for Pediatric β^0/β^0 Transfusion-Dependent β-Thalassemia*。该研究成为世界首个成功通过基因编辑技术治疗 β^0/β^0 型重度地中海贫血儿童的项目。他们利用 CRISPR/Cas9 基因编辑技术,对患有 β^0/β^0 型重度地中海贫血的儿童进行了治疗。该技术的核心是通过编辑 BCL11A 增强子,来降低胎儿血红蛋白(HbF)的抑制,从而增加 HbF 的表达,达到治疗地中海贫血的目的。在这项研究中,科学家们通过精确的基因编辑,成功地降低了患儿体内 BCL11A 增强子的活性,从而提高了 HbF 的水平。经过治疗后,患儿们成功脱离了输血依赖,生活质量得到了显著提高。

这一成功案例不仅展示了基因编辑技术在治疗遗传性疾病方面的巨大潜力,也为科学家们提供了更多的研究思路和方法。随着技术的不断进步和研究的深入,相信基因编辑技术将在未来为更多遗传性疾病患者带来福音。

2. 思政案例育人成效 结合 2024 年诺贝尔生理学或医学奖获得者在基因编辑领域的成就以及 *Nature Medicine* 上有关基因编辑治疗地中海贫血的论文,引导学生保持科学精神。但在基因编辑的应用时,应当坚守伦理道德底线。

3. 教学方法、教学模式 案例教学法:以 2024 年诺贝尔生理学或医学奖获得者以及 *Nature Medicine* 发表的有关基因编辑治疗地中海贫血为典型案例的引入,引导学生深入探讨基因编辑技术的伦理边界、科研诚信的重要性以及科技与社会责任之间的平衡。采用分组讨论、角色扮演和辩论等互动方式,激发学生的学习兴趣,培养其科学精神和独立思考能力。最终,通过案例分析,使学生深刻理解科技进步与人类伦理之间的微妙关系,树立正确的科学精神和伦理道德底线。

案例二 检索迷宫——信息海洋中的研究生之困

1. 课程思政融入点　文献检索方法、途径、技术与步骤。

在当今信息爆炸的时代,研究生们如同置身于一个浩瀚无边的信息海洋中,面临着检索迷宫般的挑战。某医学研究生在撰写关于某种新型药物的论文时,遇到了前所未有的挑战。海量的医学文献如同迷宫一般,让他陷入了深深的困惑。起初,他试图通过简单的关键词搜索来找到所需的信息,但结果却往往不尽如人意。大量的重复信息、无关内容以及缺乏权威性的文献,让他陷入了信息过载的困境。在导师的指导下,该生开始学习更加系统的医学文献检索方法。他了解到,除了关键词搜索外,还可以通过利用专业的医学文献数据库、设置合理的检索策略、关注权威期刊和学者等途径,来提高检索的准确性和效率。同时,该生也开始注重学术规范,学会了如何正确引用文献、避免抄袭和剽窃等学术不端行为。

在自主学习的过程中,该生意识到,作为一名医学研究生,不仅要具备扎实的专业知识和技能,还要具备高尚的医德和学术道德。因此,该生在后续的科研过程中,检索文献时始终保持着严谨的态度,对每一篇文献都进行了仔细的阅读和评估,确保所引用的内容真实可靠、来源权威。

2. 思政案例育人成效　结合某医学研究生利用专业的医学文献数据库撰写论文事件,培养学生自主学习的能力,引导学生遵守学术诚信。

3. 教学方法、教学模式　案例教学法:以某医学研究生利用专业的医学文献数据库撰写论文事件为课程导入,引导学生深入思考自主学习的重要性,并在科研过程中始终坚守学术诚信。

案例三 数据库陷阱——科研道路上的盲点与失误

1. 课程思政融入点　Pubmed。

2018 年,德国生物医学研究生 Sophia 在撰写博士论文时,使用多个文摘型数据库进行了肿瘤治疗方法的文献综述,但她在检索过程中遇到了一些挑战。Sophia 的研究目标是全面理解和评估当前的肿瘤治疗方法。为了达成这一目标,她决定利用多个文摘型数据库来检索相关文献。这些数据库包含了大量的学术论文摘要,是科研人员获取研究信息的重要途径。然而,Sophia 在检索过程中发现,每个数据库的搜索逻辑和限制条件都有所不同。一些数据库可能更侧重于特定类型的文献,如临床试验或基础研究;而另一些数据库则可能包含更广泛的内容,但检索结果的准确性可能受到关键词选择、数据库更新频率等因素的影响。

由于 Sophia 未能全面理解每个数据库的搜索逻辑和限制条件,她在检索过程中错过了一些重要的研究成果。这些被遗漏的文献可能包含了关于肿瘤治疗方法的最新进展或重要发现,但由于 Sophia 没有掌握正确的检索技巧或未能充分利用数据库的检索功能,因此未能及时获取这些信息。这一事件对 Sophia 的博士论文产生了一定的影响。由于未能全面获取相关文献,Sophia 对肿瘤治疗方法的全面理解和评估可能受到了一定程度的限制。她的论文可能未能充分反映当前肿瘤治疗领域的最新进展和研究成果,从而影响了论文的学术价值和应用前景。

Sophia 在博士论文撰写过程中遇到的挑战提醒我们,在使用文摘型数据库进行文献检索时,需要充分了解每个数据库的特性和限制,以确保检索结果的全面性和准确性。同时,这也强调了学术诚信和专业责任在科研过程中的重要性。

2.思政案例育人成效 结合 Sophia 在博士论文撰写过程中遇到的挑战,引导学生在使用文摘型数据库进行文献检索时,应充分了解每个数据库的搜索逻辑和限制条件,掌握正确的检索技巧,并充分利用数据库的检索功能来确保检索结果的全面性和准确性。此外,科研人员还应保持对学术前沿动态的关注,及时获取最新的研究成果和进展,以推动科研领域的创新和发展。

3.教学方法、教学模式 课堂讲授法:以 Sophia 博士在论文撰写过程中遇到的挑战为导入,引导学生在科研过程中,时刻保持谨慎和全面的态度,充分利用数据库资源,确保检索结果的准确性和全面性,培养学生的专业责任和科研创新精神,坚守学术诚信底线。

案例四 抗朊伉俪:逆命人生路

1.课程思政融入点 英文全文型数据库。

2010 年,Sonia Vallabh 目睹了自己 52 岁的母亲患上了一种快速进展、神秘且未确诊的痴呆症,并很快因此死亡。一年后,她得知自己的母亲患上的是一种遗传性朊病毒病——致命性家族性失眠。在接受基因检测后,Sonia 得知自己同样携带了 PRNPD^{178N} 致病基因突变,这意味着她自己也很可能患上这种朊病毒病。更重要的是,这种致命性疾病无药可医,通常在 50 岁左右发病并很快导致死亡。Sonia Vallabh 毕业于哈佛大学法学院,此时正在从事法律与咨询工作,而她的丈夫 Eric Minikel 正在麻省理工学院进行城市规划与交通专业的硕士学习。不愿坐以待毙的他们,决定放弃当前的工作和学业,从零开始学习生命科学,致力于寻找和开发出能够阻止朊病毒病发生的方法。2015 年,他们被哈佛大学医学院录取读博,2019 年获得生物医学博士学位。在读博期间,他们发表了多篇高水平研究论文。此后,他们在 Broad 研究所建立实验室,负责预防朊病毒药物研发项目。

2024 年 6 月 28 日,Sonia Vallabh、Eric Minikel 与 Whitehead 研究所的蛋白质折叠专家 Jonathan Weissman 合作,在国际顶尖学术期刊 Science 上发表了题为 *Brainwide silencing of prion protein by AAV-mediated delivery of an engineered compact epigenetic editor* 的研究论文。该研究开发了一种名为 CHARM 的紧凑型表观遗传沉默器,通过腺相关病毒(AAV)载体进行全身递送,能够有效关闭小鼠整个大脑中的朊病毒蛋白(PrP)的编码基因,而不会改变 DNA 序列。CHARM 代表了一种全新的、基于表观遗传干预的治疗方式,可广泛应用于由不需要的蛋白质的毒性积聚引起的一系列疾病。

2.思政案例育人成效 通过让学生了解 CHARM 表观基因编辑器的研发故事,认识到科学家们对未知领域的探索精神和对科学真理的不懈追求,引导学生学习科学家们严谨的科学态度和勇于创新的科学精神;鼓励学生培养创新思维和创新能力,勇于尝试新的方法和手段解决医学难题;引导学生树立社会责任感,关注人类健康事业,为医学进步和社会发展贡献自己的力量;强调团队协作的重要性,鼓励学生培养跨学科合作的能力,共同推动医学研究的进步。

3. 教学方法、教学模式

(1)案例教学法:结合 CHARM 的研发背景、原理、应用和意义,详细讲解医学文献检索的过程和方法,引导学生思考 CHARM 的研发对医学领域的影响和启示;选取 CHARM 研发过程中的典型案例进行深入分析,引导学生理解科学研究的复杂性和不确定性,引导学生思考如何在实际研究中应用 CHARM 等新技术,解决医学难题。

(2)小组讨论法:组织学生分组讨论 CHARM 的研发过程中遇到的困难和挑战,以及科学家们是如何克服这些困难的,鼓励学生提出自己的观点和想法,培养他们的批判性思维和团队协作能力。

(3)实践操作法:指导学生进行医学文献检索实践,要求他们利用所学的检索技巧和方法,查找与 CHARM 相关的最新研究成果,进行文献阅读和汇报,并鼓励学生撰写文献综述或研究报告,培养他们的科研能力和写作能力。

案例五 根植沃土,以笔绘梦——把论文写在祖国大地上

1. 课程思政融入点 引文分析工具。

2023 年 8 月,中共中央办公厅、国务院办公厅印发了《关于进一步加强青年科技人才培养和使用的若干措施》(以下简称《措施》),指出要引导支持青年科技人才服务高质量发展,结合实际需求凝练科学问题,开展原始创新、技术攻关、成果转化,把论文写在祖国大地上。广大青年科技人才有情怀、有本领、有冲劲,理应主动扛起"把论文写在祖国大地上"的职责使命,真正做出有价值的科研成果。近年来,美国对我国在高新技术领域的封锁日益加剧,特别是在生物技术、芯片制造等领域,美国通过一系列政策和措施,试图遏制我国的科技发展。在这种背景下,应引导学生认识到这一严峻形势,并鼓励他们将科研论文写在祖国的大地上,为我国的医学研究和科技发展贡献力量。

2. 思政案例育人成效 通过对《关于进一步加强青年科技人才培养和使用的若干措施》的简要解读,结合美国政府对我国的技术封锁的手段与我国的应对措施,强调美国对我国的封锁是出于政治和经济利益的考虑,而非科学合作的精神,引导学生认识到,面对封锁,更应坚定爱国情怀,为国家的科技发展贡献力量;同时分析封锁政策对我国医学研究的影响,强调自主创新的重要性,鼓励学生树立自主创新的意识,努力在医学研究领域取得突破;最后讨论在封锁背景下,我国如何加强与其他国家的科研合作,共同应对全球性的医学挑战,认识到在国际合作中保持竞争力的必要性。

3. 教学方法、教学模式

(1)案例教学法:选取一个典型的案例,如我国在某个医学研究领域内如何应对美国的封锁并取得突破,引导学生分析案例中的成功经验和不足之处,为他们的科研实践提供借鉴。

（2）小组讨论法：组织学生分组讨论如何在封锁背景下加强自主创新，推动医学研究的发展，鼓励学生提出自己的见解和建议，培养他们的批判性思维和团队协作能力。

案例六　蔡磊：以生命之名，破冰渐冻症

1. 课程思政融入点　网络信息资源。

2022 年 1 月，凤凰网拍摄的纪录片《冷暖渐冻人生》让更多人听说蔡磊，第一次得知京东副总裁得了渐冻症（ALS），第一次知道渐愈互助之家——蔡磊创建的罕见病科研平台。他用行动在绝望中创造希望，以自己余下的生命和力量向渐冻症发起挑战。那时蔡磊说："倒下之前我要把药搞出来！"

从 2018 年 8 月首次出现胳膊"肉跳"的症状，到 2019 年 9 月确诊为渐冻症，蔡磊每一天都能感受到生命正在流逝，每一天都在跟上天抗争——尽可能地用更多的时间来工作，去寻找攻克渐冻症的治疗方案。蔡磊说："即便不能在我活着的时候找到救命的药，我也要把我的躯体作为最后一颗子弹射出去，去推动渐冻症临床科研平台的建立。"蔡磊开始发起并呼吁全国的渐冻症患者进行遗体和脑脊髓组织捐献，推动中国第一个渐冻症病理及科研平台的建立。

目前渐冻症这一世界难题在蔡磊的努力下取得一个个突破，互联网作为一个载体，为攻克这一世界难题提供了很好的科研平台。

2. 思政案例育人成效　通过对蔡磊渐冻症事件的解读，培养学生树立不畏艰难、埋头苦干的信念，为维护和保障人民群众健康保驾护航的责任担当，同时帮助学生不放弃对科学未知世界的追求。

3. 教学方法、教学模式

（1）案例教学法：通过学习蔡磊渐冻症事件，启发学生如何在困境中找到自身努力的方向，从而有效地发挥个人价值。青年大学生是祖国未来的栋梁，少年强则国强，大学生拥有坚韧不拔的意志品格才能创建祖国美好未来。让学生体会到自身发展的重要性，从而在所学专业内深入学习，有所建树，并推动专业和学科的发展。

（2）课堂讨论法：通过对蔡磊渐冻症事件的解读，组织学生进行课堂讨论。通过课堂讨论，使学生增强医学专业意识，同时也引导学生更好地利用医学专业优势维护人民群众的健康，为我国的健康事业作出新的更大的贡献。

案例七　科研诚信警钟：诺奖得主的撤稿风波

1. 课程思政融入点　论文写作规范。

科研诚信问题是全球科技界面临的共性问题，即使科研权威一样有可能学术造假——2022 年度最惊人撤稿事件即来自约翰霍普金斯大学的诺奖得主。2019 年，格雷格·塞门扎（Gregg Semenza）因"发现细胞如何感知和适应氧气供应"而与人共享了诺贝尔生理学或医学奖。2022 年 9 月，《美国国家科学院院刊》（PNAS）撤回了他发表的 4 篇文章（发表于 2009—2014 年）。英国物理学会（IOP）在 2022 年撤回了 850 篇文章，起因是剑桥大学流体动力学研究员尼克·怀斯（Nick Wise）指出了他在一些论文中注意到的

奇怪之处:论文标题存在完全一致的命名模式。

诚信应该是科研工作中最基本的原则问题,在踏入科研之路开始就应该秉持诚信的理念,更要时刻提醒自己诚信为本,对于研究结果实事求是报道,从系好第一颗扣子开始,系好科研路上的每一颗扣子。

2.思政案例育人成效　通过对一系列撤稿事件的解读和讨论,培养学生树立诚实守信的信念及为维护和保障实事求是的社会风尚保驾护航的责任担当,同时帮助学生不放弃对未知世界的追求,敢于发表自己的真知灼见。

3.教学方法、教学模式

(1)案例教学法:通过一系列撤稿事件的警示作用,启发学生思考如何在科学研究中找到努力的方向,并秉持诚实守信的原则,有效地发挥个人价值。大学生是祖国未来的栋梁,少年强则国强,大学生拥有诚实守信的品质才能创造美好未来。

(2)课堂讨论法:通过对一系列撤稿事件的解读,组织学生进行课堂讨论。通过课堂讨论,使学生增强诚实守信的意识品质,同时也引导学生更好地钻研医学专业知识,为我国的健康事业作出自己的贡献。

案例八　科研界的"阳光偏好"

1.课程思政融入点　论文写作规范。

阴性和阳性是实验结果的判别方式之一,被称为定性检查,阴性的含义类似于"无";而阳性的含义类似于"有"。在 2019 年发表于 *JAMA Network Open* 的文章 *Level and prevalence of spin in published cardiovascular randomized clinical trial reports with statistically nonsignificant primary outcomes:a systematic review* 中,研究者回顾了 2015 年 1 月 1 日至 2017 年 12 月 31 日间发表在六个高影响力期刊(包括 NEJM、《柳叶刀》、JAMA、EHJ、Circulation 和 JACC)的心血管随机对照试验(RCT),重点关注了这些试验中阴性结果的呈现方式。在所分析的 229 篇试验中,93 篇主要结局未达到统计学显著性(即阴性结果)。研究发现,在这些阴性结果的试验中,Spin 现象广泛存在。Spin 是一种策略,研究者在未取得显著结果的情况下,通过强调次要结局或亚组分析的统计学显著性,转移读者的注意力。例如,在摘要部分中有 13 篇论文着重报告了有统计学意义的次要结局,10 篇强调了亚组分析结果。此外,正文中 11 篇文章也着重展示了次要结局。该研究表明,尽管主要结果为阴性,研究者仍试图通过 Spin 突出治疗的积极影响。在科学研究中,阳性结果往往意味着研究者对于研究内容有所发现,而阴性结果意味着没有新的发现,所以在论文发表的时候无论是撰写者还是审稿者都比较倾向于阳性结果,所以发表的论文多以阳性结果为主,导致研究者和初学者尤其是学生对于科研结果具有一定的选择倾向性。

2.思政案例育人成效　通过解读研究者对阳性结果更青睐的事件,培养学生树立诚实守信和遵循学术规范的信念,同时帮助学生不放弃对科学未知世界的追求。

3.教学方法、教学模式

(1)案例教学法:通过对研究者对阳性结果更青睐事件的解读,启发学生思考如何在科学研究结果中找到撰写论文的方向,大学生拥有诚实守信的品质才能创建自己美好未来。让学生体会到正确价值观的重要性,从而在所学专业内深入学习,有所建树,并推动专业和学科的发展。

(2)课堂讨论法:通过对研究者对阳性结果更青睐事件的解读,组织学生进行课堂讨论。通过课堂讨论,使学生增强科学研究意识,同时也引导学生更好地利用科学研究推动学科发展,为我国的科研事业作出新的、更大的贡献。

参考文献

[1] 谷牧宇,丁宁,张欣,等.预防医学专业课程思政实施现状调查[J].医学教育研究与实践,2022,30(01):82-87.

[2] 裴兰英,赵倩倩,全善爱,等.基于"基础+核心+提升"的课程思政对教师教学水平提升的作用[J].中医药管理杂志,2022,30(24):29-31.

[3] 麻微微,田琳,张淑华,等.课程思政在预防医学专业教学中的需求及探索[J].医学教育管理,2022,8(S1):35-40.

[4] 陈然,朱猛,杭栋.预防医学专业流行病学课程思政教学的实践探索[J].大学.2023,12:99-102.

[5] 李杰,祝丽玲,侯玉蓉,等.预防医学专业课程思政浸润途径的探索与实践[J].中国继续医学教育.2023,15(12):179-183.

[6] 李君,曲文博,徐肖倩.预防医学专业本科生课程思政教学现状调查[J].继续医学教育,2024,38(10):106-109.

[7] 周健,李杰,鲁彦,等.新医科背景下课程思政在环境卫生学教学中的应用与实践[J].佳木斯大学社会科学学报,2024,42(06):169-171+176.

[8] 鲁彦,张然,周健,等.课程思政背景下预防医学专业学生核心素养培养探究[J].继续医学教育,2024,38(01):134-137.

[9] 徐学琴,马晓梅,赵倩倩,等.基于ADDIE模型的中医院校预防医学专业流行病学课程思政教学的探索与实践[J].卫生职业教育.2024,42(13):33-35.

[10] 王娟,曾丽清,夏小春.健康中国视域下环境卫生学课程思政融入公共卫生人才培养的探索[J].中国医药导报,2024,21(29):98-102.

[11] 刘晓蕙,韩雪,全善爱,等."课程思政"在环境卫生学教学中的探索与实践[J].中国继续医学教育,2024,16(19):160-163.

[12] 林泽婷,吕来文,黄晓晴.1990—2017年中国伤害负担:2017年全球疾病负担研究结果(摘译)[J].2020,9(2):52-59.

[13] 李德奎,魏兴民.统计学课程思政元素挖掘及教学案例设计与实施[J].甘肃高师学报,2023,28(02):94-99.

[14] 李静,朱继民,武松,等.研究生医学统计学课程思政教学设计的实证研究——基于新冠肺炎疫情案例[J].现代商贸工业,2023,44(16):223-225.

[15] 章伟光,张仕林,郭栋,等.关注手性药物:从"反应停事件"说起[J].大学化学,2019,34(9):1-12.

[16] KIM SR, CHOI S, KIM K, et al. Association of the combined effects of air pollution and changes in physical activity with cardiovascular disease in young adults[J]. Eur Heart J,2021,42(25):2487-2497.

[17]骆倩雯."北京蓝"成为常态[N].北京日报,2024-01-04(001).

[18]于紫萍,许秋瑾,魏健,等.淮河70年治理历程及"十四五"展望[J].环境工程技术学报,2020,10(05):746-757.

[19]ELLIS DS, CIPRO CVZ, OGLETREE CA, et al. A 50-year retrospective of persistent organic pollutants in the fat and eggs of penguins of the Southern Ocean[J]. Environ Pollut,2018,241:155-163.

[20]LONGNECKER MP, ROGAN WJ, LUCIER G. The human health effects of DDT(dichloro-diphenyltrichloroethane)and PCBS(polychlorinated biphenyls)and an overview of organochlorines in public health[J]. Annu Rev Public Health,1997,18:211-44.

[21]马立亚,惠宇,马彪,等.南水北调中线工程受水区年度水量分配方法研究[J].人民长江,2024,55(05):107-111.

[22]KALI S, KHAN M, GHAFFAR MS, et al. Occurrence, influencing factors, toxicity, regulations, and abatement approaches for disinfection by-products in chlorinated drinking water:A comprehensive review[J]. Environ Pollut,2021,281:116950.

[23]石炼,秦嘉琦,程小文,等.中部地区某县农村"厕所革命"专项规划实践研究[J].给水排水,2019,55(06):16-21.

[24]孔德亮,袁昌斌,李子富,等.中国农村厕所改造政策、技术与标准现状及展望[J].农业工程学报,2022,38(16):260-269.

[25]"智治"的"东湖样本"——杭州临平区数字技术赋能垃圾分类[J].建设科技,2021,(17):75-77.

[26]中华人民共和国国家卫生健康委员会.国家卫生健康委员会2022年9月16日新闻发布会介绍党的十八大以来地方病防控工作进展成效[EB/OL](2022-09-16)[2025-01-20]. http://www.nhc.gov.cn/xwzb/webcontroller.do?titleSeq=11479&gecstype=1.

[27]李莉,韩兴阳,屈红辉,等.精雕细琢筑品质生态绿都入画来:郑州市创建国家生态园林城市纪实[J].城乡建设,2020(17):28-33.

[28]环境与职业医学编辑部.沉痛悼念姚志麒教授[J].环境与职业医学,2016,33(2):122.

[29]郭丽.强生屡陷致癌风波 不仅是品牌失格[J].中国化妆品,2021(1):83-88.

[30]王雪芹.熬夜对大学生身心健康影响的实证研究[J].黑龙江科学,2024,15(15):48-51.